"互联网+"新形态一体化精品教材

大学生军事理论

（新大纲·修订版）

主　审◎奚纪荣
主　编◎薛高连
副主编◎金　炜　施春红　徐尤杰
张冬梅　陈卫平　郭士会
祝雪君　李　勇　王　媛

超星

网络课程
教学课件
考试题库

上海财经大学出版社

图书在版编目(CIP)数据

大学生军事理论/薛高连主编．—上海：上海财经大学出版社，2017.5

ISBN 978-7-5642-2718-0/F・2718

Ⅰ.①大… Ⅱ.①薛… Ⅲ.①军事理论-高等学校-教材 Ⅳ.①E0

中国版本图书馆 CIP 数据核字(2017)第 081784 号

□ 责任编辑　袁　敏
□ 封面设计　贺加贝

大学生军事理论

（新大纲・修订版）

主　审

奚纪荣

主　编

薛高连

副主编

金　炜　施春红　徐尤杰
张冬梅　陈卫平　郭士会
祝雪君　李　勇　王　媛

上海财经大学出版社出版发行
（上海市中山北一路 369 号　邮编 200083）
网　　址：http://www.sufep.com
电子邮箱：webmaster@sufep.com
全国新华书店经销
江苏省句容市排印厂印刷装订
2017 年 5 月第 1 版　2023 年 1 月第 15 次印刷

787mm×1092mm　1/16　13.5 印张　346 千字
印数：88 711—90 210　定价：35.00 元

《大学生军事理论》编委会

前　言

国防教育是国家为巩固和加强国防而对公民进行的普及性教育，在国家国防与军队建设中具有战略地位。接受国防教育，也是每个公民的权利和应尽的义务。高等院校担负着国家振兴图强的人才培养使命，关系中华民族的伟大复兴。根据《中华人民共和国国防法》、《中华人民共和国兵役法》、《中华人民共和国教育法》，为适应立德树人根本任务和强军目标根本要求，服务军民融合发展战略实施和国防后备力量建设，增强学生国防观念、国家安全意识和忧患危机意识，提高学生综合国防素质，教育部、中央军委国防动员部联合制订了《普通高等学校军事课教学大纲》(教体艺〔2019〕1 号)。

为积极落实中央军委和教育部文件要求，我们及时组织长期在国防教育战线的教授和军事学博士对《大学生军事理论》教材进行了编修。在修改过程中，严格按照《普通高等学校军事课教学大纲》(教体艺〔2019〕1 号)的要求，广泛征求了一线国防教育教师的意见，以严谨、科学、实用、新颖为编修原则，纵观世界军事发展大势，瞄准军事前沿，结合大学生的知识结构，力争做到理论与实际相融合，教育性与可读性相结合。本教材主要有三个鲜明特点：

一是规范性。该教材以中央军委国防动员部和国家教育部颁发的《普通高等学校军事课教学大纲》(教体艺〔2019〕1 号)为依据，严格按照大纲要求的课程目标和内容进行编修。

二是实用性。在编写教材的同时，编写组与超星公司(上海)战略合作，按照《普通高等学校军事课教学大纲》(教体艺〔2019〕1 号)录制了网络课程 36 学时。可以说是集权威教材、网络课程、教学课件与考试题库于一体，不仅解决了教材与教师紧缺的问题，而且方便了学生的学习、考试。

三是权威性。本教材的编写人员都是长期耕耘在国防教育战线上的教授、博士、学者，比如主审奚纪荣教授，是军事思想领域的博士生导师，长期从事军事思想研究，曾担任上海市学生军训教研室主任。

本教材撰写过程中得到了中国人民解放军国防大学、上海国防教育进修学院、上海市青少年校外活动营地－东方绿舟部分教官的热情帮助和大力支持，并参考了大量专家、学者的研究成果和文献资料，在此我们一并诚恳表示感谢！由于掌握的资料和编者的水平所限，特别是当今世界上军事领域的变革正在迅猛发展，因此本书中所述的内容如有不完整之处，敬请领导、专家、同行和学生批评指正，并提出宝贵意见，以便再版时充实完善。

编委会

2019 年 5 月

目　录

第一章　中国国防

教学内容

- 国防概述
- 国防法规
- 国防建设
- 国防力量
- 国防动员

教学目标

了解国防的基本概念及其历史发展过程，熟悉中国国防历史发展，熟悉中国国防领导体制和武装力量建设，掌握国防动员的概念、内容和程序，了解国防相关法规。

第一节　国防概述

实现中华民族伟大复兴，是中华民族近代以来最伟大的梦想。可以说，这个梦想是强国梦，对军队来说，也是强军梦。我们要实现中华民族伟大复兴，必须坚持富国和强军相统一，努力建设巩固国防和强大军队。

——习近平

空军预警机在飞行

《孙子兵法》开宗明义，首言“兵者，国之大事，死生之地，存亡之道，不可不察也”。梁启超先生说过：“若无国防，则国难屡起，民将不得安其业。”回顾中国的近代史，是一部充满孱弱、衰败和屈辱的历史。正如习近平主席指出：“我经常看中国近代的一些史料，一看到落后挨打的悲惨场景就痛彻肺腑！”由此可见国防对于一个国家的重要性，国防是国家生存与发展的重要保证。国无防不立，民无防不安，国泰方能民安。一个国家屹立于世界民族之林，不能没有强大的国防。国防并非是单纯的军队建设，而是关系国家每一个公民福祉的应尽之责。当代青年大学生作为国家未来的希望，更应该关注国防、关心国防和履行国防义务。

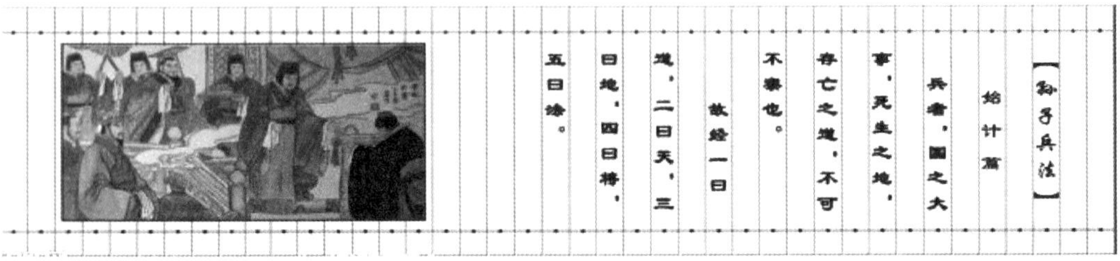

孙子兵法

一、国防的内涵

(一)国防的含义

国防是个历史概念，是阶级斗争的产物，是随着国家的形成而出现的社会历史现象。国家建立以后，有了固定的疆域，统治阶级为了维护民族的生存和自己的利益，需要运用一定的手段同国内外的敌人进行一系列的斗争，国防的问题也就随之产生了。国防为国家和民族提供安全保障，并为国家和民族的利益服务。一个主权国家在国家战略格局中求得安全、和平、生存、发展，这是一个国家的基本利益。这些基本利益有赖于国防的有力保障。国防不仅主要担负国家的对外职能，防御国外敌人的颠覆活动和可能的侵略，保护国家的安全和主权、领土的完整，而且还担负着对内职能，维护国家内部的安定团结和经济建设的顺利进行。另外，从一定意义上来说，国防还是国家经济发展的先导，例如为适应现代化国防的需要而发展起来的国防科技，对国家经济的发展起到了重要的促进作用。

国防一词在我国最早见于《后汉书·孔融传》。孔融针对当时国内可能发生动乱的征候，向汉献帝进谏说：“臣愚以为宜隐效祀之事，以崇国防。”意即国家要减少祭祀等大规模的集会活动，以维护安定、巩固政权。可见这里所言的“国防”，意指维护团体、严明礼仪而应采取的防禁措施。

国防是在世界范围内普遍存在的一种历史现象，并在不同地域、不同国家、不同民族表现出了基本相同的形式和内容，由于时代背景、国家所处发展阶段、国家政治制度等诸多方面的差异，“国防”在不同的国家被赋予不尽相同的内涵和外延，有的国家甚至还使用了与“国防”不同的概念，如美国使用“国家安全”等。

权威定义

国防：国家为防备和抵抗侵略，制止武装颠覆，保卫国家的主权、统一、领土完整和安全所进行的军事及与军事有关的政治、经济、外交、科技、文化、教育等方面的活动，是国家生存与发展的安全保障。

(二)国防的基本要素

国防的要素,指构成国防必不可少的因素,由国防的主体、国防的目的、国防的对象、国防的手段四个要素构成。

1. 国防的主体

国防的主体,是国防活动的实行者,通常为国家。国防是国家固有的职能,任何国家从其诞生之日起就要固国强边,防备和抵御各种外来侵略,以保障国家安全、维系国家生存、谋求国家发展。因此,国防必然随着国家的产生而产生,随着国家的发展而发展,最终也随着国家的消亡而消亡。从国家的本质上看,国家是阶级专政的工具,是统治阶级利益与意志的体现,要实现这种利益与意志,必须通过国家权力。国防就是要维护国家的这种权力,同时,也只有依靠国家的这种权力才能使国防得以运转。从国防的本义看,国防是国家的防务,是全民族的防务,与国家的各个部门、各种组织以及全体公民都息息相关,加强国防建设必须依靠国家各个方面的综合力量。

2. 国防的目的

国防的目的是保卫国家的主权、统一、领土完整和安全。它包含以下几方面内容:

(1)保卫国家的主权。主权是一个国家存在的根本标志。根据国际法的表述,主权是一国不受外来控制的自由,即一个主权国家按照自己的意愿组织政府,选择适合自身发展的社会制度、国家制度,独立自主地处理其国内事务和国际事务而不受他国干预或限制的最高权力和尊严。它是完整无缺、不可分割而独立行使的,如果主权被剥夺,那么其他一切包括国家独立、领土完整、政治制度、社会准则、传统生活方式等都将毫无意义。

(2)保卫国家的统一。国家的统一是指国家由一个中央政府对领土内一切居民和事务行使完整的管辖权,不允许另立政府或分割国家的管辖权。从国际法角度说,保卫国家的统一、反对分裂历来是国家的内部事务,不允许外国干涉。因此,保卫国家的统一历来是国防的重要任务。当外国敌对势力插手我国的民族事务、破坏我国的民族团结、危及国家的统一和完整时,国防力量必须予以坚决打击。

(3)保卫国家的领土完整。国家领土是指在一国主权下的区域,包括一国的陆地、河流、湖泊、内海、领海以及它们的底床、底土和上空(领空)。国家领土是国家存在的自然物质前提。领土完整与主权独立是紧密相连的。因为领土完整是国家行使主权的基础,国家的存在必须以拥有一定的领土并能够在其领土内行使自己的主权为前提,否则就不成其为国家。领土又是提供国家物质财富的主要源泉,是一个国家和民族赖以生存和繁衍的基本条件。在中国近代历史上,由于封建政府的腐败无能、国防力量的衰败,因而中国人民在国家领土问题上也曾蒙受了极大的耻辱。1840 年鸦片战争前(清道光年间),中国拥有的陆地领土近 1 300 万平方公里。然而,由于帝国主义的入侵和清政府的投降卖国,到中华人民共和国成立时,陆地领土仅剩 960 万平方公里。新中国成立以后,我国从政治、经济、军事、外交等各方面为维护国家的主权和领土完整做出了不懈的努力。其中,凭借着我们的国防实力,先后进行了中印、中苏、中越边境自卫反击战,维护了国家的领土完整和周边安全。总之,国家防务见之于领土,就是保卫自己的生存空间,保卫领土完整,不允许被分裂、肢解、侵占。

(4)维护国家的安全和发展。国家要正常地生存和发展,必须有一个和平安全的外部环境和稳定的内部环境。一个国家如果没有和平、稳定的环境,就难以生存,就不能搞好建设和发展。国防的目的包括维护国家的和平、稳定的状态。一旦遭到外来的武装侵略和颠覆,安全受到威胁,国家必须运用自己的国防力量来抵御和挫败外来的侵略和颠覆,确保国家的和平、稳定状态。当国内的敌对分子勾结外国敌对势力进行武装暴乱、危及国家安全的时候，国防力量就要采取措施，防止和平息这种暴乱，以保卫国家安全。

(5)巩固国家的地位。巩固国家的地位也是国防的目的之一。巩固国家在国际上的地位和威望，除了要有强大的经济实力外，还必须具备足够强大的国防实力，从中华人民共和国成立以来国际地位的恢复、国际威望的提高就可以看出这一点。为什么我国能够恢复在联合国的合法席位，成为五个常任理事国之一，其中一个重要的原因就是我国国防力量的增强。一个国家仅靠政治、经济维持国家的地位是不够的，如果没有强大的国防军事力量作后盾，其他国家就不承认你是一个真正的大国或强国，在国际上他们就会看不起你。现在我国国际地位与威望的快速提高，在国际事务中的作用越来越重要，为促进世界和平与发展做出了重要贡献。

3. 国防的对象

国防的对象，就是指国防所要防备、抵抗和制止的行为，即“侵略”和“武装颠覆”。把侵略作为国防对象，是有国际法和宪法依据的。侵略，包括武装侵略和非武装侵略。武装侵略是指战争状态的侵略行为，对付武装侵略，国防行为使用战争手段进行制止；非武装侵略是指运用各种经济、外交等手段进行的侵略行为，对付非武装侵略，国防行为则相应使用非战争手段。武装颠覆，是指颠覆国家政权、推翻社会主义制度的武装叛乱或者武装暴乱，这些武装叛乱、武装暴乱，对国家主权、统一、领土完整和安全，对我们的社会主义制度都构成严重威胁，必须运用国防力量加以制止。

4. 国防的手段

国防的手段，是为达到国防目的而采取的方法和措施。面对国家利益的各种形式的侵犯，威胁和危害最大的是武装侵犯，因此军事手段始终是主要手段。但军事手段又不是唯一手段，军事活动以及与军事有关的政治、经济、外交、科技、教育等方面的活动共同构成了国防的整体目的。战时以军事手段为主，和平时期以威慑为主，使平时的国防建设能量有节制地释放，达到“不战而屈人之兵”的最佳战略效果。

军事手段是国防的主要手段，是斗争的最高形式。国防的根本职能是捍卫国家利益，防备和抵御外来的各种形式侵犯，防备和平息内外部敌对势力相互勾结所发动的武装暴乱。对付武装入侵和武装暴乱最根本和最有效的是军事手段，军事手段的威慑作用和即时打击能力，能有效地遏制或中止侵略行动，迫使其放弃侵略意图。军事手段是解决国家之间矛盾冲突的最后手段，在穷尽了非军事手段而无果的情况下，必须用军事打击的方式彻底解决。

政治手段作为国防手段之一，指的是“与军事有关的”政治活动。政治对国防起着决定性的支配作用：国家的政治需要决定着国防的根本性质和类型；国家的政治指导思想和路线决定着国防的方向、方针和原则；国家的政治制度决定着国防的根本制度；国家的政治素质制约国防的客观效应，其中，构成国防手段的政治活动主要是政治思想工作、政治宣传等。

经济是国防的物质基础，社会经济制度决定国防活动的性质，社会经济状况决定国防建设的水平。现代条件下，无论是国防建设还是国防斗争，都要广泛采用经济手段，这些手段主要有国防经济活动、经济动员、经济战和经济制裁等。

国防外交活动主要是指国家与国家之间为了国防目的而开展的外交活动，由于这种外交主要涉及军事领域，所以又称军事外交。它涉及军事政治关系、军队关系、军事战略关系、军事科技关系和军事经济关系等，它们都不是孤立的，而是有机联系的。从事国防外交活动的主体不单纯是武装力量，还包括国家机关和民间的一些部门。

二、国防的基本类型

按照不同的标准，国防可分为若干类型：按社会形态，可分为奴隶制、封建制、资本主义和社会主义国防；按军事战略和国防建设的目标，可分为防御型国防和扩张型国防；按国防力量的构成方式，可分为联盟型国防、自卫型国防和中立型国防。

(一)扩张型

扩张型国防奉行霸权主义侵略扩张政策，为了维护本国在世界许多地区的利益，以他们所谓的国家安全和防备需要做幌子，打着“防卫”、“人道主义”、“维护人权”的旗号，将其疆域以外的国家和地区也纳入其势力范围，对别国进行侵略、颠覆和渗透，把国防作为侵犯别国主权和领土、干涉他国内政的代名词。例如，美国为了扩张，在世界各地建立了300多个军事基地，在全球各地实行军事力量前沿存在的国防，以维护美国的利益，同时对他国进行侵犯和干涉。

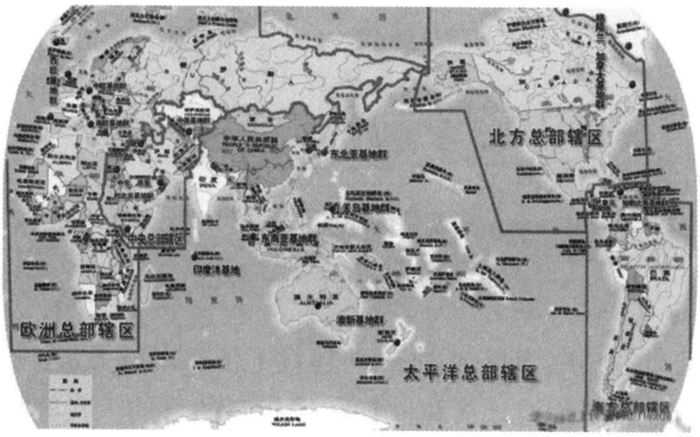

美国的军事基地

(二)联盟型

联盟型国防以结盟形式联合一部分国家进行防卫，以弥补自身国防力量的不足。在联盟型国防中，又可分为扩张型和自卫型两种。在联盟型国防中，从联盟国家之间的关系看，还可以分为一元联盟和多元联盟。一元联盟就是有一个大国处于盟主的地位，其他国家处于从属地位；多元联盟就是联盟各国基本是伙伴关系，共同协商确定防卫大事。

北大西洋公约组织

(三)中立型

中立型国防是指中小发达国家为了保障本国的发展和安全，严守和平中立的国防政策。实行中立型国防的国家，有的实行全民防卫式的武装中立，制定总体防御战略和寓兵于民的防御体系，如瑞士、瑞典，是全民皆兵的国防，目的是使潜在的侵略者不敢轻易发动侵略战争；也有采取完全不设防方式的国家，如圣马力诺，是一个无军队的国家，也不实行义务兵役制，只有少数宪兵、警察和民兵用于国内安全、治安和执法。

实行中立型国防的瑞士和瑞典

(四)自卫型

自卫型国防以防止外敌侵略为目的，在国防建设上依靠本国力量，广泛争取国际同情和支持，以达到维护本国安全、维护周边地区和世界和平稳定的目的。我国是社会主义国家，国家利益是阶级利益、民族利益与全世界人民根本利益的高度统一。

我国政府坚定不移地奉行防御性的国防政策，国家独立自主、自力更生地建设和巩固国防，实行积极防御战略，坚持全民自卫原则，主张国防建设与国家经济建设协调发展，一贯奉行并坚持和平外交政策和原则，与各国友好合作，不首先使用核武器或以核武器相威胁，不对无核国家和地区使用核武器，不做超级大国，永远不称霸，不搞侵略扩张，也不依附于任何大国，不同别国结盟。因此，我国国防属于自卫型国防，而且是全民式、积极防御的自卫型国防。

中国坚持防御型国防政策

三、中国国防历史与启示

中国的国防具有悠久的历史。中华民族五千年沧桑历史,给我们留下了丰富的国防遗产,积累了极其宝贵的历史经验,也给了我们对历史的无限感慨、深思和启迪。

(一)中国古代国防

从第一个奴隶制国家——夏朝的建立,直至 1840 年鸦片战争爆发,中国古代的国防历经数千年,伴随着 20 多个朝代的盛衰更替和社会制度的演变而不断发展。这种完整一贯的历史延续,培育了民族的向心力和凝聚力,锤炼了民众维护国家和民族统一、勇于抵御外患的尚武精神,形成了习文善武、文治武功的优良传统。

1. 产生了独特的国防政策和国防理论

公元前 21 世纪,我国古代社会开始由原始氏族公社制社会逐渐进入奴隶制社会,随之产生了国家。从此,作为抵御外来侵犯和征伐他国的武备——国防的雏形产生了。在历经几千年征伐演变,逐渐形成了我国古代独特的国防政策利国防理论。

在春秋战国时期,诸侯国之间连年征战,使国防观念得到快速强化,形成了"义战却不非战"、"足贪足兵"、"非攻兼爱却不非诛"、"以正治国,以奇用兵"、"尚战、善战、慎战"、"富国强兵"、"文武相济"、"不战而屈人之兵"等国防思想。这些国防思想的产生和形成,表明春秋战国时期对武备和国防的重视,而且这些国防思想已经上升到国防理论的高度,奠定了我国古代军事思想的基础,标志我国古代军事思想在这个时期已经基本成熟。现存最早、影响最深的《孙子兵法》,就是杰出国防思想的代表。

进入秦、汉、隋、唐、五代时期,我国古代国防建设有了进一步发展。公元前 211 年,秦始皇统一六国,结束了历史上的长期分裂局面,第一次建立了中央集权的封建国家,随后经历了汉、唐封建社会的发展、繁荣时期,军事上处于开疆拓土的鼎盛时期。我国古代国防政策和国防理论得到了丰富发展,主要表现在:开始全面整理兵书,形成了古代军事学术体系;战略思想逐渐成熟,战略防御思想进一步完善。宋朝至清朝前期,是我国封建地主阶级没落时期,在这个时期军事上开始进入冷、热兵器并用时代,因此,直接导致国防政策和国防理论上有了新的发展。武学开始纳入国家教育体系。

总体上,我国古代国防理论主要有:"以民为体"、"居安思危"的国防指导思想;"富国强兵"、"寓兵于农"的国防建设思想;"爱同教战"、"崇尚武德"的国防教育思想;"不战而胜"、"安国全军"的国防斗争策略等。在这些国防思想和策略的指导下,华夏大地消除了无数次外敌入侵的战祸,为中华民族的繁衍生息、国家的发展提供了基本的生存条件。

2. 建立了比较完备的古代兵制

兵制,即军事制度,现称为军制。它包括军事领导体制、武装力量体制和兵役制度等方面的内容。兵制建设是中国古代国防的一个重要方面。

在军事领导体制上,从公元前 21 世纪夏朝建立,中国传统军事领导体制伴随社会形态的嬗变和政权的更替。早在夏商周时期,中国就建立了宗法分封制下的军事领导体制,一般由国王亲自掌握和指挥,没有形成专门的军事领导机构。春秋末期,实现将相分权治国治军,以将为主组建了军事指挥机构。战国时期,各诸侯国开始改革政治军事体制,将军开始独立统兵作战。秦始皇统一六国后,废除分封制,在全国范围内推行郡县制度,建立了中央集权的统一国家;与此相适应,建立了高度集中的军事领导机构,太尉为最高的军事行政长官,奠定了中国传统军事领导体制的基石。隋朝设立了三省六部制,设兵部专门主管军事。宋朝则设置枢密院作为军事领导的最高机构，主官用文官担任，主要是防止“权将”拥兵自重，枢密院有权调兵却无权指挥，将军有权指挥却无权调兵，形成枢密院和将军的相互牵制的局面。各个历史时期朝代在军事领导体制方面的做法虽各有千秋，但皇权至上，军队的最终调拨使用大权始终掌握在皇帝手中。

在武装力量体制上，我国古代主要分为三个阶段。第一阶段，军队的出现和发展。自夏朝奴隶制国家建立起，就出现了奴隶主和平民组成的军队；随着奴隶制的发展，到了商朝不仅王室拥有军队，宗族和诸侯国也掌握了一定数量的军队，并接受商王的调动和指挥；西周时期，国家武装力量由王室军队和诸侯、卿大夫的军队构成；春秋战国时期，战争频繁，各诸侯国掌握的常备军日益扩大，成为当时国家武装力量的主体。第二阶段，中央军、地方军、边防军构成体制的形成。秦统一中国后，建立了全国统一的武装力量。秦汉时期，武装力量分为京师兵、郡国兵和边兵；京师兵戍卫京城，郡国兵镇戍地方，边兵屯田戍边。魏晋至唐，武装力量构成大体相沿。第三阶段，中央军、地方军、边防军和民兵相结合的体制。这种体制后世大体相沿。如明朝除京城、内地和边境地区的卫戍军外，还有群众武装组织民壮和义勇、土兵等。清朝除了八旗兵、绿营兵外，还有乡勇和团练等。

中国古代兵制，指的是中国古代的兵役制度。主要包括兵农合一制、全民皆兵制、征兵制、军户制、团结兵制、民兵制、募兵制、卫所制、八旗绿营制等。在我国夏、商、周时代，就产生了最初形态的兵役法和兵役制度。根据当时的法律规定，主要是实行“民军”兵役制度，同时也实行临时性的征兵制度。春秋后期的法律规定，实行按田亩征军赋和考选勇士从军的兵役制度。战国时期，随着封建制度的确立，各诸侯国竞相扩充常备军，开始实行兵役制度。秦汉时期，兵役法日渐完备，主要实行征兵制。秦始皇统一六国后，规定 17 岁至 60 岁的男子都必须服兵役两年。汉武帝以后，为建立比以前更为强大的军队，开始实行募兵制，用检阅、考核等办法，招募身强力壮并善于骑射的壮丁从军。隋、唐时代主要实行府兵制。宋代实行募兵制，设“禁兵”和“厢兵”，即中央军和地方军。元、明、清时代的兵役法规定，主要实行世袭兵役制。

3. 构筑了规模宏大的国防工程

边防、海防建设是国防建设的重要内容。我国古代的边防建设主要是修筑防御工程和实行实边固边政策。著名的万里长城，是中国古代构筑的以长城城墙为主体，与其他工程设施相结合的连续线式防御工程体系。它是城池筑城体系的发展和运用。历史上先后有 8 个诸侯国和 10 多个王朝构筑、修建和连接，到明代形成了东起辽东山海关、西至甘肃嘉峪关，全长 5 000 多公里的长城。长城据险筑墙，关堡相连，烽堠相望，敌台林立，层层布防，在中国战国时期各诸侯国之间、秦统一之后国内民族之间的战争中，曾发挥过重要的防御作用。

西汉文、景时期，为防御匈奴的一再侵犯，积极推行实边固边的政策。一是在边关要地配置边防军，包括边境上的郡国兵和屯田兵，依靠边郡太守和都尉率兵防堵匈奴的进攻。二是输粟实边。文帝时，晁错曾提出奖励百姓输粟实边，依输粟多少，赐给一定的爵位，或赦免罪过，并令入粟者将粟运至长城沿线，待边境一带粮食充足后，再运至内地郡、县收藏。这一政策的实行，有效地巩固了边防。三是徙民治边。晁错在《筹边策》中提出，在边境要害之处，组织徙民建立城邑。由有才能、习风俗、知民心者充任首领。首领平时组织徙民训练，战时则率徙民抗击敌人。每一个城邑都成为坚固的军事要塞，有效地加强了边境地区的防御。到了汉武帝驱逐匈奴之后，在西北边境地区大量增设新郡，并实行大规模的军事屯田，使数十万边境驻守士兵有警则战、无事则耕，戍卒无饥馁之忧，国家无转动之劳。屯戍军队与大量移民共同守边，且耕且守，较之“徙民实边”更为扎实有效。

我国古代的海防建设是从明代开始的。为防止倭寇的偷袭、骚扰，明王朝一方面下令禁海；另一方面在沿海的主要地段陆续修建了以卫城、所城为骨干，堡、寨、墩、烽堠和障碍物相结合的防御工程体系，有效地抗击倭寇的侵扰。

（二）中国近现代国防

从 1840 年第一次鸦片战争到 1911 年辛亥革命，中国进入了半殖民地半封建社会，中国的国防历史也进入了近代国防史。这一时期的国防史，是一部中华民族备受欺凌和遭受民族耻辱的历史，也是中国人民反抗外国列强侵略和压迫，争取民族独立和解放斗争的历史。

1. 清王朝后期国防日渐衰败

18 世纪后半期，中国的封建社会开始走下坡路，国防力量由盛转衰。与西欧各国资本主义的迅猛发展相比，中国逐渐处于落伍态势。首先，是政治黑暗，从皇帝到大小官吏，多昏庸无能、浑浑噩噩、无所用心，其腐朽性与寄生性与日俱增。乾隆以后官场上贪污成风，仅从贪官和珅一家没收的财产就有白银 8 亿两左右，相当于当时 20 年的国库收入。由于皇室、官僚和军队的挥霍无度，财政左支右绌、入不敷出。与此同时，土地因兼并而高度集中，广大农民无田地耕种，极大地制约了整个社会经济的发展。在军队建设上，军备废弛日益严重，八旗和绿营兵腐败不堪，武官克扣兵饷军粮，士兵常常扰民劫财，军队里吸鸦片、开赌场、逛妓院、斗鸡玩鸟司空见惯，骑兵没有战马，水兵素来不会游泳，毫无战斗力可言。到了鸦片战争前夕，国防能力更是衰竭到了极点。特别是在军事上，沿海水师士兵老弱，战船多是用薄板旧钉制成，有的海防要塞使用的还是 300 年前的旧炮。如此防务，怎能挡住西洋的坚船利炮？到了嘉庆、道光年间，随着清王朝在政治上的腐败、经济上的衰落，国力更加衰竭、边防更加空虚。在 19 世纪 60 年代内忧外患的双重威胁下，虽然洋务派搞了洋务运动，提出了"求富、求强"的口号，先后搞起了一大批近代军事工业，并建立了中国近代海军——南洋水师、福建水师和北洋水师，但仍未能从根本上扭转国防力量衰竭的发展趋势。尤其是自 1888 年以后，慈禧太后把海军经费用于颐和园的营建，使北洋水师停止了发展，很快落后于日本海军。从此，中国屡遭外敌的侵犯和欺辱，沦为帝国主义列强侵略和瓜分的对象。

2. 中华民族不屈不挠的国防斗争

自鸦片战争开始，面对外国侵略，清政府组织了抵抗，但是这种抵抗是软弱的、苍白无力的。从英国发动的侵略中国的鸦片战争，到八国联军侵华，清政府曾经组织过抵抗，结果无不以失败而告终，即使像 1885 年的中法战争，在战场上清军并未战败，而是战胜了敌人，前线将领要求乘胜追击，但被清政府制止，不败而败，签订了屈辱的条约。

人民群众对殖民主义、帝国主义的侵略进行了坚决抵抗。第二次鸦片战争以后，随着帝国主义政治、经济、文化侵略的加强，特别是各种洋教在广大城乡的发展，反侵略斗争也不断向前发展，逐渐形成一个连绵不断的遍及全国的反洋教斗争。1895 年中日甲午战争以后，当帝国主义掀起割地狂潮、试图瓜分中国的时候，中国人民的反帝思想也日益高涨起来，终于借助于"义和团"这个组织形式，再一次掀起"一切中国人反对一切外国人的普遍起义"，将中国人民的民族民主革命推向一个新的高潮，给整个亚洲带来民族觉醒"新纪元的曙光"。可以说义和团运动是中国人民以排外主义为主要形式的反帝思想和反帝斗争的典型代表，它要"排除"的不再是一城一地的外国侵略者，而是帝国主义在中国的一切侵略势力和侵略工具。它在政治、经济、文化等各个领域，向帝国主义的侵略政策展开反攻，以眼还眼、以牙还牙，在全中国和全世界造成了空前的影响。

20 世纪初，中国成长中的民族资产阶级曾经掀起过轰轰烈烈的抵制美货和收回利权运动，是近代以来中国人民反帝斗争的内容之一。为反对美国排斥华工，要求美国废除排华的法律，1905 年由上海总商会发起了全国规模的抵制美货运动。上海以外，京师、湖南、广东各地纷起响应。南京、苏州、扬州、镇江、芜湖、汉口、桂林、成都、重庆、杭州、南昌、西安、青岛、济南等 100 个城市继起响应，组织“拒约会”、“争约处”、“抵制美货公所”，积极参与运动。抵制美货运动形成以商家为主、各界群众参加的空前广泛而又规模巨大的反美爱国运动。

近代中国反帝反封建的思想是在 1919 年五四运动以后逐渐形成的。五四运动是反帝反封建的群众爱国运动。1919 年第一次世界大战结束，战胜国在巴黎召开和平会议。中国作为战胜国之一的权利得不到保障，战败国德国在山东所占据的利权和胶州湾租借地不能交回中国，反要转给日本，此举激起了北京乃至全国爱国青年学生的愤怒，五四运动期间最响亮的口号是“外抗强权，内除国贼”。中国出席巴黎和会的外交代表团迫于国内人民的压力，拒绝在涉及山东和青岛权益的文件上签字。这是自鸦片战争以来中国人第一次对西方国际社会秩序说“不”。

由于十月革命和五四运动爆发，马克思主义迅速传入中国。1921 年 7 月中国共产党成立，1922 年 7 月中国共产党召开第二次全国代表大会，大会第一次明确地提出了反帝反封建的民主革命纲领，正面提出了反对帝国主义和封建势力的主张。1923 年 7 月，中国共产党召开第三次全国代表大会，在党纲中明确提出党的最低奋斗目标在于“取消帝国主义列强与中国所订的一切不平等条约”，从此，“打倒列强，扫除军阀”便逐渐成为广大人民群众的共同呼声。1924 年，孙中山接受共产国际和中国共产党的帮助，改组国民党，召开中国国民党第一次全国代表大会，这就形成了近代中国历史上第一次国共合作，推进了反对北洋军阀的革命运动。国共合作动员了广大工农群众，掀起了轰轰烈烈的国民革命高潮，取得了北伐战争的决定性胜利。1925 年，中国共产党召开第四次全国代表大会。这次大会总结了国共合作的经验，提出了民主革命中无产阶级的领导权问题，提出了工农联盟问题，提出了要反对国际帝国主义，要反对封建的军阀政治，也要反对封建的经济关系，这就把新民主主义革命的基本要点提了出来。可以说，从国共合作反对北洋军阀开始，近代中国的新民主主义革命就开始了。

在大革命的高潮中，反帝反封建运动蓬勃开展。1924 年 7 月，在广州沙面租界，几千名中国工人举行政治大罢工，抗议英帝国主义者限制中国居民自由出入租界的权利，斗争持续了一个多月，终于取得胜利。1925 年 5 月，因为上海日本纱厂的日本资本家枪杀工人顾正红（共产党员）事件，引发了群众大规模反帝示威运动。5 月 30 日，上海工人和学生的大规模示威游行遭到了租界英国巡捕的武装镇压，死伤多人，其后陆续有英、日军警枪杀中国民众的事件发生。五卅事件激起了全国人民的愤怒，全国各地迅速掀起罢工、罢课、罢市的反帝运动，到处响起“打倒帝国主义”、“废除不平等条约”的怒吼。6 月，香港、广州暴发了反对帝国主义的省港大罢工，坚持了 16 个月之久，为世界工人运动史所少见。1927 年 1 月，由于英国水手在汉口、九江打死中国人，武汉工人和市民占领了汉口英国租界，国民革命军独立第二师接管了九江租界。随后国民政府外交部与英国交涉并签订了收回汉口、九江租界的协议。这是中国失去的权利第一次被收回，充分显示了人民群众反对帝国主义侵略的决心。

当抗日战争爆发，日本帝国主义的军事力量大肆深入中国国土的时候，美、英等国采取了一种绥靖的立场，没有给予中国人民以必要的援助。1941 年日本袭击了珍珠港，美、英等国感到了威胁，开始关注中国的抗战。从这时候起，中国才从单独对日作战转变为与盟国一起对日作战。太平洋战争开始后，中国正式对日本宣战，宣布废除以往与日本及法西斯国家签订的一切不平等条约。废除不平等条约，取消外国在华特权，成为中国各抗日民主党派和全国人民的基本要求。由于中国单独对日本作战四年多，显示了中国人民顽强不屈的抗战精神；由于美、英等国反对法西斯的主要战场在欧洲，不可能抽出很多兵力在东方对付日本，它们迫切希望中国在东方战线能够坚持对日作战；也由于日本帝国主义已经占领了大半个中国，美、英等国在华的特殊利益已经得不到保障，因此美、英等国开始考虑废除列强在华特权问题。1943 年 1 月 1 日，美、英两国分别在华盛顿和重庆与中国签订了关于取消在华领事裁判权及处理有关问题的条约。1945 年 8 月抗日战争的伟大胜利，不仅从根本上改变了中国的政治地位，也是近代中国反对外国侵略以来唯一全面胜利的战争。这次胜利是近代中国复兴的转折点。在形式上，中国作为平等国家与世界各大国站在一起了。在这一年，中国参与筹建了联合国，与美、苏、英、法一起，成为世界五大国，中国的大国地位由此奠定。中国虽然还是一个弱国，但由于胜利，中国在国际关系体系中的地位开始发生本质的变化。

延伸阅读

1943 年美、英与中国签订条约的主要内容

(1)废除美、英在华领事裁判权；(2)废除 1901 年签订的《辛丑条约》；(3)交还天津、广州的英租界和上海、厦门的公共租界；(4)废除英、美两国在中国各口岸使用外籍引水员的特权；(5)放弃英国人担任中国海关总税务司的特权；(6)废除英、美军舰在中国水域行驶的特权；(7)废除英、美两国商船在中国沿海贸易和内河航行的特权。

抗日战争的胜利是近代以来中国反帝斗争的最大成果。抗日战争，首先是民族战争，是中华民族反对日本帝国主义的战争，同时也是人民战争；抗日战争既是一场民族解放战争，又是一场与国内民主革命相结合、相伴随的战争。中国抗日战争是在中国共产党倡导的抗日民族统一战线的旗帜下，以国共合作为基础，各阶级、各民族人民团结起来进行的中华民族的解放战争。抗日战争是中国近代历史发展的一个根本转折点，是近代以来中国第一次取得对外战争的全局胜利。这个胜利，改变了中国历史发展的航向。

1949 年 9 月通过的相当于新中国临时宪法的《共同纲领》，据此制定了新中国的外交原则："中华人民共和国必须彻底取消帝国主义国家在中国的一切特权"。对于具体条约，则规定："对于国民党政府与外国政府所订立的各项条约和协定，中华人民共和国中央政府应加以审查，按其内容，分别予以承认，或废除，或修改，或重订。"这就是说，对于一切旧的条约，新中国根据我们的外交原则，采取了比较灵活的办法。此后，新中国政府据此处理所有涉外事件，维护了中国的主权。对于香港和澳门这样的历史遗留问题，则采取了有利于稳定和发展的特殊政策。我们经过斗争，终于在 1997 年 7 月 1 日收回了香港，在 1999 年 12 月 20 日收回了澳门，彻底扫除了旧中国遗留下来的耻辱。1949 年 9 月 21 日，毛泽东同志说了一段至今读来都令人热血沸腾的话："我们有一个共同的感觉，这就是我们的工作将写在人类的历史上，它将表明：占人类总数四分之一的中国人从此站立起来了"，"我们的国防将获得巩固，不允许任何帝国主义者再来侵略我们的领土"。历史证明，自鸦片战争以来，中国与世界的关系的性质，在中华人民共和国成立后从根本上发生了改变。

(三)国防历史的启示

我国四千多年的国防历史，有过声威远播、天下归附的武功；有过引而不发、强虏驻足的宁静；有过遍体鳞伤、不堪回首的屈辱；也有过抗敌卫国的巨大胜利。每当重温这一漫长的国防历史，我们都能够从中得到不少有益的启示。

1. 政治昌明是国防巩固的根本

纵观我国几千年的国防兴衰史，我们不难看出，当统治阶级处于上升阶段时，政治昌明、经济发展、民族团结、国家统一，国防就强盛；反之，当统治阶级处于没落阶段时，其政治腐败、经济凋敝、民族分裂、国内混乱，国防就衰弱。因此，国家政策的正确与否直接关系到国防的兴衰。只有政治的昌明，才能有巩固的国防。这是国防历史给予我们的又一个深刻的启示。

春秋战国时期，各诸侯国就十分注意昌明政治，变法图强，把尊贤厚士、举贤任能、选拔优秀人才治理国家作为强国的根本大计。例如，齐国得管仲、孙膑、孟尝君、邹忌等而崛起争霸；越国得范蠡、文种而复国称雄。而汉高祖刘邦得天下后，实行“文武”政策，建立法制，此后，文帝、景帝至武帝，正是由于实行了比较开明的治国方略，才使得国家昌盛、国力强盛，为西汉在长达 200 多年的时间里国家安定奠定了基础。相反，秦朝实行暴政，激起农民起义，终于推翻秦始皇梦想千秋万年、子孙相继的基业；宋朝由于机构臃肿，官员奢侈腐化，国力衰竭不堪，无力抵抗外侵所败，最终为元兵所灭亡；明朝由于皇帝昏庸，宦官专政，结党营私，终被起义军所败，后又清兵入关，政权沦丧。特别是近代中国，由于清政府政治日益腐朽，国防日益虚弱，面对列强入侵屡战屡败，乞降求和，割地赔款，使我国遭受了前所未有的奇耻大辱，将中国人民带进了苦难的深渊。

2. 经济强盛是国防强大的基础

经济是国防的物质基础，国防强大依赖经济的发展，这是我国国防历史给予我们的一个深刻启示。早在春秋战国时期，统治者就认识到国富才能兵强，自强方可自立，无不把发展经济作为巩固国防、争夺霸权的重要措施。例如，春秋时期，晋国本是一个国贫兵弱的小国，晋文公执政后，通过整顿内政、发展经济、扩充军队等一系列综合治理，使晋国实力急剧膨胀，有“晋国天下莫强”的声威，先后兼并了二十余国，一跃而成为中原霸主。秦国重用商鞅进行变法，推行了“开阡陌”、“废井田”等一系列土地改革措施，极大地解放了生产力，促进了经济的发展，这对秦军南征北战、北逐匈奴，最终吞并六国，完成统一大业起到了重要的作用。而唐朝由“贞观之治”达到封建社会的鼎盛时期，更是当时统治者注重发展经济的结果。与此相反，各个朝代的衰落、灭亡，一个王朝被另一个新生的王朝所取代，遭受外敌入侵而不能自保，几乎毫无例外地都是由于这个王朝后期政治腐败、经济落后，结果动摇了国防的根基，才导致政权易手。总之，国防的兴衰、王朝的更替、近代中国的百年国耻都深刻地告诉我们：经济强盛，是国防巩固的基础，是国家得以长治久安的根本保证。

3. 国家的统一和民族的团结是国防强大的关键

我国国防史给予我们另一个重要的启示是，在面临外敌入侵、国家危亡的紧要关头，只有国家统一、民族团结、共同抵抗才能筑起一道坚不可摧的国防长城，取得反侵略战争的胜利。

近代西方列强对我国发动的一系列侵略战争，使中国逐渐沦为半封建半殖民地的国家。山河破碎，有国无防。一个重要的原因是，清朝统治者在侵略者面前，不仅不发动和依靠广大人民进行反侵略的正义战争，反而认为“患不在外而在内”，甚至在义和团奋起抗击八国联军的时候，清朝统治者竟企图借外国侵略者之手消灭义和团。由于统治者害怕人民，采取与人民对立的立场，尽管广大人民奋起反抗侵略者，但由于多数处于自发、分散的状态，缺乏统一指挥，没有形成一致对外的合力，最终都没能改变战争的局面。相反，在抗日战争时期，中国共产党主张全国军民团结起来，建立广泛的抗日民族统一战线，共同抵抗日寇的侵略。同时，坚持人民战争的战略指导方针，放手发动群众，团结一切可以团结的力量共同抗击敌人，开辟了广大的抗日敌后根据地，运用人民战争的战略战术，有效地打击了日本侵略者，最后取得了抗日战争的全面胜利。

历史证明，国家的统一、民族的团结、全国军民一致共同抵抗侵略的精神和意志，才是国防真正的“钢铁长城”。这是把一切侵略者淹没在人民战争的汪洋大海的基础，是让一切侵略者都望而生畏的真正的“铜墙铁壁”，这是民族自强的根本、国防力量的源泉。

4. 科技进步是国防强大的重要保证

回顾历史，自鸦片战争敲开清朝政府的大门后，中华民族就开始了用血泪写成的“百年屈辱史”。由于清朝政府的腐败无能、闭关自守、不注重发展科学技术，致使武器装备发展十分缓慢，西方资本主义国家在产业革命中后来居上，并在我们祖先创造发明的军事科技成果的基础上进行加工和技术改造，用所谓的洋枪洋炮打败清军的大刀长矛和低劣的火炮等武器装备，造成了交战双方科技水平上的“代差”。“落后就要挨打！”——这就是当年殖民战争给予我们最深刻的教训，我们应当永远牢记。以史为鉴，我们可以从中看出科技进步对国防强大的重要性。新世纪新阶段新形势，科技进步和创新，对国防现代化的作用也越来越突出。我国国防必须积极推进中国特色的军事变革，努力完成机械化和信息化双重历史任务，为实现国防现代化跨越式发展而奋斗。

5. 国防意识是国防赖以确立的精神根基

国防意识的强弱是民族精神素质高低、国防发展潜力大小的重要标志之一。然而，在历史长河中，由于思想麻痹，民族无国防意识而导致战败甚至亡国的教训也不乏其例。近代中国在两次鸦片战争、中日甲午战争、八国联军侵华战争中，一败再败，除清朝政府腐败之外，很重要的一个原因是从上到下均无防卫御敌之念，思想上“一盘散沙”，以致军队遇敌一触即溃，望见而逃。抗日战争中，就在全国军民与日寇浴血奋战、用血肉筑起长城的同时，竟有人投降敌寇，充当汉奸，为虎作伥，屠杀同胞。

由此可见，强烈的国防意识、高度的爱国主义精神可使民众站在国家安危和民族兴衰的高度，关心和支持国防建设，增强“天下兴亡，匹夫有责”的爱国心和责任感；可使军人提高对战争的警惕，加深对国防事业的热爱，更加自觉地加强“武德”修养。这样，就会增强整个民族的凝聚力和向心力，筑起“精神上的长城”，平时就可以保持巨大的威慑力，战时就可以产生强大的战斗力。

四、现代国防观

(一)现代国防观念的含义

现代国防观念与传统的国防观念有很大的不同，那种把战备意识等同于国防意识，把军事力量等同于国防力量，把加强战备视为加强国防的认识，已经不能适应当今和平时期建设国防的需要。

特别是随着冷战的结束和“冷和平”的开始，以及新军事革命对国防领域所带来的巨大冲击，国家的安全利益范畴涉及政治、经济、外交、文化、科技等各个方面。国家间的利益冲突和安全方面的较量，已由军事力量的较量转向综合国力的较量，国防建设的战略目标已经不仅仅是为了赢得战争，而更主要是为了遏制战争、避免战争。军事力量的使用更多是配合国家的政治、经济、外交和文化等方面的斗争，力求通过平时国防建设能量的有节制的释放，来实现“不战而屈人之兵”的最高战略效果。国防力量构成的多元化，军事斗争准备的多样化和国防建设的长期化、全民化，已经成为当今国防观念中的最新内容。从这种大国防观念出发，一个国家的现代国防观念是一种立体的、开放的、全领域的、全民的、现代化的新型观念。它主要包括以下五个方面：

1. 现代国防是立体的国防

立体的国防，是指国防安全利益空间的立体化。国家的防卫不仅仅局限于地域的、海域的、空域的防卫，还应当包括外层空间的防卫、电磁领域的防卫、互联网络的防卫；不仅有地域、海域、空域的前沿防卫，还包括全纵深的防卫。随着非线性作战、非对称作战样式的出现，传统意义上的立体战、总体战、合成战的观念已日益显得苍白无力。那种“前方打仗，后方支援”的观念，已被新的战争理念和新的国防建设观念所替代。这就表明，随着战场空间多维化的发展，人们对战争的认识也逐渐趋向多维立体化。

2. 现代国防是开放的国防

开放的国防，是指人们的国家安全观念及其视角应突破一国的界限，站在地区乃至全球的高度来审视国家的安全，站在未来的高度来看待民族的危机。这就是说，不仅要看到周边接壤国家之间的利益冲突给国家安全带来的影响，更要看到地区动荡和全球格局的变化对国家安全所带来的方方面面的影响；不仅要看到目前和近期国家安全形势的变化，更要预见未来和长期的安全形势变化；不仅要正确看待自己的优势和劣势，更要洞察世界各国特别是战略对手的优势和劣势，真正做到“知己知彼”，扬长避短，兼收并蓄一切先进的军事理论、战略思想和各种新的军事技术，努力把国防建设与全球的安全和世界军事的发展有机地结合起来，使之成为一个不断发展的动态工程体系。

3. 现代国防是全领域的国防

全领域的国防，是指现代国家安全领域的范畴不仅仅是捍卫国家的主权与疆域完整，而且还包括国家政治制度、经济制度、社会准则、社会意识形态、传统文化为代表的国家利益、国家权益和荣誉等一切需要保卫的东西，使用的力量也不仅仅是国家武装力量，还包括社会政治、经济、外交、科技、文化和教育等方方面面的力量。因此，全领域的国防观念，不仅涉及国防领域建设的方方面面，而且还涵盖了所有的领域。同时，为国家安全手段的选择也提供了更大的灵活性。

4. 现代国防是全民性的国防

全民性的国防，是指一个国家的安全绝不仅仅是军队、政府的事情，国防是人民的国防，因此，必须动员全国人民来关注国防、建设国防，每一个人对国家的安全都负有不可推卸的责任和义务。即使国家处于战争状态，动员全社会的力量来捍卫国家的主权和尊严已成为当今世界各国的基本选择，大国、小国均不例外。

5. 现代国防是新技术的国防

现代科学技术的发展和新军事革命对国防建设的冲击，已经打破了许多的传统观念。用最先进的科学技术、最先进的武器装备、最先进的军事理论和最先进的国防体制来建设一个与信息化战争相适应的国防已是世界各国的共识。因此，它要求人们不能墨守成规，敢于摒弃一切过时的、陈旧的传统理论和观念，勇于接受和吸纳具有生命力的新理论、新观念，用它来指导规划国防建设，积极探索许多适应现代化国防建设和信息化战争的新规律、新特点，创造出新的战法和新的战争样式，使国防建设始终能跟上时代的步伐，适应信息化战争的发展。

(二)现代国防的基本特征

现代国防是对传统国防的继承和发展，是一种全新的国防观念和国防实践活动。它具有不同于传统国防的基本特征。

1. 现代国防是国家综合国力的体现

现代国防，已成为综合国力的对抗。综合国力主要由人力、自然力、政治力、经济力、科技力、精神力和国防力等组成。其中经济实力、国防实力和民族凝聚力是综合国力的基本要素，经济实力是基础，国防实力是支柱，民族凝聚力是灵魂。现代国防与国家的综合国力有着密切的联系，国家的发展水平制约着武器装备发展水平和国防力量的总规模。没有强大的综合国力，国防建设只能是空中楼阁。

2. 战争潜力能否转化为战争实力是现代国防强弱的重要标志

现代国防虽然是以军事力量为主体，但它还要靠国家潜力转化为作战的实力。国家潜力包含：国土面积、地理位置、自然资源、人口的数量和质量、地形气候、生产能力、科技和文化水平、交通运输、通信状况、社会制度、国家政策、管理能力、国际关系和国际地位等诸多方面。如：南联盟战争的中后期，以美国为首的北约从打击军事目标到向民用基础设施开火，以主要力量轰炸南联盟的制造工厂、炼油厂、发电厂、道路和桥梁等，其目的就是摧毁南联盟的战争潜力。用美国人自己的话讲，就是彻底打垮南联盟的国防，将其倒退到原始状态，最后是剥夺南联盟人民的生存权与发展权。

被北约炸毁的“自由桥”

延伸阅读

被北约炸毁的“自由桥”

诺维萨德是多瑙河畔、距离首都贝尔格莱德以北约 70 多公里的塞尔维亚的第三大城市。在巴尔干半岛上，是扼守多瑙河东西方通道和两岸交通运输的一座重镇，自古就是兵家的必争之地。

“自由桥”是 3 座桥中最后通车的一座公路大桥。1973 年底市议会通过决议，1976 年 9 月由贝尔格莱德桥梁建筑公司开始动工，1981 年 10 月完工并正式通车。

就技术难度而言，当时在世界建桥史上也占有一页，正如尼古拉设计师自己所言，“目前这种类型的斜拉桥已经非常普及，但在近 30 年前，它却是一种创举”。

1999 年 3 月北约开始对前南联盟实施空中打击，4 月 3 日晚 19 时 55 分，北约开始对“自由桥”进行攻击，一枚炸弹击中桥上的塔形桥柱，桥面顿时拦腰断为两截，桥身呈 V 字状坠入奔流的河中。以后又有两枚炸弹落向大桥，一枚击中南端桥面的右侧，大桥再次受损。

3. 现代国防既是一种国家行为又是一种国际行为

现代国际政治经济的发展，把世界各国和地区的安全与发展利益同国际社会的整体利益日趋紧密地联系在一起，世界的和平与稳定已成为整个人类的共同奋斗目标。国家的安全与发展不仅与其本国利益相关，而且与国际的安全、发展和稳定息息相关。国家的发展离不开安全有利的国际环境，国际政治、经济的有序发展也有赖于各国国防的巩固。现代国防已不再仅仅是国家行为，而且日益成为一种国际行为。

4. 现代国防具有多层次的目标体系

政治、经济对现代国防影响程度的不断加深，使现代国防呈现出多层次的目标体系。从范围上，可分为自卫目标、区域目标和全球目标。从内涵上，也可分为不同的层次目标：在国家面临严重威胁时，国防目标要首先解决存亡问题；在和平与发展的情况下，要致力于保障国家的安全利益和发展利益，同时还应努力营造有利于本国发展的国际环境。

复习思考题：

1. 国防的定义是什么？
2. 国防包括哪些基本类型？
3. 中国古代国防的主要成就有哪些？
4. 中国国防历史发展的启示有哪些？
5. 现代国防的基本特征是什么？

第二节　国防法规

国防法规是指国家为维护国防利益，调整国防和武装力量建设领域内军事、政治、经济等各方面社会关系的法律规范的总和。国防法规是国家法律的重要组成部分，是加强国防和武装力量建设的基本法律依据，是调整国防领域中各种关系、坚持依法治军、全面提高部队战斗力的重要保证，也是做好战争准备、赢得战争胜利的根本保障。在国家建立社会主义市场经济体制的新形势下，在依法治国的大环境中，国防法规对于加强国防和武装力量建设以及做好新时期军事斗争准备，发挥着越来越重要的作用。

一、国防法规的产生和发展

(一)国防法规的产生

在长期的社会发展过程中，对法的起源问题，存在过神创说、暴力说、契约说、发展说等。马克思主义认为，法不是从来就有的，也不会永恒存在的，而是人类社会发展到一定历史阶段才出现的社会现象；法是随着生产力的发展、私有制和阶级的产生、国家的出现而产生的。

国防法规是随着国家和战争的出现而产生的。我国古代典籍中有“刑始于兵”、“师出于律”的记载，表明国防法规产生于战争实践。由于国防活动的主要形式是军事斗争，所以国防法规也可以称为军事法规。

在奴隶社会，军事法规的主要形式是临战前统治者发布的誓命文诰，如孔子选编的《尚书》中就有甘誓、汤誓、牧誓、大诰、费誓等篇章。这些既是战争动员令，也是最初的军事法规。

如《甘誓》，就是在甘这个地方作战之前统治者所发布的誓命。甘是有扈氏的故地，位于现在的河南郑州以北的地方。甘之战发生于公元前2070年，是夏启讨伐有扈氏的战争。启是大禹的儿子，是我国第一个奴隶制王朝“夏”的创建者。《甘誓》原文：有扈氏不服，启伐之，大战于甘。将战，作甘誓，乃召六卿申之。启曰：“嗟！六事之人，予誓告汝：有扈氏五行，怠弃三正，天用剿绝其命，今予惟恭行天之罚。左不攻于左，汝不恭命；右不攻于右，汝不恭命；御非其马之正，汝不恭命。用命，赏于祖；弗用命，戮于社，予则孥戮汝。”意指有扈氏公然违反五行之天理，背叛天、地、人之正道，上天要断绝他的命数，我现在只能遵天命讨伐他。这就是进行战争动员，宣布有扈氏的罪状，使自己师出有名。接着，他就开始立法了。战车左边的兵士如果不善于用箭射杀敌人，你们就是不奉行我的命令；战车右边的兵士如果不善于用矛刺杀敌人，你们也是不奉行我的命令；中间驾车的兵士如果不能使车马进退得当，你们也是不奉行我的命令。服从命令的人，将在祖庙神主前受到奖赏；不服从命令的人，将在社神神主前受到惩罚，我将把你们降为奴隶，或者杀掉。这就是中国古代以赏罚为中心的军事法。由此可见，有了国家，有了战争，也就产生了军事法规。

（二）国防法规的发展

春秋战国时期，是奴隶社会向封建社会过渡时期，诸侯蜂起，战火弥漫，在近300年左右的时间里，就发生了483次较大规模的战争，战争已经成为当时社会活动的中心。一些较为完备的军事法规相继出现，如《司马法·严位》、《法经》等。

进入封建社会，军事法规的形式发生了明显改变。这时已经有了稳定的成文法，不再是临时性的军事誓言了。而且，军事法规的调整范围不断拓展，军事立法、司法以及监督制度也逐步建立起来。

秦是我国历史上第一个统一的封建制国家，注重以法治国、以法治军。据湖北云梦睡虎地出土的竹简证明，秦朝的法律有29种，其中包括《军爵律》、《戍律》、《傅律》等多部军事法律。《军爵律》是根据军功授予本人爵位或赎免亲属罪责的法律，《戍律》是关于边防、城防的法律，《傅律》是关于兵役制度的法律。傅，著之名籍，意思是写在名册上，相当于现在的兵役登记。秦朝法律规定，男子17岁就要傅籍以应兵役。

隋唐时期，军事法规更加完善。唐代制定了《擅兴律》、《军防令》、《兵部格》、《兵部式》等一系列军事法规，形成了由“律、令、格、式”构成的比较完备的军事法规体系。《唐六典》注：律以正刑定罪，令以设范立制，格以禁违止邪，式以轨物程式。大体来说，律是刑事法规，令是关于国家和军队基本制度的法规，格是具体的行政法规，式是办事行文的程序。

元朝，蒙古族统治者入主中原以后，也十分重视军事法制建设，其独到之处是，在法典中首次设置了《军律》专篇，并制定了各种军事“条画”，诸如《省谕军人条画二十三款》、《晓谕军人条画十四款》等，作为治军的依据。

明朝，集历代军事法之大成，并有重要创新。《大明律》改变了自秦汉以来把军事法分列于多篇的做法，集中专列《兵律》一篇，使《大明律·兵律》成为覆盖军事全局的基本法。与此相适应，专门的军事法规也很多，如《军卫法》、《行军号令》等。

清朝，以大明律为蓝本制定了《大清律·兵律》，并根据本朝特点制定了《军令》，后又定期编修有关军事内容的《则例》，最终形成了数量较多、应时性较强的军事法律规范。

近代，中国跟随世界军事变革的历史潮流，借鉴西方法治思想，军事法制建设也有所进步。1933年6月，民国政府颁布了我国历史上第一部《兵役法》，规定实行征兵制，并建立了预备役制度。但是，由于国民党政治腐败，国家内忧外患、形势混乱，《兵役法》并没有得到很好的贯彻执行，国民党军队扩充经常要靠抓壮丁。

中华人民共和国成立后，国家很重视国防法规建设，很快颁布了《兵役法》、《民兵组织条例》以及军队的各种条令条例。特别是改革开放以来，国家加大了国防立法的力度，制定了一系列国防法规，初步形成了具有中国特色的国防法规体系。

二、国防法规的基本特性

国防法规是国家法律的组成部分，是由国家制定或认可的，并由国家强制力保证其实施的行为规范，具有法律的一般特性，如鲜明的阶级性、高度的权威性、严格的强制性、普遍的适用性、相对的稳定性。同时，国防法规还具有区别于其他法规的特殊性质，主要表现在以下四个方面：

（一）调整对象的军事性

法律是调整社会关系的行为规范，不同的法律规范用来调整不同领域的社会关系，国防法规所调整的是国防和武装力量领域的各种社会关系，包括军队内部的社会关系、武装力量内部的社会关系、武装力量与外部的社会关系。这些带有军事性的社会关系是国防法规特有的调整对象，是其他任何法律规范所不能代替的，这是国防法规特性的一个基本表现。

调整对象的军事性并不意味着国防法规只管军队而不管地方。国防是国家行为，国防和武装力量建设及斗争领域的社会关系是军事性的，但这些社会关系所涉及的行为主体并不都是军队和军人，政治、经济、外交、科技、教育等各个部门和社会各阶层人士都与国防有关。因此，一切社会团体和个人都必须按照国防法规的要求来履行自己的国防义务。

（二）公开程度的有限性

一般的法律都是公开的，以使全体公民熟悉和遵守。从整体上看，国防法规也有公开性，但与其他法律相比，国防法规的公开程度比较低。一些涉及军事机密的国防法规只限定有关人员知晓，如关于作战、训练、军队编制和国防科研等方面的法规都具有保密性。为加强国防法制建设，对于能够公开的国防法规，应积极宣传，力求人人皆知；对于不能公开的国防法规，应严格保密，以维护国家的安全利益。

（三）司法适用的优先性

国防法规优先适用，是指在解决与国防利益、军事利益有关的法律问题时，如果国防法规和普通法规都有相关的规定，要以国防法规的规定作为评判是非的标准和采取行动的准则。优先适用不是指先后顺序，而是一种排他性的单项选择。在涉及国防利益、军事利益的案件中，只适用国防法规，不适用普通法。“特别法优先于普通法”是国际公认的法律适用原则。国防法规属于特别法，因而在司法程序上实行“军法优先”原则。

（四）处罚措施的严厉性

国防法规所保护的国防利益，是关系国家兴衰存亡的、最根本的国家利益，因而对危害国防利益的犯罪实行比较严厉的处罚。如《刑法》规定，抢劫罪通常处 3 年以上 10 年以下有期徒刑；而冒充军警人员抢劫的或抢劫军用物资的，处 10 年以上有期徒刑、无期徒刑或者死刑。同一类型的犯罪，战时的处罚要更严厉一些。《刑法》、《兵役法》都有战时从重处罚的规定。如平时应征，公民拒绝、逃避征集的，在 2 年内不得被录取为国家公务员、国有企业职工，不得出国或者升学，还可处以罚款；而战时要依法追究刑事责任。

三、国防法规体系

国防法规的体系是指由不同层次、不同门类的国防法律规范构成的相互联系、相互制约、和谐一致的有机整体。

所谓国防法规体系的层次，实际上就是对国防法规体系的纵向划分。在国防法规体系纵向关系上，依据我国国防立法的权限，通常将国防法规划分为以下四个层次：

第一个层次是法律。关于国防和武装力量建设的法律由全国人民代表大会及其常务委员会制定。

第二个层次是法规。由中央军委制定的为军事法规，由国务院制定或国务院与中央军委联合制定的为军事行政法规。

第三个层次是规章。由军委机关、各军兵种、各战区制定的为军事规章，由国务院有关部委与军委有关部门联合制定的为军事行政规章。

第四个层次是地方性法规。主要是指由省、自治区、直辖市人民代表大会及其常务委员会制定的贯彻执行国家国防法规的实施办法、实施细则、补充规定等。

我国的国防法规体系由16个门类构成：(1)国防基本法类，规定国防方面的基本制度和规范，如《中华人民共和国国防法》；(2)国防组织法类，规定各种军事组织系统中体制编制结构、职责权限划分及其相互关系等，调整军事组织中各种与国防有关的社会关系，涉及有关国防和武装力量的组织形式、体制编制、人员装备编配等，目前我国尚无专门的国防组织方面的法规，有关这方面的规定散见于《宪法》、《国防法》和其他国防法律、法规的条款之中；(3)兵役法类，是国家调整兵役活动中各种社会关系的法律规范，如《中华人民共和国兵役法》；(4)军事管理法类，用于调整军事行政管理活动中各种社会关系的法律规范，是进行军事行政管理活动的法律依据，如《中国人民解放军内务条令》、《中国人民解放军纪律条令》、《中国人民解放军队列条令》、《中国人民解放军武器装备管理工作条例》等；(5)军事刑法类，是规定军职人员违反职责罪和其他公民危害国防利益犯罪及其刑罚处罚的法律规范，主要由《中华人民共和国刑法》中的"危害国防利益罪"、"军人违反职责罪"及其他法律法规中的有关条款组成；(6)军事诉讼法类；(7)国防经济法类，是调整国防经济活动中各种社会关系的法律规范，如《国防交通条例》；(8)国防科技工业法类，是调整国防科研生产活动过程中各种社会关系的法律规范，是国家对国防科研生产实施决策、管理、监督的法律依据；(9)国防动员法类，是国家调整战时与动员活动中的各种社会关系的法律规范，是国家实施战时管制以及由平时状态转入战时状态，统一调动人力、物力、财力为战争服务的法律依据，如《中华人民共和国国防动员法》；(10)国防教育法类，是调整国防教育活动中的各种社会关系的法律规范，是国家对全民进行国防教育，增进其国防观念、提高其国防素质的法律依据，如《中华人民共和国国防教育法》；(11)军人权益保护法类，是调整武装力量成员权益的法律规范，如《中华人民共和国军人权益保护法》；(12)军事设施保护法类，是调整人们在保护军事设施活动中各种社会关系的法律规范，是国家保护军事设施的安全和使用效能，维护国家军事利益的法律依据，如《中华人民共和国军事设施保护法》、《关于保护通信线路的规定》等；(13)特别行政区驻军法类；(14)紧急状态法类；(15)战争法类；(16)对外军事关系法类，是国家调整对外军事关系、处理对外军事事务的法律依据，如《不扩散核武器条约》、《关于和平解决国际争端的马尼拉宣言》等。

四、公民的国防义务和权利

公民的国防义务是指由宪法和法律规定的公民在国防活动中必须履行的责任，由国家强制力保证其落实。公民的国防义务，是指由宪法、法律规定的公民在国防方面应当履行的责任。国防义务是法定义务、法律义务，是由国家强制力保证其落实的。每一个公民都享有相应的国防权利，也必须履行相应的国防义务。

(一)公民的国防义务

我国的《宪法》、《国防法》、《兵役法》赋予公民的国防义务主要有以下 6 项。

1. 维护国家统一和安全的义务

我国《宪法》第 52 条规定："中华人民共和国公民有维护国家统一和全国各民族团结的义务。"维护国家统一，主要是指维护国家领土的完整，任何公民都不得破坏、变更和以其他各种形式分裂肢解国家领土；维护国家政权的统一，不允许任何公民以各种方式分裂国家政权，破坏国家的统一，不允许任何人以任何方式把国家主权割让给外国。我国《宪法》第 54 条规定："中华人民共和国公民有维护祖国的安全、荣誉和利益的义务，不得有危害祖国的安全、荣誉和利益的行为。"维护国家的安全，主要是指维护国家的领土、主权不受侵犯，国家各项机密得以保守，社会秩序不被破坏。履行维护国家统一和安全这项义务，就是要求每一个公民都有高度的爱国主义精神和爱国主义行动，以国家利益为最高利益，自觉维护祖国统一、安全、荣誉和利益，绝不做危害国家安全、民族荣誉和祖国利益的事。

2. 履行兵役的义务

我国《宪法》第 55 条规定："保卫祖国，抵抗侵略，是中华人民共和国每一个公民的神圣职责。依照法律服兵役和参加民兵组织是中华人民共和国公民的光荣义务。"我国《国防法》第 53 条规定："依照法律服兵役和参加民兵组织是中华人民共和国公民的光荣义务。"我国《兵役法》第 3 条规定："中华人民共和国公民，不分民族、种族、职业、家庭出身、宗教信仰和受教育程度，都有义务依照本法的规定服兵役。"按照我国《兵役法》的规定，公民履行兵役义务有服现役、服预备役和参加民兵三种形式。参加民兵组织，服预备役，以及高等院校和高级中学学生参加军事训练，是我国应征公民在军队之外履行兵役义务的普遍形式。所有预备役人员必须依法参加军事训练，执行其他军事任务，并随时准备应征入伍服现役。

3. 接受国防教育的义务

国防教育是国家为防备和抵抗侵略，制止武装颠覆，保卫国家主权、统一、领土完整和安全，对公民所进行的具有特定目的和内容的教育活动。我国《宪法》第 24 条规定："在人民中进行爱国主义、集体主义和国际主义、共产主义的教育。"我国《国防法》第 55 条规定："公民应当接受国防教育。"我国《国防教育法》第 5 条进一步强调："中华人民共和国公民都有接受国防教育的权利和义务。"国防教育是建设和巩固国防的基础，是增强民族凝聚力、提高全民素质的重要途径，普及和加强国防教育是全社会的共同责任，自觉接受国防教育是公民应尽的义务。

4. 保护国防设施的义务

国防设施是指国家直接用于国防目的的建筑、场地、设备，包括军事设施、人民防空设施、国防交通设施和其他用于国防目的的设施。《国防法》第 55 条规定："公民和组织应当保护国防设施，不得破坏、危害国防设施。"《军事设施保护法》进一步明确规定："中华人民共和国的所有组织和公民都有保护军事设施的义务。禁止任何组织或者个人破坏、危害军事设施。任何组织或者个人对破坏、危害军事设施的行为，都有权检举、控告。"根据《国防法》和《军事设施保护法》等有关保护军事设施规定的要求，公民应当自觉遵守各类军事设施的保护规定。

5. 保守国防秘密的义务

国防秘密是指关系国家安全利益，在一定时间内只限范围内人员知悉的军事或军事有关的政治、经济、外交、科技、教育等方面的事项。我国《宪法》第 53 条原则规定："中华人民共和国公民必须遵守宪法和法律，保守国家秘密。"《国防法》第 55 条进一步规定："公民和组织应当遵守保密规定，不得泄露国防方面的国家秘密，不得非法持有国防方面的秘密文件、资料和其他秘密物品。”《中华人民共和国保守国家秘密法》规定，国家秘密关系国家的安全和利益，一切国家机关、武装力量、政党、社会团体、企事业单位和公民都有保守国家秘密的义务。

6. 支持国防建设和协助军事活动的义务

我国《国防法》第 56 条规定：“公民和组织应当支持国防建设，为武装力量的军事训练、战备勤务、防卫作战、非战争军事行动等活动提供便利条件或者其他协助。”这是一项适用比较广泛的义务，例如在国家为国防目的进行征用时，公民和组织应当积极配合，不得抵制、阻挠，否则将承担相应的法律责任。这项义务的核心是支持和协助，支持是对国防建设的广泛的支持，而协助的重点是武装力量的军事活动，特别是要深刻认识军队在国防建设中的地位和作用，积极支持军队的建设，在全社会造成尊重、爱护军队的良好风尚，并从各方面大力支持军队平时的各项工作和战时的各种作战勤务。同时要积极支持民兵、预备役部队建设，民兵和预备役部队是武装力量的重要组成部分，做好民兵、预备役工作，是加强国防后备力量建设的重要工作和长期的战略任务。

(二)公民的国防权利

根据我国《国防法》的规定，公民享有三个方面的国防权利。

1. 国防建设的建议权利

《国防法》第 57 条规定：“公民和组织有对国防建设提出建议的权利。”所谓建议权，就是公民有权对国防建设的指导思想、方针原则、规章制度、措施方法等提出改进意见。此项权利是公民依宪法相应的对国家事务的建议权在国防建设方面的体现。我国《宪法》第 41 条规定：“中华人民共和国公民对于任何国家机关和国家工作人员，有提出批评和建议的权利。”公民的批评建议权，体现了我国人民当家做主的社会主义性质。

2. 制止、检举危害国防行为权利

《国防法》第 57 条规定：公民和组织“有对危害国防利益的行为进行制止或者检举的权利”。所谓制止权，就是公民有权采取一定的方式方法使危害国防的行为停止下来，从而维护国防利益。所谓检举权，就是在危害国防的行为发生以后，公民有权进行揭发。对违法犯罪行为进行制止、检举是公民享有的一项普遍性权利，在国防领域也不例外。国家和社会保护行使此项权利的公民，使之免于因此而受到打击报复或其他损害。

3. 获得损失补偿权利

《国防法》第 58 条规定：“公民和组织因国防建设和军事活动在经济上受到直接损失的，可以依照国家有关规定获得补偿。”公民享有受到公平待遇的普遍性权利，当公民因国防建设和军事活动而在经济上受到直接损失时，有权依照国家有关规定请求补偿。必须明确的是，有些补偿措施是在战后落实的，不能把预先得到补偿作为接受动员、接受征用的条件。战时，国家可能先征用，战后再补偿。

复习思考题：

1. 简述国防法规的产生和发展。
2. 国防法规的基本特性有哪些？
3. 我国的国防法规体系包括哪些内容？
4. 公民的国防义务和国防权利有哪些？

第三节 国防建设

中华人民共和国成立后，经过几十年的艰苦努力，我国国防建设取得了巨大的成就，今天的中国之所以能巍然屹立在世界的东方，并享有很高的声誉，主要是因为我国在政治上独立、经济上发展和国防的不断强大。特别是党的十八大以来，以习近平同志为核心的党中央积极推动国防和军队深化改革，取得了举世瞩目的成就。

一、国防体制

中国的国防体制，自中华人民共和国成立以来，不断适应国家政治、经济、科技的发展，紧密结合世界军事发展的脉搏，为保障国家安全的需要，曾进行过多次调整改革，在实践中不断发展和完善，在坚持对国家的国防活动实行高度集中统一领导的基础上，中国特色的特征更加明显。

(一)具有中国特色的国防体制组织形式

根据我国《宪法》规定，中华人民共和国的国防领导职权由中共中央、全国人民代表大会及其常务委员会、中华人民共和国主席、中华人民共和国国务院、中华人民共和国中央军事委员会行使。他们分工不同，各有侧重。

中国共产党以党的纲领、政策、战略来指导国防，直接领导国防活动，中共中央决定着我国国防的重大问题。

(二)国家机构的国防职权

我国国防体制构成要素中，中国共产党中央委员会、中华人民共和国全国人民代表大会及其常务委员会、中华人民共和国主席、中华人民共和国国务院、中华人民共和国中央军事委员会具有不同的国防领导职责权限，具体如下：

1. 中共中央的国防领导职责权限

中国共产党作为中华人民共和国的执政党，是领导中国社会主义事业的核心力量，中共中央在国家建设，包括国防事务中发挥着决定性的领导作用。有关国防、战争和军队建设的重大问题，都是由中共中央、中央军委、中央政治局及其常务委员会作出决策，并通过必要的法定程序，作为党和国家的统一意志贯彻执行。《中国人民解放军政治工作条例》规定：中国人民解放军必须置于中国共产党绝对领导之下，其最高领导权和指挥权属于中国共产党中央委员会和中央军事委员会。

2. 全国人民代表大会及其常务委员会的国防领导职责权限

中华人民共和国全国人民代表大会是中华人民共和国国家最高权力机关。它在国防方面的职责权限有：决定战争与和平问题；制定有关国防方面的基本法律；选举国家中央军事委员会主席，根据中央军事委员会主席的提名，决定中央军事委员会其他组成人员，并有权罢免以上人员；审查和批准包括国防建设计划在内的国民经济、社会发展计划和计划执行情况的报告；审查和批准包括国防经费预算在内的国家预算和预算执行情况的报告；改变或撤销全国人民代表大会常务委员会在国防方面的不适当的决定；等等。

全国人民代表大会常务委员会在国防方面的职责权限有：在全国人民代表大会闭幕期间，如果遇到国家遭受武装侵犯或者必须履行国际共同防止侵略的条约的情况，决定战争状态的宣布、决定全国总动员或者局部动员、制定国防方面的法律；在全国人民代表大会闭幕期间审查和批准包括国防建设计划在内的国民经济和社会发展计划，包括国防经费预算在内的国家预算在执行过程中所必须做的部分调整方案、监督中央军事委员会的工作；在全国人民代表大会闭幕期间，根据中央军事委员会主席的提名，决定中央军事委员会其他组成人员的人选，根据最高人民法院院长和最高人民检察院检察长的提请，任免军事法院院长和军事检察院检察长，决定同外国缔结的有关国防方面的条约和重要协定的批准和废除，规定军队的衔级制度，规定和决定授予在国防方面国家的勋章和荣誉称号，等等。

3. 国家主席的国防领导职责权限

中华人民共和国主席的国防领导职责权限包括：根据全国人民代表大会的决定和全国人民代表大会常务委员会的决定，发布动员令；公布全国人民代表大会及其常务委员会制定的有关国防方面的法律；根据全国人民代表大会常务委员会的决定，授予在国防方面国家的勋章和荣誉称号；根据全国人民代表大会常务委员会的决定，批准和废除同外国缔结的有关国防方面的条约和重要协定。

4. 国务院的国防领导职责权限

中华人民共和国国务院的国防领导职责权限包括：编制国防建设的有关发展规划和计划；制定国防建设方面的有关政策和行政法规；领导和管理国防科研生产；管理国防经费和国防资产；领导和管理国民经济动员工作和人民防空、国防交通等方面的建设和组织实施工作；领导和管理拥军优属工作和退役军人保障工作；与中央军事委员会共同领导民兵的建设，征兵工作，边防、海防、空防和其他重大安全领域防卫的管理工作；法律规定的与国防建设事业有关的其他职权。

5. 中央军事委员会的国防领导职责权限

中央军事委员会实行主席负责制。中华人民共和国中央军事委员会的国防领导职责权限包括：统一指挥全国武装力量；决定军事战略和武装力量的作战方针；领导和管理中国人民解放军、中国人民武装警察部队的建设，制定规划、计划并组织实施；向全国人民代表大会或者全国人民代表大会常务委员会提出议案；根据宪法和法律，制定军事法规，发布决定和命令；决定中国人民解放军、中国人民武装警察部队的体制和编制，规定中央军事委员会机关部门、战区、军兵种和中国人民武装警察部队等单位的任务和职责；依照法律、军事法规的规定，任免、培训、考核和奖惩武装力量成员；决定武装力量的武器装备体制，制定武器装备发展规划、计划，协同国务院领导和管理国防科研生产；会同国务院管理国防经费和国防资产；领导和管理人民武装动员、预备役工作；组织开展国际军事交流与合作；法律规定的其他职权。

(三)中国共产党的领导是我国国防体制的基本特征

国防体制是国家政权组织形式和机构的重要组成部分，它与国家的国体、政体、国家的职能有着密切的联系。我国的国防体制经过长期革命战争时期的酝酿和国家建设时期的发展，形成了具有中国特色的国防体制，其基本特征就是坚持中国共产党对国防事业的领导。

我国实行的是中国共产党领导下的多党合作、政治协商的政党制度，既不同于一党制，也有别于多党制。这种制度决定了领导我国国防事业的政党只能是中国共产党，武装力量的最高领导权和指挥权只能集中于中共中央及中央军委。这是我国的政党制度在军事领域的必然反映，也是我国政治制度的一大特点和优势。因此，在当代中国，必须从实现中华民族伟大复兴的民族大义出发，把中国共产党领导下的多党合作、政治协商的政党制度同坚持党对国防事业领导的国防体制一如既往地坚持下去。

二、国防战略

国防战略是国家为了保卫领土、主权的完整和统一，抵御外国武装侵略和颠覆，对国防力量的建设和运用进行综合筹划和全局指导的方略与艺术。国防战略的优劣直接关系国防建设的发展，乃至战争胜负、国家存亡、民族兴衰。

(一)国防战略目标

我国的国防战略目标是：巩固国防，防备和抵御侵略；制止分裂，实现祖国完全统一；制止武装颠覆，维护社会稳定；加强国防建设，实现国防和军队现代化；维护世界和平，反对侵略扩张。

(二)国防战略方针

国防战略方针是国防战略的基本要素之一，是指导国防斗争的行动纲领，是国防战略指导思想的具体化。它主要规定国防斗争的总体目标和实现目标的途径，明确斗争的重点和主要战略方向与部署。

中华人民共和国成立后，1956 年彭德怀代表中共中央、中央军委所作的《关于保卫祖国的战略方针和国防建设问题》的报告中，提出“积极防御”的战略方针。1977 年叶剑英代表中央军委所作的《抓纲治军、准备打仗》的报告中，重申了“积极防御”的战略方针。根据形势的发展，邓小平指出：“没有明确的战略方针，许多事情都不好办。”1980 年在军委召开的一次研讨会上，邓小平再次提出：“我们未来的反侵略战争，究竟采取什么方针？我赞成就用‘积极防御’四个字。”关于积极防御战略方针的内涵，毛泽东在《中国革命战争的战略问题》一文中作过精辟的阐述，是“攻势防御”、“决战防御”、“为了反攻和进攻的防御”。邓小平根据新的现实环境下军事斗争的实际需要，发展了“积极防御”战略方针的精神。他在 1978 年的一次谈话中指出：“我们的战略始终是防御，二十年后也是战略防御……就是将来现代化了，也还是战略防御。”在 1980 年中央军委召开的一次会议上，他更加明确地指出：“积极防御本身就不只是一个防御，防御中有进攻。”这是用马克思主义的辩证观点揭示了积极防御的本质。在中国革命战争和中华人民共和国成立后巩固国防的长期斗争实践中，积极防御的战略方针始终贯穿着自卫战争、后发制人；对待强敌，持久作战；依靠人民战争，以劣势装备战胜优势装备之敌；立足于复杂困难情况下作战等重要思想。在新形势下，我国的社会制度和基本政策以及军事斗争的现实需要决定我们仍然坚持积极防御的国防战略。

我国国防战略始终以国家根本利益为最高原则，坚持从国家战略的高度来运筹军事斗争准备和军事行动。因此，军事斗争准备和军事行动必须始终立足于维护我国周边和平与世界和平，赢得和慑止针对中国的侵略战争，为实现国家发展目标提供可靠的安全保障。

(三)国防战略手段

国防战略手段，是指为达到国防目的而采取的方法和措施。面对国家利益的各种形式的侵犯，威胁和危害最大的是武装侵犯，因此军事手段始终是主要手段。但军事手段又不是唯一手段，军事活动以及与军事有关的政治、经济、外交、科技、教育等方面的活动共同构成国防的整体目的。战时以军事手段为主，和平时期以威慑为主，使平时的国防建设能量有节制地释放，达到“不战而屈人之兵”的最佳战略效果。

军事手段是国防的主要手段，是斗争的最高形式。国防的根本职能是捍卫国家利益，防备和抵御外来的各种形式侵犯，防备和平息内外部敌对势力相互勾结所发动的武装暴乱。对付武装入侵和武装暴乱最根本和最有效的是军事手段，军事手段的威慑作用和即时打击能力，能有效地遏制或中止侵略行动，迫使其放弃侵略意图。军事手段是解决国家之间矛盾冲突的最后手段，在穷尽了非军事手段而无果的情况下，必须用军事打击的方式彻底解决。

政治手段作为国防战略手段之一，指的是“与军事有关的”政治活动。政治对国防起着决定性的支配作用：国家的政治需要决定着国防的根本性质和类型；国家的政治指导思想和路线决定着国防的方向、方针和原则；国家的政治制度决定国防的根本制度；国家的政治素质制约国防的客观效应，其中，构成国防手段的政治活动主要是政治思想工作、政治宣传等。

经济是国防的物质基础，社会经济制度决定国防活动的性质，社会经济状况决定国防建设的水平。现代条件下，无论是国防建设还是国防斗争，都要广泛采用经济手段，这些手段主要有国防经济活动、经济动员、经济战和经济制裁等。

国防外交活动主要是指国家与国家之间为了国防目的而开展的外交活动，由于这种外交主要涉及军事领域，所以又称军事外交。它涉及军事政治关系、军队关系、军事战略关系、军事科技关系和军事经济关系等，它们都不是孤立的，而是有机联系的。从事国防外交活动的主体不单纯是武装力量，还包括国家机关和民间的一些部门。

(四)国防战略原则

国防战略原则是指导国防斗争的原则，也称国防战略指导原则。国防战略原则是指导国防斗争、谋划有关行动和措施的依据。它是根据国防战略方针和国防斗争的实际制定的。不同国家的国防战略原则有明显的区别。关于我国的国防战略原则，学术界有人将其归纳为和平、自主、合作、威慑和实战五条原则。维护世界和平与国家安全，是我国国防战略的出发点和着眼点；独立自主、自力更生是我国国防战略的立足点；团结一切可以团结的国家和人民，特别是加强同第三世界国家的团结合作，是实现国防战略目标的基本途径；立足于实战，实施有效的威慑，是国防战略的主要手段和方式。

三、国防政策

国防政策，是国家在一定时期所制定的关于国防建设和国防斗争的行动准则。

(1)坚持中国共产党对国防活动的统一领导。我国的国防政策，是党中央、国务院、中央军委从维护国家安全和发展利益的需要出发，依据宪法和法律，着眼国际安全形势的特点和变化，立足于我国的政治、经济、军事、科技、文化和地理等诸多方面的客观实际，在科学总结中国革命战争和国防建设历史经验的基础上制定的，对国防建设和国防斗争具有全面的指导作用。

(2)维护国家安全统一，保障国家发展利益。防备和抵抗侵略，保卫领陆、内水、领海、领空的安全，维护国家海洋权益，维护国家在太空、电磁、网络空间的安全利益。反对和遏制“台独”，打击“东突”、“藏独”等分裂势力，捍卫国家主权和领土完整。服从服务于国家发展战略和安全战略，维护国家发展的重要战略机遇期。

(3)实现国防和军队建设全面协调可持续发展。坚持国防建设与经济建设协调发展的方针，把国防和军队现代化建设融入经济社会发展体系之中，使国防和军队现代化进程与国家现代化进程相一致。

(4)加强以信息化为主要标志的军队质量建设。坚持以机械化为基础，以信息化为主导，推进信息化机械化复合发展，实现军队火力、突击力、机动能力、防护能力和信息能力整体提高。

(5)贯彻积极防御的军事战略方针。立足于打赢信息化条件下的局部战争，着眼维护国家主权、安全和发展利益的需要，做好军事斗争准备。逐步建立集中统一、结构合理、反应迅速、权威高效的现代国防动员体系。以联合作战为基本作战形式，发挥诸军兵种作战优长。

(6)坚持自卫防御的核战略。中国的核战略贯彻国家的核政策和军事战略，根本目标是遏制他国对中国使用或威胁使用核武器。中国始终奉行在任何时候、任何情况下都不首先使用核武器的政策，无条件地承诺不对无核武器国家和无核武器区使用或威胁使用核武器，主张全面禁止和彻底销毁核武器。

(7)营造有利于国家和平发展的安全环境。按照和平共处五项原则开展对外军事交往，发展不结盟、不对抗、不针对第三方的军事合作关系。参与国际安全合作，加强与主要大国和周边国家的战略协作与磋商，开展双边或多边联合军事演习，推动建立公平、有效的集体安全机制和军事互信机制，共同防止冲突和战争。

四、国防成就

自中华人民共和国成立以来，在中国共产党的领导下，我国国防建设发生了历史性变化，取得了举世瞩目的辉煌成就。建立了有中国特色的武装力量领导体制，建设了一支强大的现代化、正规化的革命军队，建立了完整的国防科技和国防工业体系，建立了比较完善的国防动员体制，国防法规建设取得了显著成效，等等。

随着中国特色社会主义建设进入新时代，在党中央、中央军委的正确领导下，全军与全国人民一道攻坚克难、开拓进取，国防和军队建设科学发展，取得了许多新成就。

(一)军队信息化建设迈上新台阶

在新形势下，随着国家信息化建设取得长足发展，为军队信息化建设提供了技术支撑、人才保障和物质依托，在国家信息化建设的大局下，军事信息基础设施建设实现跨越式发展。一是建成了以通信枢纽和固定通信台站为支撑，以光纤、短波通信为主体，以卫星、微波等通信手段为补充的战略通信网；二是建成了由骨干网、地区网和接入网构成，连通全军团以上作战部队和师以上军事机关的指挥自动化三期网；三是建成了承载军事训练、图像情报传输、宣传教育、后勤保障等用户系统的军事综合信息网。

(二)联合作战指挥体制建设成果显著

信息化的战场瞬息万变，一体化联合作战成为信息化条件下作战的基本形式。信息化条件下联合作战的要求：参战力量是融合程度极高的诸军兵种联合部队，指挥手段是网络化一体的指挥系统，作战空间表现为陆、海、空、天、电、磁、心理等多个领域，作战行动是高度协调配合的整体联动。从 1999 年至今，我军基本建立了联合作战、联合指挥、联合保障体制。

(三)高素质新型军事人才队伍不断壮大

新形势下，着眼我军能打仗、打胜仗的要求，党中央、中央军委对培养联合作战指挥人才高度重视。军委制定颁发了《关于深入推进联合作战指挥人才培养的措施》、《联合作战指挥人才核心素质能力培养模型(试行)》、《加强军队院校联合作战教材建设的意见》等政策性文件，对培养联合作战指挥人才提出了具体要求。同时，全面开展联合作战知识普及学习和探索打造全军携手育才大平台，通过多种形式的联合训练和演习，锻炼和培养了一大批联合作战指挥人才。

(四)国防科技和武器装备跨越发展

(1)国防科技关键技术取得重大突破。国防科技工作者坚持自主创新，以创新求跨越，在攻克核心技术、关键技术方面取得了丰硕成果。一是信息技术拥有自己众多知识产权。即：超级计算机“天河号”系列研制成功。通过自主创新，在成功研制“曙光”、“银河”等大规模并行处理计算机的基础上,又研制成功具有千万亿次计算能力的超级计算机系统“天河”系列。拥有自主知识产权的“龙芯”、“龙腾”相继问世并快速发展。二是航天技术跻身世界先进行列。成功发射了“神舟号”载人飞船、“嫦娥”月球探测卫星和“天宫”系列目标飞行器等。三是在国防尖端技术的多个领域具备了竞争实力。

(2)武器装备体系化程度不断提高。随着国防科技自主创新能力的提高,高技术武器装备陆续列装部队,基本建成了以第三代为主体、第四代为骨干的武器装备体系,为打赢信息化条件下局部战争奠定了坚实基础。

(五)国防科技工业军民融合蓬勃发展

随着国防科技工业管理体制和政策法规调整改革逐步推进,国防科研生产能力结构得到优化,军工核心研发生产能力大幅提高。一是新型国防科研生产体系初步形成。相继出台了《武器装备科研生产许可实施办法》及《国务院关于鼓励和引导民间资本投资健康发展的若干意见》等法规,极大地调动了民间企业投资国防科研生产的热情,已经形成了由核、航天、航空、船舶、兵器、电子 6 个行业为主体,机械、冶金、化工、轻工、建材、纺织、有色金属等配套行业组成的比较完整的“小核心、大协作、寓军于民”的现代化武器装备科研生产体系。二是国防科技研发能力显著增强。军民融合战略实施以来,我国国防科技研发能力显著增强,不仅为军队提供了大批高科技武器装备,而且突破和掌握了一大批国防核心关键技术,在装甲兵器、制导兵器、水中兵器等技术领域和燃烧、防护、弹道、兵器信息、兵器材料与制造等兵器基础性支撑技术领域均取得了长足发展,并在某些领域达到或接近世界先进水平。成功地实现了由传统国防向高科技国防的历史性跨越,正在向以信息化为核心的光机电一体化方向和陆、海、空、天、电磁诸多应用领域昂首迈进。

五、军民融合

军民融合是把国防和军队现代化建设深深融入经济社会发展体系之中,全面推进经济、教育、科技、人才等各个领域的军民融合,在更高层次、更广范围、更深程度上把国防和军队现代化建设与经济社会发展结合起来,为实现国防和军队现代化提供丰厚的资源和可持续发展的动力。

(一)军民融合发展方式

第二次世界大战结束后,世界许多国家将重点转移到经济建设上,并采取以经济竞争和科技竞争为主、以军事力量竞争为辅的战略,促进了军民共用技术的巨大发展,形成了各自的发展模式。

1. 美国军民融合方式

“以军带民,以民促军”政策的实施,使美国国防与国家经济带入跨越式发展阶段。第二次世界大战后,美国政府强调军转民,解密军工科研资料,鼓励将国防科技成果和人才转入民用企业。美国政府推行在军工科研所中成立研究与技术应用办公室,帮助军工科研所将国防科技成果转向私营企业,坚持“以军带民”,强调国防与国民经济共同发展。1994 年,美国国会技术评估部门在《军民一体化的潜力评估》研究报告中首次提出“军民融合”的概念,要求国防科技工业与民用科技工业相结合,形成一个统一的国家科技创新体系。军民融合作为一项国策被正式确立后,美国对军工企业等部门进行了一系列改革,促进了高新技术的快速发展,推动了军用技术与民用技术的融合。

2. 俄罗斯军民融合方式

行政干预，自上而下开展“军转民”，潜力仍未充分发挥。苏联解体后，俄罗斯为改变苏联军事畸形发展的状况，于20世纪90年代开始实行军转民。1990年，俄政府颁布了《俄罗斯联邦共和国国防工业“军转民”法》，1992年开始，主要以行政手段自上而下开展“军转民”，旨在推动俄罗斯军方和军工企业的优化改组，通过对军工企业进行结构改革，减少军工企业数量，发展军民两用高新技术，加强军工企业与国外企业的合作力度，尽快改变军事畸形发展的局面。俄罗斯的军民融合历经中央政府主导——地方政府引导——国防工业重组——一体化改革四个阶段，最终形成以国家军工—金融综合体为主导的武器装备研发体系。通过“军转民”，俄罗斯民品竞争力有一定提升但整体竞争力不强，军工生产潜力仍未充分发挥。

3. 日本军民融合方式

依靠民间力量发展军工实力，民品竞争力强，军品生产潜力大。第二次世界大战结束后，日本军力发展受到种种限制。日本的国防建设以民用部门为主体，采用“先民后军、以军掩民”的发展模式，通过无偿转让军用技术、提供财政补贴、税收优惠等手段，鼓励发展军民两用技术，大力发展民间军事工业、成立军民一体化公司、公司内优先发展民用技术、以民用带动军用等一系列针对性措施，促进军民两用技术和产业的发展，推进军民一体化进程。

4. 欧盟军民融合方式

多国合作，整体推动军民融合，组建跨国家的军民融合体系。第二次世界大战后，英、意、德、法等欧洲国家在经历了战争的洗礼后，渴望和平成为欧洲各国人民的迫切要求，各国元首以战后的视角开始审视军与民之间发展的次序问题。欧盟各国国防建设进度差异较大，在国防产业链中的位置存在重叠与交叉。随着武器装备的升级换代，其研发成本不断提升，凭借一国之力难以完成。在此情况下，1975年，欧空局的成立标志着先民后军、以民促军战略的确立。欧盟各国国防军工企业能力不同，军转民经历与进度不同，但各国通过协商，在科研政策、国防工业、科研人才三个方面达成一致，致力于欧盟国防科技一体化，其目的是在开发民用技术的基础上进行军民联合技术开发。

5. 中国军民融合方式

(1)初创阶段。中华人民共和国成立后，中国军民融合方式始终处于探索发展阶段。20世纪50年代之前：全民皆兵，军民一体；20世纪50年代中后期：重军民两用；20世纪60年代：军民结合，平战结合，以军为主；20世纪50～70年代，处于“军民结合”阶段。1958年，毛泽东提出“军民结合，平战结合”方针后，开始对国防科技工业进行管理机构改革，从而拉开了军转民的序幕。

(2)探索阶段。20世纪70年代至21世纪初，进入“军民一体化”阶段。邓小平提出“军民结合、平战结合、军品优先、以民养军”的十六字方针后，国防科技工业开始实行军民结合，要求国防工业服从和服务于国家经济建设大局，为经济建设服务，以四个现代化建设带动国防现代化。国防科技工业为与国民经济相结合，实行了公司制和市场化改革，将航天、航空、兵器、舰船等军工总公司改组为10个集团公司，实行合同制，实现了政企分开、供需分开，从而使中国国防工业走上了“军民兼容”、“军民结合”的道路，国防科技工业真正融入国民经济中，由单一面向国防建设转为面向为工业、科技、经济和国防现代化服务，大力发展民品生产。

(3)发展阶段。2006年，深化国防科研体制改革，建设国防科技创新体系；2007年，十七大报告中提出了“建立和完善军民结合、寓军于民的武器装备科研生产体系、军队人才培养体系和军队保障体系，坚持勤俭建军，走出一条中国特色军民融合式发展路子”的战略思想，标志着中国开始迈向“军民融合”阶段；2015年后，我国正处于从军民融合向军民融合深度发展加速迈进阶段;2017 年 9 月,“军民融合”作为重要内容写入了党的十九大报告;2017 年 12 月,国务院办公厅印发《关于推动国防科技工业军民融合深度发展的意见》。

(二)军民融合上升为国家战略

2015 年 3 月 12 日,习近平在中国十二届全国人大三次会议解放军代表团全体会议上第一次明确提出:“把军民融合发展上升为国家战略。”

1. 设立中央军民融合发展委员会

2017 年 1 月 22 日,中共中央政治局召开会议,决定设立中央军民融合发展委员会,由习近平任主任。中央军民融合发展委员会是中央层面军民融合发展重大问题的决策和议事协调机构,统一领导军民融合深度发展,向中央政治局、中央政治局常务委员会负责。

2. 军民融合成为国家的工作重点

2017 年 10 月 18 日,习近平在中国共产党第十九次全国代表大会上的报告中指出:“坚持富国和强军相统一,强化统一领导、顶层设计、改革创新和重大项目落实,深化国防科技工业改革,形成军民融合深度发展格局,构建一体化的国家战略体系和能力。”

3. 军民融合战略由构想转为实践

推进军民融合深度发展,必须立足国情军情,走出中国特色军民融合道路,把军民融合发展理念和决策部署贯彻落实到经济建设和国防建设全领域、全过程,强化贯彻落实和改革创新,坚持法治思维,向重点领域聚焦用力。各地区各部门坚持党中央领导,强化使命担当。各省(区、市)要加快设置军民融合发展领导机构,完善职能配置和工作机制。

2018 年 10 月 15 日,习近平主持召开中央军民融合发展委员会全体会议时指出:要抓好《关于加强军民融合发展法治建设的意见》贯彻实施,推进军民融合领域立法;加快职能转变;通过战略性重大工程有效推动科技创新;要加强党中央集中统一领导,统一协调相关重大工程、重大计划、重大项目,统一调动所需的人、财、物等创新资源。

(三)军民融合的战略价值

推动中国国防建设和经济建设良性互动,确保在中国全面建成小康社会进程中实现富国和强军的统一,是实现强国梦、强军梦的必由之路,对于提高中国人民解放军能打仗、打胜仗,有效维护国家主权、安全、发展利益,具有极其重要的现实意义。

一是通过军民深度融合,盘活存量资产,吸引各种渠道资源进入安全领域,促进创新,加快武器装备升级换代。

二是解决原有中国军工资产的效率问题,构建中国国家主导、需求牵引、市场运作、军民深度融合的运行体系,由原来的“输血”转为“造血”,促进军工产业升级。

三是把中国国防科技工业与民用科技工业相结合,共同形成一个统一的国家科技工业基础,实现军民两部门合作共赢的目标。

复习思考题:

1. 什么是国防体制?
2. 什么是国防战略?
3. 我国的国防政策包括哪些内容?
4. 军民融合有什么战略价值?

第四节　武装力量

武装力量是指国家或政治集团所拥有的各种武装组织的统称。一般来说，是以军队为主体，由军队和其他正规的、非正规的武装组织结合构成，是国防力量的主体。

中华人民共和国的武装力量是在中国共产党领导下，经过长期中国革命战争和社会主义国家建设的实践而逐步发展和壮大起来的。中华人民共和国武装力量由中国人民解放军、中国人民武装警察部队、民兵组成，由中华人民共和国中央军事委员会领导并统一指挥，是党和人民信赖的坚强柱石和钢铁长城，担负着保卫祖国、抵抗侵略、巩固国防、维护国家安全的神圣任务。

一、中国武装力量性质、宗旨、使命

我党领导下的人民军队是执行革命的政治任务的具有无产阶级性质的武装集团。为保持人民军队的这一根本性质，完成党赋予的各项政治任务，毛泽东从人民群众是历史的主人这个历史唯物主义的基本观点出发，把军队的命运与人民群众的命运、军队的发展与人民群众的根本利益紧密地联系起来，规定了人民军队的宗旨和职能使命。

（一）坚持党对军队的绝对领导，建立无产阶级性质的人民军队

《中华人民共和国宪法》规定："中华人民共和国的武装力量属于人民。"这个规定揭示了我军同一切剥削阶级军队和旧式军队的本质区别，阐明了中国人民解放军是人民军队的根本性质。中国人民解放军是由中国共产党缔造并绝对领导的、以马列主义毛泽东思想武装起来的、与人民群众保持紧密联系的、具有无产阶级性质的革命军队。

党对军队绝对领导的根本原则和制度，发端于南昌起义，奠基于"三湾改编"，定型于古田会议，是人民军队完全区别于一切旧军队的政治物质和根本优势。"绝对"二字准确地概括了党和军队的关系，表明了中国共产党是我军唯一的独立的领导力量，我军必须无条件地置于党的领导之下。党和军队的关系问题，作为人民军队建设中首要的根本问题，关系到人民军队能否保持其无产阶级性质和正确的建军方向。只有在党的领导下，人民军队才能成为政治觉悟高、作风硬、纪律严、战斗力强的执行革命的政治任务的武装集团。毛泽东在军队建设实践中不仅反复强调这个根本原则，而且还指出，要使军队一切行动听从党中央和中央军委指挥，就必须从政治上、思想上和组织上全面保证党对军队的绝对领导。人民军队长期革命斗争和建设的实践表明，只有坚持党的领导，我军才能立场坚定、旗帜鲜明，更广泛地发动、团结群众，履行好自己的职能。

党对军队绝对领导引领我军从胜利走向胜利。中国人民解放军由弱到强、从小到大，在中国革命史上上演了二万五千里长征、14 年抗日战争并最终打败日本侵略者、战胜武装到牙齿的国民党 800 万军队的历史史诗。中国人民解放军之所以能从胜利走向胜利，原因是多方面的，但最根本的、起决定性作用的，就是因为中国共产党的坚强领导。中国共产党诞生于中华民族危难时刻，用科学的理论和发展的眼界建立了一支人民的军队，教育引导广大官兵明白"听谁指挥、为谁当兵、为谁打仗"的革命道理，激发了人民子弟兵高昂的战斗热情，凝聚成攻无不克、战无不胜的光荣战斗集体。

（二）全心全意为人民服务是人民军队的唯一宗旨

中国共产党创造和领导的人民军队，是无产阶级性质的、同人民群众保持密切联系的新型人民军队。中国人民解放军于 1927 年 8 月南昌起义诞生之日，就宣告为中国工农大众而战。

1927年9月,湘赣边界起义的部队打出了"工农革命军"的旗帜。1929年6月,中国工农红军第四军司令部、政治部颁发布告,宣告红军以帮助工人、农民及一切被压迫阶级得到解放为宗旨。同年12月,古田会议决议更加明确地规定了红军的宗旨和任务,指明中国红军是一个执行革命的政治任务的武装集团,除了打仗之外,还要担负宣传、组织、武装群众,帮助群众建立革命政权,以至建立共产党的组织等项重大的任务。1945年4月,毛泽东在中国共产党第七次全国代表大会上所作的《论联合政府》的报告中,把中国人民解放军的宗旨概括为"紧紧地和中国人民站在一起,全心全意地为中国人民服务"。中国人民解放军坚持不渝地信守这一宗旨,把它作为全军团结战斗的政治思想基础和行动准则,指明了人民军队同一切剥削阶级军队以及其他旧式军队的本质区别,是我军建军原则的核心,也是一切军事活动的出发点和归宿点。

全心全意为人民服务的宗旨,体现了人民军队的阶级本质。军队是阶级统治的工具,历史上各式各样的军队无不打上阶级的烙印。我党领导下的无产阶级性质的人民军队,是无产阶级为实现自己的历史使命而斗争的工具。无产阶级的属性决定人民军队的性质——为无产阶级和广大劳动人民的利益而奋斗。人民军队全心全意为人民服务的宗旨正是这种本质的体现。在这里,无产阶级的阶级性、共产党的党性和军队的人民性,是完全一致的。

全心全意为人民服务的宗旨,是我军立于不败之地的力量源泉。我军从小到大、由弱到强,在任何艰难困苦的条件下都能维持不败,其根本原因在于它有全心全意为人民服务的思想。毛泽东指出:"这个军队之所以有力量,是因为所有参加这个军队的人,都具有自觉的纪律,他们不是为着少数人的或狭隘集团的私利,而是为着广大人民群众的利益,为着全民族的利益而结合、而战斗的。"因而,人民军队在共同的阶级利益基础上达到官兵一致,形成无坚不摧的战斗集体。在外部,人民军队处处以人民利益为最高利益,始终同人民群众保持着血肉般的关系,从而得到人民群众的衷心拥护和支持。

(三)人民军队的历史使命

实现国家战略目标,贯彻总体国家安全观,对创新发展军事战略、有效履行军队使命任务提出了新的需求。要适应维护国家安全和发展利益的新要求,更加注重运用军事力量和手段营造有利战略态势,为实现和平发展提供坚强有力的安全保障;适应国家安全形势发展的新要求,不断创新战略指导和作战思想,确保能打仗、打胜仗;适应世界新军事革命的新要求,高度关注应对新型安全领域挑战,努力掌握军事竞争战略主动权;适应国家战略利益发展的新要求,积极参与地区和国际安全合作,有效维护海外利益安全;适应国家全面深化改革的新要求,坚持走军民融合式发展道路,积极支援国家经济社会建设,坚决维护社会大局稳定,使军队始终成为党巩固执政地位的中坚力量和建设中国特色社会主义的可靠力量。

中国军队有效履行新的历史时期军队使命,坚决维护中国共产党的领导和中国特色社会主义制度,坚决维护国家主权、安全、发展利益,坚决维护国家发展的重要战略机遇期,坚决维护地区与世界和平,为全面建成小康社会、实现中华民族伟大复兴提供坚强保障。

中国军队主要担负以下战略任务:应对各种突发事件和军事威胁,有效维护国家领土、领空、领海主权和安全;坚决捍卫祖国统一;维护新型领域安全和利益;维护海外利益安全;保持战略威慑,组织核反击行动;参加地区和国际安全合作,维护地区和世界和平;加强反渗透、反分裂、反恐怖斗争,维护国家政治安全和社会稳定;担负抢险救灾、维护权益、安保警戒和支援国家经济社会建设等任务。

"世界正发生前所未有之大变局,我国正处于由大向强发展的关键阶段,我军正经历着一场革命性变革。"习主席站在时代发展和战略全局高度,以纵览风云的时代眼光、强军兴邦的历史担当，鲜明提出党在新时代的强军目标。“听党指挥、能打胜仗、作风优良”，这一伟大目标集中反映了中华民族伟大复兴对建设强大人民军队的必然选择，反映了我们党对维护国家安全和发展利益的战略考量，抓住了建军治军的要害，拎起了国防和军队建设的总纲，实现了党的军事指导理论的与时俱进。能不能贯彻落实好强军目标，关系国防和军队建设全局，关系我军有效履行使命任务，关系我军在世界军事竞争中赢得战略主动。

二、人民军队的发展历程

中国人民解放军自诞生至今，已有 90 多年的光辉历史。90 多年来，这支具有光荣革命传统和辉煌战斗历史的人民军队，在中国共产党的领导下，始终与中华民族命运共系，与中国人民血肉相连，历经硝烟战火，一路披荆斩棘，为民族独立和国家富强进行了不屈不挠、艰苦卓绝的斗争，付出了巨大牺牲，取得了一个又一个辉煌的胜利，为党和人民建立了伟大的历史功勋。

（一）诞生成长于土地革命战争

1927 年 8 月 1 日，在以周恩来为书记的中共中央前敌委员会（简称前委）的领导下，贺龙、叶挺、朱德、刘伯承等人率领党所掌握和影响下的军队两万多人，在南昌城头打响了武装反抗国民党反动派的第一枪。1927～1937 年间的十年，是艰苦卓绝的土地革命战争时期，也是人民军队从无到有、逐渐成长并开始走向成熟的重要时期。在这期间，中国共产党把马克思主义的普遍原理与中国革命战争的具体实践相结合，开创了建立农村根据地，以农村包围城市，武装夺取政权的中国革命道路；确立了人民军队的建军原则，形成了人民战争思想及其战略战术；在王明“左”倾错误占据党内统治地位、反“围剿”失利后，进行了举世闻名的长征。在艰险曲折的斗争中，在以毛泽东为代表的党中央正确领导下，在广大红军指战员的英勇奋战下，终于取得了红军长征的伟大胜利，并由此孕育了伟大的长征精神，开创了中国革命新局面。

（二）抗日战争的中流砥柱

从 1931 年日本侵略者侵占东北到 1945 年签字投降的 14 年，是中国共产党及其领导的人民武装坚持抗日斗争并最终夺取伟大胜利的历史时期。这一时期，中华民族与日本帝国主义侵略者的民族矛盾上升为社会主要矛盾。中国共产党及其领导的人民军队，以卓越的政治智慧与军事才能，主动应对和推动中国抗日战争的发展，并在坚持和夺取抗战胜利的艰苦卓绝斗争中发展成长为抗战的中坚力量，为世界反法西斯战争的胜利作出了不可磨灭的历史贡献。中国人民抗日战争胜利，是近代以来中国抗击外敌入侵第一次取得完全胜利的民族解放战争，是中华民族走向复兴的伟大历史转折点。

（三）胜利进行全国解放战争

解放战争，亦称“第三次国内革命战争”，国民党方面称为“动员戡乱”，是 1945 年 8 月至 1949 年 9 月中国人民解放军在中国共产党的领导下，为推翻国民党统治、解放全中国而进行的战争，国共内战第二阶段。

1947 年 7 月，解放军由战略防御转入战略进攻，接着连续进行了辽沈、淮海、平津三大战役，基本上消灭了国民党军主力。1949 年 4 月，解放军横渡长江解放南京，基本宣告了国民党统治的覆灭。1949 年 10 月 1 日，在解放军向全国进军途中，中华人民共和国在北京宣告成立。到 1950 年 6 月，残存在东北、华东、中南、西南、西北战场上的国民党军被全部歼灭，仅有少量逃往台湾。1951 年西藏和平解放。至此，解放军完成了解放全国大陆和近海岛屿的任务，中国人民解放军取得第二次国共内战胜利，统一了中国大陆。

(四)抗美援朝,保家卫国

1950 年 6 月 25 日,朝鲜内战爆发。美国随即派兵进行武装干涉,发动对朝鲜的全面战争,同时派遣第七舰队入侵台湾海峡,对新中国的国家安全造成严重威胁,给刚刚执政的中国共产党带来严峻考验。当时,我国物资极度匮乏,财政状况甚为困难,新区土改尚未进行,人民政权没有完全巩固,海、空军处于初创阶段,中共中央应朝鲜民主主义人民共和国政府的请求,在反复权衡利弊之后,最终决策组成中国人民志愿军,从 1950 年 10 月至 1953 年 7 月进行了两年零九个月的抗美援朝、保家卫国的战争。

三、中国特色武装力量构成

中国的武装力量是在中国共产党的领导下,经过长期中国革命战争和社会主义国家建设的实践而逐步发展和壮大起来的。

我国的武装力量一直坚持“三结合”的武装力量体制,革命战争年代,“三结合”主要由野战军、地方军和民兵组成,随着国家政权的夺取和社会主义建设事业的发展,为进一步完善国家武装力量对内治理国家、对外防御侵略的双重职能,1982 年 6 月,由部分担任重要目标守护任务的人民解放军和武装、边防、消防警察合编组建了人民武装警察部队,1983 年 4 月中国人民武装警察部队正式成立;同年,在中国人民解放军序列中又组建了中国人民解放军预备役部队。由此确立了我国具有中国特色的、满足治理国家和保卫国家双重职能的武装力量新体制——中国人民解放军现役部队和预备役部队、中国人民武装警察部队和民兵。这种新体制,既可在平时满足维护国内安全的需要,又能在战时充分发挥解放军现役和预备役部队、人民武装警察部队和民兵的“三结合”武装力量体制的优点,使之更加符合中国的国情、军情,符合中国武装力量的性质和特点,是新形势下完成国防使命的客观要求。

(一)中国人民解放军现役部队

中国人民解放军是中国共产党缔造和领导的,是我国人民民主专政的坚强柱石,是我国武装力量的主要组成部分。它于 1927 年 8 月 1 日诞生,经历了中国工农红军、八路军和新四军、中国人民解放军几个发展阶段,由小到大、由弱到强,战胜了一系列国内外反动派,为中华民族的崛起与复兴立下了不朽的功勋。

2015 年 12 月 31 日,中国人民解放军陆军领导机构、中国人民解放军火箭军、中国人民解放军战略支援部队成立大会在北京八一大楼隆重举行。中共中央总书记、国家主席、中央军委主席习近平向陆军、火箭军、战略支援部队授予军旗并致训词,代表党中央和中央军委向同志们、向全军部队致以热烈祝贺,强调要坚持以党在新形势下的强军目标为引领,深入贯彻新形势下军事战略方针,全面实施改革强军战略,坚定不移走中国特色强军之路,时刻听从党和人民召唤,忠实履行党和人民赋予的神圣使命,为实现中国梦、强军梦作出新的更大的贡献。

2016 年 2 月 1 日,中国人民解放军战区成立大会在北京八一大楼隆重举行。中共中央总书记、国家主席、中央军委主席习近平向东部战区、南部战区、西部战区、北部战区、中部战区授予军旗并发布训令,强调建立东部战区、南部战区、西部战区、北部战区、中部战区,组建战区联合作战指挥机构,是党中央和中央军委着眼实现中国梦、强军梦作出的战略决策,是全面实施改革强军战略的标志性举措,是构建我军联合作战体系的历史性进展,对确保我军能打仗、打胜仗,有效维护国家安全,具有重大而深远的意义。

延伸阅读

从七大军区到五大战区的意义

从军区到战区，一字之变，带来的却是我军领导指挥体制的历史性嬗变、结构性重塑、革命性新生。

从建用一体的领导机构到专司打仗的指挥机构。战区，是指为实现战略计划、执行战略任务而划分的作战区域，也泛指进行战争的区域。战区作为本战略方向的最高联合作战指挥机构，按照平战一体、常态运行、专司主营、精干高效的要求，履行联合作战指挥职能，担负应对本战略方向安全威胁、维护和平、遏制战争、打赢战争的使命。

从陆军为主的合成机构到军种融合的联合机构。建立战区、组建联合作战指挥机构，是构建我军联合作战体系的历史性进展，标志着我军由单一军种合成作战指挥体制向诸军种联合作战指挥体制迈出突破性步伐，这为实现根本性的、指挥中枢上的、深层次的联合提供了体制性保障。

从守疆卫土的战役机构到经略周边的战略机构。战区作为本战略方向的最高联合作战指挥机构，其指挥权责由中央军委赋予，担负应对本战略方向安全威胁、维护和平、遏制战争、打赢战争的使命。组建战区，有利于一体应对周边各方威胁、统筹构筑坚强国家安全屏障；有利于综合运用各种手段最大限度管控风险、应对危机、遏战胜战；有利于积极拓展军事安全合作领域和空间、保障国家和平崛起和安全发展。如何以战区为重要平台，经略周边环境、塑造安全态势，是今后一个时期提升国家和军队整体战略能力的现实课题。

中国人民解放军现役部队由陆军、海军、空军、火箭军和战略支援部队组成。

1. 陆军

习近平主席强调，陆军是党最早建立和领导的武装力量，历史悠久，敢打善战，战功卓著，为党和人民建立了不朽功勋。陆军对维护国家主权、安全和发展利益具有不可替代的作用。陆军全体官兵要弘扬陆军光荣传统和优良作风，适应信息化时代陆军建设模式和运用方式的深刻变化，探索陆军发展特点和规律，按照机动作战、立体攻防的战略要求，加强顶层设计和领导管理，优化力量结构和部队编成，加快实现区域防卫型向全域作战型转变，努力建设一支强大的现代化新型陆军。

陆军下辖东部战区陆军、南部战区陆军、西部战区陆军、北部战区陆军和中部战区陆军，现有85万人，由步兵、炮兵、装甲兵、防空兵、陆军航空兵、工程兵、通信兵、防化兵、电子对抗兵、侦察兵等兵种和各专业勤务分队组成。

战区新式臂章

步兵包括山地步兵、摩托化步兵、机械化步兵等，主要配备的武器装备有手枪、自动步枪、冲锋枪、机枪、手榴弹、火箭筒、迫击炮、无坐力炮、反坦克导弹、步兵战斗车和装甲输送车等。

炮兵包括压制炮兵、反坦克炮兵、战役战术导弹兵、反坦克导弹兵、高射炮兵和地空导弹兵等，主要配备的武器装备有：85 毫米、122 毫米、130 毫米、152 毫米等口径的加农炮，122 毫米榴弹炮，152 毫米、155 毫米加农榴弹炮，107 毫米、122 毫米、130 毫米、273 毫米火箭炮，100 毫米、120 毫米迫击炮，100 毫米、120 毫米滑膛炮，105 毫米无坐力炮，“红箭-73”、“红箭-8”反坦克导弹，“东风”系列多种型号的战役战术导弹等。

装甲兵包括坦克兵和装甲步兵，主要装备有：重型（40 吨以上）、中型（20～40 吨）和轻型（20 吨以下）主战坦克、水陆坦克、扫雷坦克、侦察坦克、喷火坦克，步兵战斗车、装甲输送车、自行火炮、装甲侦察车、装甲指挥车、抢修牵引等保障车辆。

防空兵包括地空导弹兵、高射炮兵和雷达兵，主要装备有 12.7 毫米、14.5 毫米高射机枪，25 毫米、37 毫米、57 毫米、100 毫米高射炮，“红缨-5”、“红缨-6”单兵肩射低空导弹，“红旗-61”、“红旗-7”车载防空导弹、炮瞄雷达、指挥仪和自动化指挥系统等。

陆军航空兵主要是直升机部队，装备多种型号的攻击直升机、运输直升机和特种用途直升机。

工程兵包括工兵、舟桥、建筑、工程维护、伪装、野战给水工程等专业部（分）队，主要装备：工程侦察器材、地雷爆破器材（包括各种地雷、陆军水雷、布雷扫雷器材、工程爆破器材等）、渡河桥梁器材、工程机械、伪装器材和工具器材等。

通信兵由野战通信、固定台站通信、通信工程和军邮勤务等专业部（分）队组成，主要装备有：多种型号的短波、超短波电台，单边带电台，超短波接力机，载波电话机、收讯机，自动化指挥设备以及固定通信装备。

防化兵由防化、喷火、火烟等部（分）队组成，主要装备有：核心爆炸观测器材、辐射侦察器材、化学侦察器材、洗消车辆、喷火和发烟器材等。

2. 海军

海军是以舰艇部队为主体，主要在海洋执行作战任务的军种。具有水面、水下、空中和近水陆地作战的能力，能单独或与陆、空军协同作战。我国海军创建于 1949 年 4 月 23 日，为保卫祖国领海主权和海洋权益而进行过 1 200 余次作战，至今，已经发展成为一支技术密集、多兵种合成的海洋防御力量。

辽宁号航空母舰在训练

我国海军由水面舰艇部队、潜艇部队、海军航空兵、海军岸防兵和海军陆战队等兵种及专业部(分)队组成。军委海军是海军的最高领率机构，下辖北海、东海、南海三个舰队和海军航空兵部队。舰队是海军担负某一海洋战区作战任务的战役军团，受军委海军和所在战区的双重领导，下辖海军基地、潜艇部队、水面舰艇部队、航空兵部队、岸防兵、陆战队及各专业勤务部队。

水面舰艇部队装备有多种型号的导弹驱逐舰、护卫舰、导弹艇、鱼雷艇、护卫艇、猎潜艇、布雷舰、扫雷舰艇、登陆舰艇、气垫船及各种专业勤务舰船，包括运输船、油船、水船、冷藏船、工程船、消磁船、医疗船、救生船、侦察船等。舰艇上的主要武器装备有：中(76 毫米、100 毫米、130 毫米)、小(20 毫米、25 毫米、30 毫米、57 毫米)口径的舰炮、深水炸弹、鱼雷、“红旗-61”、“红旗-7”航空导弹以及舰载直升机。

潜艇部队装备有多种型号的常规动力潜艇和核动力潜艇。艇上的武器装备有鱼雷、水雷、飞航式导弹、弹道导弹等。

海军航空兵装备有多种型号的歼击机、歼击轰炸机、轰炸机、强击机、水上飞机、反潜机、直升机、运输机和其他特种飞机。机载武器有航炮、航空火箭弹、航空炸弹、空空导弹、空舰导弹、鱼雷和深水炸弹等，还装备有 37 毫米、57 毫米、100 毫米的高射炮和各种雷达。

海军岸防兵装备有“海鹰”和“鹰击”系列多种型号的岸舰导弹。

海军陆战队装备有自动化的步兵武器、反坦克导弹、防空导弹、各种火炮、火箭炮、舟桥、冲锋舟、气垫船、水陆两用坦克、装甲输送车及其他特种装备和作战器材。

3. 空军

空军是以航空兵为主体，主要执行空中作战任务的军种，具有高速机动、远程作战和猛烈突击的能力，单独作战或协同陆、海军作战。我国空军于 1949 年 11 月 11 日创建，在国土防空、抗美援朝、抗美援越等作战中，击落击伤敌机 3 700 余架，为保卫祖国领空和安全做出重大贡献的同时，其自身建设也取得了快速发展。目前我国空军在编制体制、合成能力、作战效能和武器装备现代化方面水平不断提高。

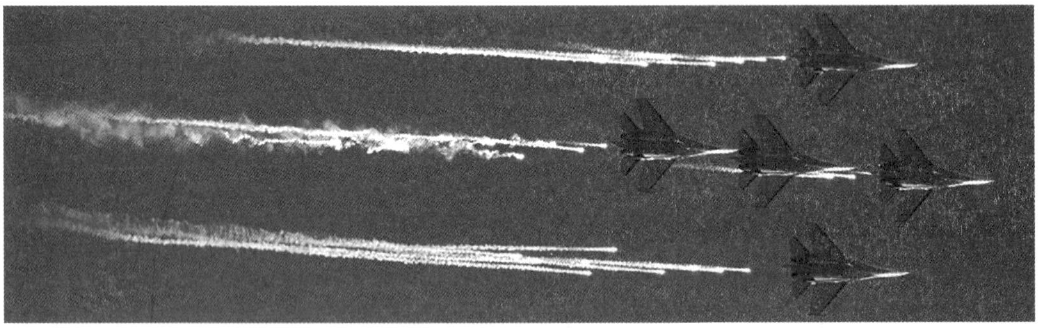

人民空军在训练

我国空军由航空兵、地空导弹兵、高射炮兵、空降兵、雷达兵等兵种和专业勤务部队组成。军委空军是其最高领率机构，下辖战区空军和空降军。军区空军是空军的战役军团，以下按空军军(空军基地)、师(旅)、团、大队、中队序列编成。

航空兵装备有多种型号的歼击机、轰炸机、强击机侦察机、运输机、电子干扰机、空中加油机等飞机，机载武器有航炮、航空火箭弹、航空炸弹、空空导弹、空地导弹、常规炸弹、鱼雷以及核弹等。

地空导弹兵装备有“红旗”系列导弹和引进的第三代 C-300 地空导弹。

高射炮兵装备有 57 毫米高射炮系统，雷达自动搜寻目标，可全天候使用。

空降兵装备有步兵轻武器，82 毫米、100 毫米迫击炮，82 毫米、105 毫米无坐力炮，高射机枪，双 25 毫米高炮，107 毫米火箭炮，122 毫米榴弹炮，以及轻型雷达干扰机，超短波侦听机，无线电干扰机，微型、微声冲锋枪等。

雷达兵装备有多种型号的超视距、超远程、中远程、中近程警戒雷达，探测距离数百到数千千米。还装备有引-2、引-3、引-5、383、384 等多种引导雷达、航管雷达和测高雷达等。

4. 火箭军

火箭军是主要执行战略核心反击任务的部队，受中央军委的直接领导和指挥。它与海军潜地战略导弹部队和空军战略轰炸机部队构成我国三位一体的战略核心力量。可单独作战，也可与其他军种协同作战。1966 年 7 月 1 日创建，命名为第二炮兵。2015 年 12 月 31 日正式成为独立的军种。火箭军的建设是我国国家实力和国防现代化的重要标志，对振奋民族精神、提高我国的国防地位、遏制战争和维护和平起着重要的作用。

习近平主席强调，火箭军是我国战略威慑的核心力量，是我国大国地位的战略支撑，是维护国家安全的重要基石。火箭军全体官兵要把握火箭军的职能定位和使命任务，按照核常兼备、全域慑战的战略要求，增强可信可靠的核威慑和核反击能力，加强中远程精确打击力量建设，增强战略制衡能力，努力建设一支强大的现代化火箭军。

火箭军装备有“东风”系列多种型号的地地导弹，含近程导弹、中程导弹、远程导弹、洲际导弹，可固定发射、机动发射、陆基发射和海基发射。目前巡航导弹已研制定型，我国的导弹武器正逐步实现固体化、机动化、小型化，命中精度、反应速度和空防能力不断提高。

5. 战略支援部队

战略支援部队是维护国家安全的新型作战力量，是我军新质作战能力的重要增长点，主要是将战略性、基础性、支撑性都很强的各类保障力量进行功能整合后组建而成。战略支援部队包括情报侦察、卫星管理、电子对抗、网络攻防、心理战五大部分，是综合了这个时代最先进的天军、网军等看不见硝烟的战场上的作战部队，更确切地说是专门担负软杀伤使命的作战力量。

习近平主席强调，战略支援部队是维护国家安全的新型作战力量，是我军新质作战能力的重要增长点。战略支援部队全体官兵要坚持体系融合、军民融合，努力在关键领域实现跨越发展，高标准高起点推进新型作战力量加速发展、一体发展，努力建设一支强大的现代化战略支援部队。

（二）中国人民武装警察部队

中国人民武装警察部队是中华人民共和国武装力量的组成部分，在保卫国家安全、维护国家主权、巩固政权及维护社会治安等方面发挥着重要的作用。

中国人民武装警察部队成立于 1982 年 6 月，前身是中国人民公安中央纵队，始建于 1949 年 8 月。中国人民武装警察部队是担负国家赋予的国家内部安全保卫任务的部队。自 2018 年 1 月 1 日零时起，中国人民武装警察部队由党中央、中央军委集中统一领导，实行中央军委——武警部队——部队领导指挥体制。武警部队职能属性不变，不列入解放军序列。按照军是军、警是警、民是民原则，将列武警部队序列、国务院部门领导管理的现役力量全部退出武警。将国家海洋局领导管理的海警队伍转隶武警部队，将武警部队担负民事属性任务的黄金、森林、水电部队整体移交国家相关职能部门并改编为非现役专业队伍，同时撤收武警部队海关执勤兵力，彻底理顺武警部队领导管理和指挥使用关系。

中国人民武装警察部队的职能任务。中央和中央军委赋予的新时代使命任务，武警部队将主要担负执勤、处突、反恐怖、海上维权、抢险救援、防卫作战等任务，拓展了维护国家领土主权完整和国家安全职能。执行下列安全保卫任务：国家规定的警卫对象、目标和重大活动的武装警卫；关系国计民生的重要公共设施、企业、仓库、水源地、水利工程、电力设施、通信枢纽的重要部位的武装守卫；主要交通干线重要位置的桥梁、隧道的武装守护；监狱和看守所的外围武装警戒；直辖市，省、自治区人民政府所在地的市，以及其他重要城市的重点区域特殊时期的武装巡逻；协助政法机关依法执行逮捕、追捕、押解、押运任务，协助其他有关机关执行重要的押运任务；参加处置暴乱、骚乱、严重暴力犯罪事件、恐怖袭击事件和其他社会安全事件；国家赋予的其他安全保卫任务。

（三）中国人民解放军预备役部队

预备役部队是国家的国防后备军，是战时扩充作战兵力、动员补充一线作战部队的基础。预备役部队制度的建立，是国家实施成建制快速动员、提高后备兵员的储备质量、节省国家军费开支、加强军队建设和国防建设的重要举措。

中国人民解放军预备役部队平时实行双重领导制度，归省军区（卫戍区、警备区）建制领导，同时接受预备役部队内部的上级领导，战时动员转服现役以后，归指定的现役部队指挥或单独执行作战任务。预备役部队的军事训练按照训练大纲施行，包括基础训练和应用训练。每年根据军区、省军区、军兵种的要求安排一定时间的训练，使预备役军官和士兵掌握必备的技术、战术技能，提高部队战斗力、快速动员能力和整体遂行各种任务的能力，确保在接到命令后能收得拢、拉得出、打得赢。

我国的预备役部队列入中国人民解放军序列，平时按照规定进行训练，必要时可以依照法律规定协助维护社会秩序，战时则根据国家发布的动员令转为现役部队。我国的预备役部队同现役部队一样，担负着对外反侵略和对内反颠覆、发展社会生产力和维护社会稳定的职能。

和平时期，预备役部队中的预备役人员大都分布于国家经济建设的各个领域，是生产劳动中的先进代表和骨干力量，承担着发展生产、建设社会主义国家的重任，遇有突发事件，预备役部队应充分发挥其亦军亦民的特点，承担急难险重的抢险救灾任务，并按法律规定，配合公安部门维护社会治安，为国家稳定和发展经济贡献力量，是我国人民民主专政的重要工具。

战时，预备役部队根据国家动员令，发挥反应迅速、成建制、快速高效动员的优势，成为首批动员对象，迅速动员起来转服现役，为保卫祖国、抵抗侵略发挥不可替代的作用，是我国国防后备力量中的中坚力量。

（四）中国民兵

中国民兵是不脱离生产的群众性武装力量，是中华人民共和国武装力量的组成部分，是中国人民解放军的有力助手和强大的国防后备力量，是进行现代条件下人民战争的基础。中国民兵建于第一次国内革命战争时期，在中国共产党的领导下，根植于广大人民群众之中，支援配合人民军队与国内外反动派展开了坚决的斗争，为民族解放和新中国的建立，为保卫祖国和建设祖国发挥了十分重要的作用，是中华人民共和国武装力量中不可缺少的部分。

中国民兵由基干民兵和普通民兵组成，28 周岁以下退出现役的士兵和经过一定军事训练的人员都可编入基干民兵，女性民兵只编入基干民兵，人数控制在适当的比例内；其余 18～35 周岁、符合兵役条件的男性公民，编入普通民兵组织。边疆、少数民族地区和城市有特殊情况的单位，基干民兵的年龄可适当放宽。由于我国人口基数十分庞大，加入民兵组织的人数相对有限，因此，对于未编入民兵组织但符合民兵条件的公民，需由地方政府兵役机关进行预备役登记。

我国民兵不但是社会主义建设的生力军，而且作为我军强大的后备力量，是保卫祖国的重要力量，尤其在现代战争条件下，民兵是国家整体作战力量中的重要组成部分，将越来越大地发挥出其重要作用。我国民兵的职责和任务主要有：在军事机关的指挥下，担负着战备勤务、协助维护社会秩序、防卫作战、动员补充、参战支前和战场勤务等任务。

和平时期，民兵的职责和任务主要体现在：第一，发挥民兵组织的优势，积极参加社会主义建设，发挥骨干带头作用，带领群众发展生产，完成生产和各项建设任务，为社会主义物质文明和精神文明建设作出贡献；第二，通过设立民兵哨所等形式，做好战备勤务工作，主要是配合解放军和武警，在边、海防地区和重要目标搞好巡逻放哨，实行军民、警民联防；第三，根据需要，按规定的程序和要求，配合公安部门追捕犯罪分子，防止敌特破坏，维护社会治安和社会秩序；第四，随时准备参军参战，抵抗侵略，保卫祖国。

在战时，民兵的职责和任务主要体现在：第一，民兵充分发挥就地就近作战、人熟地熟的优势，配合正规部队作战或单独执行作战任务，如执行牵制、佯动、袭扰、破击、侦察、伪装等作战行动；第二，支援前线，担负各种战场勤务，如执行物资、伤员的前运后送，工事的抢修抢建等任务；第三，带领群众发展生产、保卫和巩固后方等。

复习思考题：

1. 什么是国防体制？
2. 中国特色武装力量体制构成包括哪些？
3. 简述新中国国防建设取得的成就。

第五节　国防动员

国防动员是一个军事上的战略问题，直接影响到战争的发生、进程和结局，关系到国家的安危存亡。国防动员，作为具有确定含义的军事学用语，始见于18世纪末法国资产阶级抗击欧洲反法同盟武装入侵的战争时期。当时的法国国民公会为了武装广大群众，有效抵御入侵者，颁布了《全国总动员法令》，号召“从现在起到一切敌人被赶出领土时为止，全法国人民始终处于征发状态”，首次提出了“动员”的概念。后来，这个法令被公认为世界上最早的具有现代意义的国防动员令，“国防动员”一词也开始被各国采用。

20世纪是国防动员的全面发展时期。这一时期发生的人类历史上规模空前的两次世界大战，为国防动员走向成熟提供了客观条件。各主要参战国在两次世界大战中实施动员的范围之广、规模之大、持续时间之长、方式之多样、动员后备兵员和各种人力物力的数量之巨，都是历史上所罕见的。历经两次世界大战及其以后发生的多次局部战争，各国无不认真总结经验教训，加强动员准备，巩固和发展动员基础，提高动员能力，使国防动员在范围、内容、规模、方式和体制等方面日臻完备。可以说，两次世界大战及其以后发生多次局部战争的实践，是国防动员全面发展的基本动因和实践载体。

一、国防动员的内涵

（一）国防动员的含义

国防动员是国家为应对战争或其他安全威胁，使社会诸领域的全部或部分由平时状态转入战时状态或紧急状态所进行的活动。

国防动员直接关系到战争的胜负,关系到国家的安危,所以世界各国都非常重视国防动员。国防动员的行为主体通常是国家,即国防动员是国家行为,是国家职能的重要内容,也是国家利益和意志的体现;国防动员的对象是战争潜力资源,包括人力、物力、财力,是国家对国防资源力在战时或紧急状态情况下的利用;国防动员的实质是国防潜力的调度和转化,即将战争潜力转化为战争实力,为战争服务;国防动员的功能具有平、战双重属性。

(二)国防动员的类型

按照方式、规模、时机、区域和科技含量等不同的划分标准,国防动员划分为不同的类型。

一是按照国防动员的规模,可分为总动员和局部动员。总动员是指在全国范围内实施的国防动员;局部动员是指国家在部分地区或部门进行的动员。总动员和局部动员在一定的条件下可以互相转化。

二是按照国防动员的方式,可分为公开动员和秘密动员。公开动员是指公开发布动员令,宣布进入战争状态时所实施的动员;秘密动员是指为了避免暴露战略企图,在各种掩护下所实施的动员。

三是按照国防动员的时机,可分为应急动员和持续动员。应急动员是指在临战前或者遭到敌人突然袭击时及国家为应对突发事件和紧急状态等应急活动而进行的动员活动;持续动员是指在战争初期动员后所进行的中期和后期动员。

四是按照国防动员的区域,可分为分区动员和跨区动员。分区动员是指以预先划定的国防动员区域为单位而组织进行的国防动员;跨区动员是指打破预先划定的国防动员区域的界限,在两个或者两个以上的国防动员区域所进行的国防动员。

五是按照国防动员的科技含量划分,可分为粗放动员和精确动员。粗放动员是指动员准备与实施不够精确、动员组织不够精细、动员效率相对较低的一种动员形式;精确动员是指充分利用先进的技术方法和手段,通过精确计算,实现国防动员供给与需求之间的相互衔接、协调联动和动态平衡。

(三)国防动员的特点

国防动员是一种独特的军事实践活动,相比较其他军事实践活动,具有其自身固有的鲜明特点。

一是国防动员目的具有政治性。国防动员作为维护国家利益的一种战略手段,其直接目的是为夺取战争胜利、有效应对突发事件和紧急状态提供有效的动员保障,最终目的是维护国家的主权、统一、领土完整和安全,因而在目的上具有明显的政治性。

二是国防动员主体具有权威性。国防动员是国家行为,是国家意志和利益的集中体现,是为确保国家和民族利益的战略行为,是国家最基本的职能之一。国防动员主体是国家,全国性的国防动员,只能由国家来组织实施;局部性的国防动员,也只能由国家做出决定,并授权部门或者地方政府来组织实施。

三是国防动员对象具有广泛性。国防动员就是将国家潜在的战争力量转化为现实的战争实力,即将全国的人力、物力、财力、科技力及精神力激发出来形成合力来取得战争的胜利。随着经济全球化和科学技术的发展进步,国防动员对象的全民化趋势日益明显。

四是国防动员手段具有计划性。战争、突发事件和紧急状态对经济社会资源的需求,不仅具有复杂性、多样性和不确定性,而且具有急迫性和时效性。只有按照国防动员的需求有计划、有步骤地组织落实国防动员供给,才能确保国家应对战争、突发事件和紧急状态的需要。

五是国防动员行为具有强制性。国防动员的性质决定了国防动员与其他国家行为相比具有更强的强制性，尤其是在经济市场化的今天，各种利益主体多元化，必须有强有力的手段，特别是行政手段和法律手段来保证动员全国各个阶层的国防潜力，这就使得国防动员行为更多带有强制性特点。

六是国防动员准备具有前置性。信息化条件下的局部战争，战争爆发突然、强度高、节奏快、损耗大，战前的各项国防动员准备，包括武器装备、物资、器材和人力的充分储备，企业转产，交通运输工具的征收、征用，以及国防动员体制、机制和法制的建立健全等，在战争爆发前都应当努力做到充分准备，这就使得国防动员准备的前置性特点更加凸显。

七是国防动员实施具有快捷性。在信息时代，国防动员的实施要快速高效敏捷，才能跟上军队作战、后勤保障和处置突发事件、紧急状态的工作节奏，从而确保国家应战或应急的需要。

延伸阅读

快速高效的以色列国防动员

以色列由于国小人少，平时无能力保持庞大的常备军，因此在第一次中东战争后，以色列创立了“全民皆兵，迅速动员”的国防动员体制，实行独特的志愿服役、义务兵役与预备役三结合制度，一方面保持精干的训练有素、装备精良的现役和预备役正规部队，另一方面也注重培养全民的战争动员意识和军事常识，并且把战争动员体制作为国防体制的重要组成部分给予特别重视，进行重点建设。

第四次中东战争初期，以色列常备军遭到惨败，8 个装甲旅和 1 个步兵旅大部分被歼。面对危局，以立即发布动员令，不到 20 小时，部分预备役部队就开赴前线投入战斗。48 小时后全国动员了 30 万预备役人员，约占当时总人口的 7.9%，使以军兵力由 11 万迅速增加到 40 余万人，为以色列转败为胜奠定了雄厚的兵力基础。西方军事评论家指出：“如果说埃及强渡运河是这次战争的第一大胜利，那么以色列的动员则是第二大胜利。”以色列的快速动员体制自此令世人瞩目。

在以色列看来，“举国皆兵”不仅是量的要求，还有质的规定。为此，以色列还先后制定了《预备役储备计划》和《预备役动员法》，因此其战争动员不仅速度快，而且能迅速形成战斗力，其动员的一级预备役部队的战斗力不亚于现役部队。

——刘颖玮. 快速高效的以色列国防动员[N]. 解放军报，2003—06—25.

二、国防动员的主要内容

国防动员的主要内容包括：武装力量动员、国民经济动员、人民防空动员、交通战备动员和政治动员。

（一）武装力量动员

武装力量动员是国家为适应战争或其他重大突发事件的需要，将军队和其他武装组织由平时状态转入战时状态所进行的活动。战争是武装力量的直接对抗，因此，武装力量动员是战争动员的核心。主要包括人民解放军动员、人民武装警察部队动员和民兵动员。

人民解放军动员，主要包括陆军、海军、空军、火箭军和战略支援部队和预备役部队的动员。人民解放军动员的基本任务是：根据作战预案，拟制战时部队动员计划及各种保障计划；抓好平时现役部队预编满员和预备役部队组建的各项工作；在国家发布动员令后，根据需要立即实施相应动员，按战时体制编制，扩编和组建部队；根据战局发展，完成持续动员任务。

武装警察部队动员，主要包括武装现役部队人员，以及相应的武器装备、后勤和技术勤务保障动员。

预备役部队动员，是指预备役部队成建制转服现役的活动，是战时快速动员的一种重要方式。《中华人民共和国国防法》规定，预备役部队“战时根据国家发布的动员令转为现役部队”。

民兵动员，主要是指组织发动民兵担负参战支前任务。民兵动员的任务：一是保证部队兵员补充；二是配合军队作战，或单独执行敌后作战任务；三是带领群众发展生产，巩固后方，担负支前、抢救伤员等战争勤务。

（二）国民经济动员

国民经济动员，是国家将经济部门、经济活动和相应的体制从平时状态转入战时状态所进行的活动。国民经济动员是战争动员的基础和重要内容，对于充分发挥国家的经济潜力、提高军品生产能力、及时满足战争对各种物资和勤务保障的需求具有重要的作用。国民经济动员主要包括工业动员、农业动员、贸易动员、财政金融动员、邮电通信、科学技术动员和医疗卫生动员等。

工业动员，是指国家调整和扩大工业生产能力，增加武器装备及战争需要的其他工业品产量的活动。农业动员，是指国家调整和挖掘农业生产潜力，维护农业设施，增加粮食、棉花、油料、肉类及其他农副产品的产量和国家征购量，满足战争和人民生活对农产品的需求。贸易动员，是指国家在商品流通领域实行战时管理体制和战时商贸政策，控制商品流通秩序和流向，以满足战争和人民生活对各种商品的需求。财政金融动员，是指国家为保障战争需要而采取的筹措和分配资金、维持财政金融秩序的活动。邮电通信动员，是指为保障战争对邮电通信的需要，指挥和调整邮电通信网络、设施和力量，组织通信防卫、抢修抢建，确保通信联络安全、稳定、畅通。科学技术动员，是指为保障战争对科学技术的需要，国家统一组织和调整科研机构、科研人员、科研设备、资料及成果所进行的活动。医药卫生动员，是指统一调度和使用医药卫生方面的人力、药品器材、设备和设施，满足战争对于医药卫生的需要所进行的活动。劳动力动员，是指国家统一调配和使用劳动力，开发劳动力资源，以满足武装力量扩编、军工生产及其他领域对人力的需求所进行的活动。

（三）人民防空动员

人民防空动员，是国家为了保障人民群众的生命和财产安全而组织和进行的防备敌人空袭、消除空袭后果等一系列活动。在现代战争中，远距离精确打击成为重要的作战样式，大、中城市和经济基础设施面临的空袭威胁日益严重。人民防空动员对于减轻空袭危害、减少人民生命财产损失、保持后方稳定、保存战争潜力具有重要的作用。

人民防空动员，主要包括群众防护动员、人防预警保障动员、重要经济目标防护动员、人防专业队伍动员等。

群众防护动员，是国家为了保护人民群众的生命和财产安全，保存后备兵员和劳动力资源，保证人心安定和社会稳定，维持战时生产和生活秩序。人防预警保障动员，是为了及时获取防空斗争所必需的情报，为组织民众防护和进行抢救抢修提供信息保障。重要经济目标防护动员，是为了减轻战争破坏程度，保护关键的生产能力。现代战争表明，空袭经济目标、摧毁国防潜力对战争的进程和结局具有决定性影响，搞好重要经济目标防护动员十分重要。相对于政治、军事目标，重要经济目标数量多、面积大，情况千差万别，抗打击能力弱，敌空袭这类目标成功率最高。人防专业队伍动员，是根据战时消除空袭后果的需要，按照专业系统组成的担负抢救抢修等防空勤务的群众性组织所进行的活动。

(四)交通运输动员

交通运输动员，是指国家在战时或紧急状态下统制各种交通运输线、设施和运输工具，保障人员、物资、装备运输的活动。

交通运输动员的基本任务，是根据战争或重大突发事件需求，国家统一管制各种交通运输线路、设施、设备和工具，保障军队机动，兵员和武器装备补充，军工生产，军品供应，居民疏散，工厂搬迁，以及其他人员、物资的前送后运等。对于保障战争需要、夺取战争胜利具有重要影响。

战时的交通运输动员主要包括：根据战争规模和作战需要，有计划地将平时国防交通领导机构迅速扩编为战时交通运输指挥机构；根据作战保障需要，动员、征用社会运输力量，对交通运输系统实行不同范围、不同形式的军事化管理；动员、组织各类交通保障队伍和交通保障物资器材，并进行必要的改造，遂行运输、抢修、防护任务；根据战时国家最高权力机关的规定，做好拟放弃防守地区的交通遮断准备、保障及时遮断等。

(五)政治动员

政治动员，是国家为进行战争而开展的宣传、教育、组织工作和外交活动。政治动员是国防动员的一项重要内容，并为其他领域的动员活动提供思想和组织保证。政治动员对于充分调动和发挥本国军民的精神力量、尽可能地争取国际社会的同情和支持、瓦解敌方的战斗意志具有重要作用。

平时政治动员主要表现为国防教育。战时政治动员主要包括国内政治动员和外交舆论宣传。国内政治动员，就是运用各种宣传舆论工具，对全国军民进行以爱国主义和革命英雄主义为核心的国防教育，使之增强国防观念，坚定打败敌人、夺取胜利的信心。在国内政治动员中，对军人及其家属实行优待和抚恤政策是十分重要的，可以起到激励将士奋勇杀敌、勇立战功，引导全社会拥军优属、为争取战争胜利做贡献的作用。外交舆论宣传，是国家通过各种外交活动和对外宣传，揭露敌人的战争阴谋，控诉敌人的战争暴行，瓦解敌方的战斗意志，争取各国的声援和支持，建立国际统一战线，或建立战略协作关系。

三、国防动员的准备与实施

(一)动员准备

平时的动员准备是战时动员实施的基础。平时作好动员准备，积蓄强大的经济实力和后备力量，不仅对战时实施快速动员、夺取战争胜利具有重要意义，还可以起到遏制战争、威慑敌人的作用。世界许多国家都十分重视平时的动员准备，动员准备的着眼点和所实行的方针政策虽不尽一致，但其基本做法大体相同。

(1)健全和完善动员体制，打牢动员的组织领导基础。根据本国情况，健全动员体制，必须健全和完善动员领导机构，明确动员的权限和职责；必须健全和完善动员的法规、制度，做到动员有法可依、有法必依，提高动员能力，以便战时能迅速把战争潜力转化为战争实力；依据国家的战略计划和综合国力，必须制定科学周密的动员计划，主要内容包括动员的任务、程序、时限、范围和要求，以及完成动员所采取的措施等，并将其列入国家基本建设和国防建设的总体规划之中。

(2)提高国民经济动员能力,打牢动员的物质基础。按照军民结合、平战结合的原则合理布局生产力,提高经济战时生存能力;民用工业和军事工业相结合,储备扩大战时军工生产能力;储备一定数量的武器装备和战略物资,保证战争初期军队作战和军工生产的需要;加强交通运输网络和通信保障系统的建设,保证战时人员、物资运输和不间断作战指挥的需要。

(3)实行常备军和后备力量相结合的制度,打牢兵员动员的基础。在减少国家常备军数量、提高质量的同时,大力加强后备力量建设,健全预备役制度,储备大量训练有素的后备兵员,重点是储备技术兵员。有些国家还组建预备役部队,并不断改善其武器装备和加强军事训练,以提高战斗力。

(4)发展先进的军事科学技术,打牢科技动员的基础。建立平战结合的科技动员基础,加强科研设施建设,培养和造就一支精干的军事科研队伍,开发研制新式武器装备;储备具有国防科研能力的人才、设备、工艺和技术,平时为经济建设服务,战时为战争服务。

(5)加强人民防空建设,打牢人防动员基础。制定和完善人民防空法规和各种防空动员计划,包括人口、物资疏散、工业搬迁计划和重要目标防护、抢修预案等;加强防空设施建设,储备必要的物资和防空器材;对人民进行防空知识教育,提高防空意识;组建防空专业队伍,进行必要的防空演习和训练。

(6)加强全民国防教育,打牢动员的思想基础。通过不断教育,提高全民的国防观念,激发爱国热情,使之积极支持和参加国防建设;教育广大青年平时积极应征服兵役,参加民兵、预备役训练,战时踊跃参军参战,支援前线。

(7)做好资源调查,打牢战争潜力动员的转化基础。对人力、工业、农业、科技等各种资源以及一切可以动员的战争潜力,进行探人调查;对工程机械、通信器材、医疗设备、修理工具,以及飞机、车船和机场、港日、码头等进行登记统计,以便为平时制定动员计划提供依据,为战时实施动员奠定基础。

(二)动员的实施

国防动员依据国家发布的动员令和动员计划组织实施。动员的实施过程,实质上是将战争潜力转化为战争实力的过程。能否有效而持续地实施动员,不仅取决于一国的领土、人口、资源和工农业生产、科学技术的发展水平等条件,而且取决于社会制度和战争的性质,民族精神和文化传统,还取决于组织动员的能力和动员准备的程度等。由于不同时期各国的军事、政治、经济等情况不同,动员的范围、规模和方式也有差异,但实施动员的基本方法大体相同。通常有下述做法:

(1)国家发布动员令,宣布进入战时状态,实行战时管制,建立健全战时领导指挥机构,实施各项动员计划,落实各项动员措施。

(2)运用广播、电视、报刊、文艺等宣传工具,对全体军民进行爱国主义教育激发爱国热情,动员参军参战,努力生产,厉行节约,为夺取战争胜利贡献力量,并争取友好国家的同情和支持。

(3)按战时编制将现役部队补充满员,预备役部队转为现役部队;征召预备役士兵和军官,组建扩建新的部队;加强民兵、预备役人员的临战训练,以保证补充扩大军队。

(4)将国民经济各部门迅速转入战时轨道,重新分配人力、物力、财力,统筹安排军需民用;调整经济建设布局,搬迁重要工厂、企业和战略物资;改变产业、产品结构,实施工业转产,扩大军工生产,保障战争需要。

(5)将交通运输部门迅速转入战时体制,利用交通运输线、设施和运输工具,保障军队兵员和武器装备、作战物资的运输，并完成居民疏散、工厂搬迁，以及其他人员、物资的前送后运任务。

(6)统一组织科研部门、科研人员，利用科研设施和科研成果，开拓新的军事科研领域，加速研制新式武器装备。

(7)按照预定计划疏散城市居民，健全警报系统，加强安全防护措施；组织人民防空专业队伍，进行抢修、抢险，保护重要目标和交通运输线；配合军队防空作战，消除空袭后果。

四、国防动员的意义

无论是古代战争还是现代战争，无论是全面战争还是局部战争，无论是常规战争还是非常规战争，都离不开国防动员。国防动员的核心作用是服务和保障战争，这是国防动员的本质和属性的具体体现。

(一)国防动员是确定战争战略目标的主要依据

战争是一种极其复杂的社会现象，是国家或政治集团为着达成一定的政治目的而进行的武装斗争。如果从全局考察每一次战争，那么无论是全面战争还是局部战争，在其构成的诸多要素中，最基本的两个问题是：一个是战争的战略目标；另一个则是为达成战略目标所必备的物质和精神条件。很显然，在“目标”与“条件”这两个影响战争全局问题的相互关系中，后者对前者往往起着制约的作用。这种制约作用的强弱，则同国防动员能力有着密切的联系。归根结底，国防动员能力的大小，对任何战争战略目标的确定、物质和精神条件的形成，都有着重要的影响。

国防动员能力制约着战争战略目标的实现。任何战争指导者只有充分认识和把握国防动员的这种制约作用，才能根据应对战争的国防动员能力的大小，制定切合实际的战争战略目标，因势利导地驾驭战争全局。现代战争史上，既有这方面的失败教训，也有这方面的成功战例。第一次世界大战中，以德国为首的奥匈帝国的惨败，是无视国防动员能力、急于速战速决而在战争中一再受挫的典型事例。这个国家集团在后备兵员、作战物资储备和其他战争潜力的积蓄上，并没有足够的准备，却过高地估计自己的战争实力，夸大所谓的“民族精神”的作用，认为精神“比单纯的数字更为重要”，企图在几个月之内打败协约国，迅速结束战争。因而，他们所制定的战争战略目标同战争的动员能力之间，存在很大的差距。战争开始不久，经首批动员而投入战场的兵力和作战物资便很快消耗殆尽，没有力量再组织进攻。这样一来，战争的战略目标无法实现。到战争后期，德国由于人力资源枯竭，不仅工业生产指标急剧下降，主要战略物资大幅度减产，而且作战部队也断绝兵员补充，奥匈集团终于遭到彻底的失败。海湾战争中，美国军队凭借雄厚的后备兵员、高技术武器装备和战略物资储备，以及快速有效的动员，支持了从“沙漠盾牌”到“沙漠风暴”战略计划的实施，并最终打败了伊拉克军队，达成了将伊军逐出科威特和摧毁伊拉克主要战争机器的战略目标。美国战胜伊拉克有很多原因，其中很重要的一条就是它在平时非常重视战争动员的准备，把它作为推行霸权主义的工具和实现战略目标的主要手段之一。美国在海湾战争中确定的战略目标和战略需求，正是以包括战争的动员能力在内的各种军事实力为基础的。

(二)国防动员是战争潜力转化为实力的基本保障

战争潜力是指进行战争可能动员的潜在能力，包括人力、物力、财力、信息力和精神力量等。战争潜力是战争力量的重要组成部分，决定着战争力量的强弱和战争持续时间的长短。战争潜力雄厚与否，取决于国家的政治制度、领土、人口、经济、军事、科技和资源等条件。战争潜力不会自然转化为战争实力。战争潜力能否转化为战争实力，取决于国防动员能力大小。

战争潜力是战争实力的基础，只有通过国防动员有领导、有组织、有计划地加以管理、控制和分配，才有可能转变为直接作用于战争的现实力量。这些战争潜力，只有通过国防动员，充分发挥国家或政治集团的巨大组织力，才能转化为战争实力，形成战争的强大物质和精神条件，保证战争的顺利进行。在实现这一转化的过程中，国防动员无疑是最基本的保障。

以解放战争为例，人民解放军在战场上英勇杀敌、消耗敌人有生力量的同时，在后方实施了有效的兵员动员和物力动员，以大量的后备兵员和作战物资补充来壮大自己的力量。仅从1946年7月到1948年6月的两年内，就动员了160万翻身农民参军；在战场上动员了大量国民党军队起义投诚和被俘人员参加人民解放军。同时，还动员了大批民工支援前线，组织他们运送粮食、弹药，抢救伤员，保卫交通线，慰问前方将士等。在辽沈、淮海、平津三大战役中，动员支前民工多达539万余人，担架10.7万副，小车43万辆，大车38.9万辆，骡马103万匹，各种船只1.36万条，依靠这些人力和动力向前线运送了9.5亿斤粮食和大量作战物资。这样，就使人民解放军稳操这场关系中国前途命运的大决战的胜券。

淮海人民的支前车队

延伸阅读

为什么说淮海战役胜利是“淮海战役支前民工小推车推出来的”？

淮海战役的胜利，不单单是军队的胜利，更是广大支前民工的胜利。因为，当时支援前线的民工数量巨大，据统计高达543万人，远远超过了参战的军队的兵力数量。

这500多万的民兵几乎都来自淮海战役战场周围的江苏、山东、安徽和河南四个省份。其中，随军的常备民工有22万，二线的民工有130万，其他近400万都是后方临时调动的。

他们主要的任务是运送粮食和弹药装备，为了打这场战役，总共筹集了9.6亿斤的粮食，最后运送到前线的也有4.3亿斤，而这些都是民工们靠小车推、靠担子挑、靠肩膀扛送过去的。当时的民工队伍里，大小车辆有88万辆，挑子30万副。此外，他们的另一个任务就是护送伤员。为此，准备的担架就有20万副，他们最后转运了9.8万名伤员，这些士兵的生命都是他们拯救的。

战役初期，初步预算的兵力与民工的比例是1∶3，可是到了第三阶段已经高达了1∶9，也就是说，战场上的每一个士兵身后，都有九个民工在支援他。由此可见百姓们支前的积极性之高。

淮海战役的胜利，陈毅称之为是“人民群众用小推车推出来的”，这句话也一直流传至今。这是因为，只有整整543万民工的支援前线，才会有这场胜利。

再以马岛战争为例，1982年4月2日，阿根廷出兵占领马岛。当晚，英国首相撒切尔夫人随即召开紧急内阁会议，启动国防动员机制。第二天就宣布成立战时内阁，并决定派遣南大西洋特混舰队重占马岛，同时下达了大批征用商船的命令。4月5日，在驶向马岛战区的英国主力舰队群中，就已经有了少量的商船随队出征。“乌干达”号客轮4月11日接到被紧急征用的动员令时，正载着小学生在地中海旅游，尚需4天时间才能返回英国本土。但“乌干达”号游轮接到动员令后，立即中断航程，就近到意大利港口靠岸，并租用民航班机将船上的小学生全部运送回国，随后直接驶向直布罗陀海军修理厂。到达海军修造厂后，400多名熟练工人昼夜施工，仅用了65个小时就顺利完成了改造任务，这艘游轮被改成了拥有1 000个床位、100名医护人员和90吨医疗用品的大型医院船，并增设了直升机平台，安装了海上专用补给设备等。到马岛战争结束时，英国政府总共征用了56艘商船，涉及33个公司、5 000多名商船海员，这些商船共运送物资10多万吨、武装人员9 000余名、各类飞机95架，政府为租用这些商船共花费了5 000万英镑，为马岛战争中英军战斗力的提高发挥了重要的作用。

英国根据战时动员法紧急动员大型商船参战

(三)国防动员是影响战争进程和结局的关键环节

战争的全过程，通常可以划分为若干阶段。与不同战争阶段的不同要求相适应，国防动员通常分为战争初期动员和战争中、后期动员。从战争实践看，国防动员与战争密不可分、互为条件。实质上，战争尚未开始，与之相伴的国防动员实施便已经启动，并自始至终受到国防动员的制约和影响。

在现代条件特别是信息化条件下，战争初期是整个战争的重要阶段，交战双方都力图以最快的速度夺取战略主动权。苏联军事思想家沙波什尼科夫曾提出："动员是战争的序幕。"对处于防御地位的一方来说，这个阶段的当务之急是迅速、高效地实施武装力量的战略展开，掩护国家由平时状态转入战时状态，把军事、经济、科技、政治等活动纳入战时轨道。而武装力量战略展开最关键的环节，就是实施初期动员，把战前经过训练、储备的后备兵员和分散储备的各种作战物资集中起来，采取现役部队补充、扩编兵员，预备役部队转服现役，地方部队和群众武装组织扩大或组建等措施，按照预定计划和部署，完成战略展开和战争初期战略防御作战的任务。

1973 年第四次中东战争中，以色列通过实施预备役动员而扭转战争初期被动局面的实例，就充分说明了战争初期动员的战略意义。1991 年 1 月 17 日至 2 月 28 日，共历时 43 天的海湾战争中，美国利用其强大的国防动员能力，组织进行了高效的交通运输动员，将 40 多万人的部队、18 600 万吨的装备物资运输到距美国本土 1.5 万公里以外的海湾战区。其实美军早在一年前即 1990 年 8 月 17 日，就征召了第一类民航预备役的 17 架客机、21 架货机服现役。伴随战争的展开，又先后征用了 30 家民航公司的 200 多架大型运输机。在海运方面，首先征召了 43 艘第一类预备役船舶参加海运，其中有 17 艘滚装船、13 艘散装船、3 艘驳船、4 艘修理船、2 艘火车渡船、2 艘油船和 2 艘起重船。后又组织征用了 130 多艘民船，成为运送武器装备和军需物资的生力军，从而为增强美军的战斗实力、夺取海湾战争的最终胜利，发挥了重要的战争保障作用。

战争中、后期是巩固和扩大战果、夺取最后胜利的决定性阶段，要在更加广阔的空间以更加众多的军队与敌方进行反复较量，就需要有雄厚的军事力量和经济、科技等方面的力量，以及有利的政治形势做后盾。因而，能否通过实施战争中、后期动员重新组织和积蓄战争实力，使部队保持持续的作战能力，也是左右战局发展的关键。

战争实践表明，交战双方谁具备了战争初期快速动员的能力和持续不断的战争中后期动员能力，在局部战争以至大规模战争的大量消耗中能够组织及时有效的补充，谁就有把握取得最终的胜利。

(四)国防动员是慑止和遏制战争的战略威慑力量

国防动员既是保证战争顺利进行的战略保障力量，又是慑止和遏制战争的重要战略力量。国防动员的战争威慑功能，主要体现在国防动员能力具备显示战争决心和实力的作用，通过国防动员活动可以慑止战争的发生和推迟战争的进程，甚至起到"不战而屈人之兵"的威慑作用。所谓威慑，就是凭借国防实力和潜力使敌方感到恐惧，使其认识到无法赢得战争胜利而不敢发动侵略战争或诉诸武力。当国家安全利益可能受到战争或重大军事威胁时，通过国防动员活动可对敌方的战争企图和行动产生一定的遏制影响。

一个国家的国防威慑力量不仅体现在常备军和国防实力，而且体现在国防动员能力和后备力量上。常备军数量众多、装备精良、训练有素、战备程度高，敌方便不敢轻举妄动。但从战争的战略角度看，遏制战争的国防威慑能力不仅仅是指常备军，更应该包括军队的后备力量和国防动员能力。正如徐向前元帅所讲，国防力量的强弱，不在于常备军数量的多少，而在于有无战时足以迅速动员的大量人力和物力的国防基础。这就是说，和平时期国家的国防威慑力，主要来源于常备军与国防动员准备的有机结合。充分的国防动员准备在构成国防威慑力方面，具有不容忽视的战略意义。国防动员是战争能力的重要体现。平时国家建立的国防动员基础和形成的国防动员组织力，可在一定程度上产生对潜在对手的威慑力。

复习思考题：

1. 什么是国防动员？
2. 国防动员的内容有哪些？
3. 国防动员准备的程序是什么？
4. 国防动员实施的程序是什么？

第二章　国家安全

教学内容

- 国家安全概述
- 总体国家安全观
- 国家安全形势
- 国际战略形势

教学目标

正确把握和认识国家安全的内涵及其原则，理解我国总体国家安全观，深刻认识当前我国面临的安全形势，加深理解当前国际战略形势与趋势，增强学生的忧患意识。

> 统筹发展和安全，增强忧患意识，做到居安思危，是我们党治国理政的一个重大原则。必须坚持国家利益至上，以人民安全为宗旨，以政治安全为根本，统筹外部安全和内部安全、国土安全和国民安全、传统安全和非传统安全、自身安全和共同安全，完善国家安全制度体系，加强国家安全能力建设，坚决维护国家主权、安全、发展利益。
>
> ——**十九大报告**

国家安全是人民幸福安康的基本要求，是安邦定国的重要基石。维护国家安全是全国各族人民的根本利益所在。习近平同志强调："我们党要巩固执政地位，要团结带领人民坚持和发展中国特色社会主义，保证国家安全是头等大事。"

"安而不忘危，存而不忘亡，治而不忘乱。"进入新时代，我国面临复杂多变的安全和发展环境，各种可以预见和难以预见的风险因素明显增多，各方面风险可能不断积累甚至集中显露，国家安全内涵和外延比历史上任何时候都要丰富，时空领域比历史上任何时候都要宽广，内外因素比历史上任何时候都要复杂，维护国家安全的任务更加繁重艰巨。必须审时度势、与时俱进，创新国家安全理念，统揽国家安全全局，坚持总体国家安全观，走出一条中国特色国家安全道路。

第一节　国家安全概述

安全是国家生存之本，是中华民族走向伟大复兴的不可或缺的基础性条件。中国共产党要巩固执政地位，团结带领人民坚持发展中国特色社会主义，就必须首先确保国家安全。当前，我国面临的国内外安全形势呈现新旧交替、时空交错、内外联动的特点，亟待探索出一条中国特色国家安全道路，为实现伟大复兴和国家长治久安、社会安定团结和人民幸福安康提供坚强保障。2014 年 4 月 15 日，习近平同志主持召开中央国家安全委员会第一次会议，明确提出要构建国家安全体系，并系统阐述了总体国家安全观的重要思想。总体国家安全观旨在实现人民安康、社会安定、国家安稳、世界安宁，是以习近平同志为总书记的党中央对国家安全理论和实践的重大创新，是新形势下指导国家安全工作的强大思想武器，体现了我们党奋力开创国家安全工作新局面的战略智慧和使命担当。

一、国家安全的内涵

国家安全是随着国家的产生而产生的，国家一旦产生，便有了国家安全问题。由于人口、领土、主权、政府、军事、经济等都是国家存在的必备要素，因而国民安全、领土安全、主权安全、政治安全、军事安全、经济安全是传统国家安全内容，随着社会历史发展，特别是经济全球化的发展，逐渐产生了文化安全、科技安全、生态安全、信息安全、生物安全等非传统国家安全。

关于国家安全的定义，2015 年 7 月 1 日，以总体国家安全观为指导思想的《中华人民共和国国家安全法》（以下简称《国家安全法》）第二条明确规定："国家安全是指国家政权、主权、统一和领土完整、人民福祉、经济社会可持续发展和国家其他重大利益相对处于没有危险和不受内外威胁的状态，以及保障持续安全状态的能力。"

一般来讲，国家安全又分为对内和对外两个方面，对内是指国家的安宁和稳定，对外则是指国家免受外来的侵略、干涉和控制。对于一个国家的安全来说，最根本的就是要确保国家的生存和发展，确保国家独立自主的主权地位，这是国家安全的最高价值所在。据此，国家安全可以分为四个方面：一是民族和国家的生存不受威胁，这是国家安全的基本要素；二是国家领土的完整不受侵犯；三是国家的政治独立和主权完整，即维持和发展国家的基本政治经济制度，并保证其不受外国干涉和控制；四是国家经济和社会秩序的正常运转。

二、国家安全的原则

（一）坚持党的绝对领导

中国共产党是中国特色社会主义事业的领导核心。坚持党的领导是国家安全工作的根本政治原则。"中国由中国共产党领导，中国的社会主义现代化事业由中国共产党领导，这个原则是不能动摇的；动摇了中国就要倒退到分裂和混乱，就不可能实现现代化。"国家安全工作既是中国特色社会主义事业的重要组成部分，也是中国特色社会主义事业的坚强安全保障，坚持党对国家安全工作的绝对领导必然成为国家安全工作的坚强安全保障，坚持党对国家安全工作的绝对领导必然成为国家安全工作必须遵循的根本政治原则。《国家安全法》通过并实施后，这一原则以法律形式进一步得到确认。《国家安全法》第四条明确规定："坚持中国共产党对国家安全工作的领导，建立集中统一、高效权威的国家安全领导体制。"

(二)坚持依法维护国家安全

我国宪法规定,维护国家安全,应当遵守宪法和法律,坚持社会主义法治原则,尊重和保障人权,依法保护公民的权利和自由。中华人民共和国公民、一切国家机关和武装力量、各政党和各人民团体、企业事业组织和其他社会组织,都有维护国家安全的责任和义务。中国的主权和领土完整不容侵犯和分割。维护国家主权、统一和领土完整是包括港澳同胞和台湾同胞在内的全中国人民的共同义务。2015 年 7 月 1 日,全国人大常委会通过了关于实行宪法宣誓制度的决定,明确了国家公务人员要向宪法宣誓,忠于宪法,维护宪法权威,履行法定职责。维护国家安全,涉及所有国家机构,特别是在"进入紧急状态"、"宣布战争状态"、"实施全国总动员或局部动员"的情况下,要采取法律规定或者全国人大常委会规定的特别措施,更要注重对公民权利行使的约束,在依法保护公民的权利和自由的同时,要提高国家安全工作法治化水平。

(三)坚持维护国家安全与经济社会发展相协调

安全是发展的前提,发展是安全的基础,要统筹安全和发展两件大事,通过发展不断提供稳定的环境,实现可持续发展与可持续安全相互支撑、良性互动。习近平同志指出:"对亚洲大多数国家来说,发展就是最大的安全,也是解决地区安全问题的'总钥匙',就应该聚焦发展主题,积极改善民生,缩小差距,不断夯实安全的根基,以可持续发展促进可持续安全。"《国家安全法》规定,"维护国家安全应当与经济社会发展相协调",集中坚持发展是解决我国所有问题的关键的重大战略判断。

维护国家安全工作还应当统筹内部安全和外部安全、国土安全和国民安全、传统安全和非传统安全、自身安全和共同安全。

(四)坚持预防为主、标本兼治、专群结合

坚持把预防和治乱结合起来,既防患未然,又正本清源。《国家安全法》规定:维护国家安全,应当坚持预防为主、标本兼治,专门工作与群众路线相结合,充分发挥专门机关和其他有关机关维护国家安全的职能作用,广泛动员公民和组织,防范、制止和依法惩治危害国家安全的行为。

(五)坚持促进共同安全,维护世界和平

《国家安全法》规定:维护国家安全,应当坚持互信、互利、平等、协作,积极同外国政府和国际组织开展安全交流合作,履行国际安全义务,促进共同安全,维护世界和平。习近平同志指出:各国要同心协力,妥善应对各种问题和挑战。越是面临全球性挑战,越要合作应对,共同变压力为动力、化危机为生机。面对错综复杂的国际安全威胁,单打独斗不行,迷信武力更不行,合作安全、集体安全、共同安全才是解决问题的正确选择。

促进共同安全,就是要尊重和保障每一个国家的安全。世界多样性的特点,各国大小、贫富、强弱很不相同,历史文化传统和社会制度千差万别,安全利益和诉求也多种多样。大家共同生活在地球这个大家园里,利益交融、安危与共,日益成为一荣俱荣、一损俱损的命运共同体。

三、总体国家安全观

中华人民共和国成立后,党和国家领导人根据维护国家安全任务的变化和国家安全的需要,提出了一系列国家安全战略指导思想,不断创新国家安全观,为维护我国的国家安全提供了保证。党的十八届三中全会后,为适应我国国家安全面临的新形势新任务,中央成立了国家

安全委员会，习近平总书记在2014年4月15日的中央国家安全委员会第一次会议上首次正式提出了总体国家安全观，《国家安全法》以明确的法律形式确立了总体国家安全观的指导地位。党的十九大将坚持总体国家安全观纳入新时代坚持和发展中国特色社会主义的基本方略并写入党章，成为维护我国国家安全的行动纲领和科学指南。正确理解总体国家安全观的内涵，把握其特点，科学认识其地位作用，对于维护我国国家安全具有重大意义。

中国维和官兵启程

(一)总体国家安全观的科学内涵

习近平总书记在中央国家安全委员会第一次会议上阐述“总体国家安全观”时指出：“必须坚持总体国家安全观，以人民安全为宗旨，以政治安全为根本，以经济安全为基础，以军事、文化、社会安全为保障，以促进国际安全为依托，走出一条中国特色国家安全道路。”“贯彻落实总体国家安全观，必须既重视外部安全，又重视内部安全，对内求发展、求变革、求稳定、建设平安中国，对外求和平、求合作、求共赢、建设和谐世界；既重视国土安全，又重视国民安全，坚持以民为本、以人为本，坚持国家安全一切为了人民、一切依靠人民，真正夯实国家安全的群众基础；既重视传统安全，又重视非传统安全，构建集政治安全、国土安全、军事安全、经济安全、文化安全、社会安全、科技安全、信息安全、生态安全、资源安全、核安全、生物安全等于一体的国家安全体系；既重视发展问题，又重视安全问题，发展是安全的基础，安全是发展的条件，富国才能强兵，强兵才能卫国；既重视自身安全，又重视共同安全，打造命运共同体，推动各方朝着互利互惠共同安全的目标相向而行。

总体国家安全观是高度凝练的概念，内涵和外延都极为丰富，可以概括为“五大要素”和“五对关系”。“五大要素”，就是以人民安全为宗旨，以政治安全为根本，以经济安全为基础，以军事、文化、社会安全为保障，以促进国际安全为依托。这五大要素，清晰地反映了国家安全的内在逻辑关系。“五对关系”，即坚持10个重视：既重视外部安全，又重视内部安全；既重视国土安全，又重视国民安全；既重视传统安全，又重视非传统安全；既重视发展问题，又重视安全问题；既重视自身安全，又重视共同安全。这五对关系，反映了辩证、全面、系统的国家安全理念。

国家安全是一个不可分割的整体，每一个要素虽然有所侧重，但是都必然与其他要素相互联系、相互影响。“五大要素”和“五对关系”是科学理解总体国家安全观的关键所在。必须全面、准确地理解总体国家安全观的丰富内涵，辩证地看待国家安全外延的发展，从全局和战略高度审视国家安全问题，统筹好不同领域、不同性质的安全工作，形成维护国家安全的强大合力。

(二)维护重点领域国家安全

1. 政治安全

政治安全是指国家主权、政权、政治制度、政治秩序以及意识形态等方面免受威胁、侵犯、颠覆、破坏的客观状态,以及面对风险和挑战时能够及时有效防范、应对,从而确保国家良好政治秩序的能力。在当代中国,维护国家政治安全集中表现为对外保持中华人民共和国的主权独立、领土完整,对内坚持中国共产党的领导、人民民主专政、社会主义政治制度和社会政治秩序稳定、马克思主义意识形态的主导地位。维护政治安全,最基础的是维护主权独立和领土完整,最核心的是政权安全和制度安全,最现实的是维护国家政治秩序稳定和主流意识形态巩固。

维护国家政治安全意义重大。政治安全决定和影响着国家的经济安全、军事安全、社会安全等各个领域的安全,其他领域的安全最终也要反映到维护国家政治安全上来。维护国家政治安全是实现"两个一百年"奋斗目标的战略举措,是中国共产党治国理政的重要历史经验,也是世界强国的普遍做法。

2. 国土安全

国土安全是指领土完整、国家统一、海洋权益及边疆边境不受侵犯或免受威胁的状态,涵盖领土、自然资源、基础设施等要素。国土是国家主权及权利管辖范围内的领土、领海、领空、底土组成的空间范畴。国土作为国家的版图或区域,是人民的生存空间,是国民经济发展、社会活动进行的载体。国土安全是国家生存和发展的基本条件,是国家安全基础中的基础。习近平同志强调,维护国家主权和领土完整,实现祖国完全统一,是全体中华儿女共同愿望,是中华民族根本利益所在。在这个民族大义和历史潮流面前,一切分裂祖国的行径和伎俩都是注定要失败的,都会受到人民的谴责和历史的惩罚!中国人民有坚定的意志、充分的信心、足够的能力挫败一切分裂国家的活动!中国人民和中华民族有一个共同信念,这就是:我们伟大祖国的每一寸领土都绝对不能也绝对不可能从中国分割出去!

3. 军事安全

军事安全是指国家安全不受武力威胁和破坏、国家军事力量具有持续保卫国家安全的能力、军事力量自身处于安全状态。军事安全有非常广泛的内容,主要包括军队安全、军人安全、军纪安全、军备安全、军事设施安全、军事秘密安全、军事信息安全、军事工业安全、军事活动安全等。在国家安全体系中,军事安全既是保卫国家安全特别重要的方式和手段,又是国家安全各领域中需要重点维护的对象。因此,《国家安全法》在国家安全体系构建上,一方面充分明晰了建设和运用军事力量保卫国家安全的职权和职责,另一方面鲜明规定了各类组织和公民维护军事安全的法律义务。

当前,一些世界主要国家纷纷调整安全战略和军事战略,重塑军事力量体系,随着新兴技术的迅猛发展及广泛应用,太空、网络等新型安全领域斗争日趋尖锐复杂,我国军事安全面临新的挑战。习近平同志强调,正处在由大向强发展的关键阶段,前景十分光明,挑战也十分严峻,中华民族伟大复兴绝不是轻轻松松、敲锣打鼓就能实现的。军事斗争是进行伟大斗争的重要方面,打赢能力是维护国家安全的战略能力。全军要强化忧患意识、危机意识、打仗意识,全部心思向打仗聚焦,各项工作向打仗用劲,尽快把备战打仗能力搞上去。

4. 经济安全

国家经济安全是指经济全球化时代一国保持其经济存在和发展所需资源有效供给、经济体系独立稳定运行、整体经济福利不受恶意侵害和不可抗力损害的状态和能力。是指一国的国民经济发展和经济实力处于不受根本威胁的状态。在国家经济安全的内涵方面，一般认为，它主要包括金融安全、资源（如石油、粮食和人才）安全、产业安全、财政安全、信息安全等。在经济全球化对国家经济安全的具体影响方面，经济全球化提高了国家经济安全的地位，扩展了其内涵与外延，并使得经济安全环境、经济安全态势更加复杂多变。

维护经济安全，需要建设现代化经济体系，必须把发展经济的着力点放在实体经济上，把提高供给体系质量作为主攻方向，显著增强我国经济质量优势。需要加快建设制造强国，加快发展先进制造业，推动互联网、大数据、人工智能和实体经济深度融合，在中高端消费、创新引领、绿色低碳、共享经济、现代供应链、人力资本服务等领域培育新增长点、形成新动能。需要支持传统产业优化升级，加快发展现代服务业，瞄准国际标准提高水平。需要促进我国产业迈向全球价值链中高端，培育若干世界级先进制造业集群。加强水利、铁路、公路、水运、航空、管道、电网、信息、物流等基础设施网络建设。需要坚持去产能、去库存、去杠杆、降成本、补短板，优化存量资源配置，扩大优质增量供给，实现供需动态平衡。

5. 文化安全

文化安全是指一国的观念形态的文化（如民族精神、政治价值理念、信仰追求等）生存和发展不受威胁的客观状态。它是国家安全的重要组成部分。在国家安全总体布局中，文化安全具有不可替代的重要地位。当今世界各国的激烈竞争，不仅包括经济实力、科技实力、国防实力等方面的竞争，也包括文化方面的竞争，而且文化还广泛渗透于上述各种力量之中，成为与经济和政治相互交融、相互影响、相互促进的重要因素。

维护国家文化安全是一项系统工程，涉及指导思想、核心价值观、新闻舆论、历史文化、学校教育等多个方面。维护国家文化安全是一项实践性很强的工作，要毫不动摇地坚持党对文化工作的领导，牢牢掌握意识形态工作的领导权、管理权和话语权；要坚持正面引领与反面批驳相结合，既坚持以社会主义核心价值观引领文化建设，又有力批驳历史虚无主义等思想文化领域的错误倾向；要坚持不忘本来、吸收外来、面向未来，发展繁荣中国特色社会主义文化，增强国家文化软实力和文化自信；要落实意识形态工作责任制，把“全党动手”和“守土尽责”结合起来。

6. 社会安全

社会安全是国家安全的重要内容，包括防范、消除、控制直接威胁社会公共安全秩序和人民群众生命财产安全的治安、刑事、暴力恐怖事件，以及规模较大的群体性事件等。社会安全工作涉及打击犯罪、维护稳定、社会治理、公共服务等各个方面，涉及生产、工作、生活各个环节，与人民群众切身利益息息相关。维护社会安全要始终以人民群众安全需求为导向，全面推进平安中国建设，积极构建坚实可靠的社会安全体系；健全完善高效的社会安全机制，有效控制严重的社会安全问题，稳步提升人民群众安全感和满意度；维护社会安全需要，切实维护公共安全，深入开展反恐怖斗争，有效预防和妥善处置群体性事件以及切实维护网络社会安全。

7. 科技安全

科技安全是指科技体系完整有效，国家重点领域核心技术安全可控，国家核心利益和安全不受外部科技优势危害，以及保障持续安全状态的能力。科技安全是国家安全的重要组成部分，是支撑和保障其他领域安全的力量源泉和逻辑起点，是塑造中国特色国家安全的物质技术基础。历史证明，科技兴则国家兴，科技强则国家强。近代我国错过几次科技革命、工业革命的发展机会，科技落后、国力羸弱、被动挨打。新中国成立后特别是改革开放以来，党和国家大力发展科技事业，科技在支撑发展和维护国家安全中发挥了至关重要的作用。当前，科技越来越成为影响国家竞争力和战略安全的关键要素，在维护相关领域安全中的作用更加凸显。加强科技安全，一方面要加快提升自主创新能力，壮大科技实力，维护科技自身安全；另一方面要充分应用科技实力，为保障国家主权、安全、发展利益提供强大的科技支撑。

8. 信息安全

信息安全是国家安全的重要基石，与国家安全的各个领域相互交融。维护信息安全必须敏锐抓住信息化发展的历史机遇；加强网上正面宣传，维护网络安全；推动信息领域核心技术突破，发挥信息化对经济社会发展的引领作用；加强网信领域军民融合，主动参与网络空间治理进程，自主创新推进网络强国建设。

9. 生态安全

生态安全是指一个国家赖以生存和发展的生态环境处于不受或少受破坏与威胁的状态，以及应对内外重大生态问题的能力。生态安全与政治安全、军事安全和经济安全一样，都是事关大局、对国家安全具有重大影响的安全领域。生态安全是其他安全的载体和基础，同时又受到其他安全的影响和制约。当一个国家或地区所处的自然生态环境状况能够维系其经济社会的可持续发展时，它的生态就是安全的；反之，“覆巢无完卵”，生态环境一旦遭到严重破坏，生态不再安全，必然影响社会稳定，危及国家安全。

生态安全具有多重特征。第一，整体性。局部生态环境的破坏可能引发全局生态问题，甚至会导致整个国家和民族的生存条件受到威胁。第二，综合性。影响生态安全的因素有很多，这些因素相互作用、相互影响，使生态安全的维护显得尤为复杂。第三，区域性。地域不同、对象不同，生态安全的影响因素和表现形式也会不同。第四，动态性。生态安全会随着影响因素的发展变化而在不同时期表现出不同的状态。第五，战略性。生态安全关系国计民生，关系经济社会的可持续发展。

将生态安全纳入国家安全体系，是推进国家治理体系和治理能力现代化、实现国家长治久安的迫切要求，对于促进经济社会可持续发展、加快生态文明建设具有重要意义和深远影响。维护国家生态安全，坚持节约优先、保护优先、自然恢复为主的方针，着力树立生态观念、完善生态制度、维护生态安全、优化生态环境。为此，要加强国家生态安全法治建设，加快国家生态安全体制机制建设，建立国家生态安全评估预警体系，设立国家生态安全保障重大工程。

10. 资源安全

资源安全是一个国家或地区可以持续、稳定、及时、足量和经济地获取所需自然资源的状态及能力。资源安全分为战略性资源安全和非战略性资源安全。从国家安全的视角看，资源安全的主要构成包括水资源安全、能源资源安全（特别包括石油安全）、土地资源安全（特别包括耕地资源安全）、矿产资源安全（特别包括战略性矿产资源安全）、生物资源安全（特别包括基因资源安全）、海洋资源安全、环境资源安全等。

资源安全在国家安全中占有基础地位。资源就是资财的来源，是人类生存与发展的不可或缺的自然物质。资源安全的核心是保证各种重要资源充足、稳定、可持续供应。影响资源安全的因素很多，归纳起来主要有以下几个方面：资源本身的因素、政治因素、经济因素、运输因素、军事因素。维护国家资源安全，既要坚持立足国内，又要充分利用国际资源；着力提高资源开发利用水平，坚持资源开发与环境保护并重；坚持底线思维，着力防范资源对外依赖可能导致的极端风险。

11. 核安全

核安全有广义和狭义之分。广义的核安全是指对核设施、核活动、核材料和放射性物质采取必要和充分的监控、保护、预防和缓解等安全措施，防止由于任何技术原因、人为原因或自然灾害造成事故发生，并最大限度减少事故情况下的放射性后果，从而保护工作人员、公众和环境免受不当辐射危害。狭义的核安全是指在核设施的设计、建造、运行和退役期间，为保护人员、社会和环境免受可能的放射性危害所采取的技术和组织上的措施的综合。

为保证安全，达到核安全目标所必须遵循的、具有普遍应用意义的规则，是具体安全原则的基础。核安全基本原则可以归纳成国家核安全监管、核安全管理和核安全技术原则。

核安全监管：鉴于核安全的重要性、核设施事故有超越国界影响的可能性以及对国际社会的重要性，核安全的责任由核设施所在国承担。因此，必须立法确立国家监管体制，明确划分核安全责任和建立独立的核安全监管机构。

核安全管理：营运组织依法对所营运的核设施承担首要的安全责任，负责申请和持有核安全许可证，实施核安全管理，保证核设施的安全。

核安全技术原则：核安全的目标是在核设施内建立和维持有效防御辐射危害的措施以保护个人、社会和环境免受损害。这种有效防御的技术基础就是纵深防御原则。

12. 生物安全

生物安全一般是指由现代生物技术开发和应用对生态环境和人体健康造成的潜在威胁，及对其所采取的一系列有效预防和控制措施。简单地说，生物安全性就是生物体对人体及生态系统是否安全，一般特指生物体经过基因工程改造后对人和生态系统是否依然安全。

2020年10月17日，十三届全国人大常委会第二十二次会议表决通过了《中华人民共和国生物安全法》，自2021年4月15日起施行。我国制定出台生物安全法，就是要从保护人民健康、保障国家安全、维护国家长治久安的高度，把生物安全纳入国家安全体系，系统规划国家生物安全风险防控和治理体系建设，全面提高国家生物安全治理能力。

（三）总体国家安全观的特征

总体国家安全观是新形势下党中央对我国面临的各种安全问题和安全挑战的系统回应，是马克思主义时代化、中国化在安全领域的最新体现，具有系统性、全面性、持续性三个重要特征。

1. 系统性

总体国家安全观揭示了国家安全的整体性，即与国家安全相关的方方面面是相互联系的一个整体。例如，国家的政治安全同国土安全密切相关，领土不完整，国家就无政治安全可言。再如，要实现经济安全，不但需要以政治安全、军事安全和社会安全为前提，而且需要以科技安全、网络安全和资源安全为支撑。事实表明，不同领域的安全是相互联系、相互影响和相互作用的。

总体国家安全观要求"既重视外部安全，又重视内部安全"，蕴含的是一种系统性战略安排。例如，恐怖主义所导致的安全问题既是内部安全问题，也是外部安全问题。这类安全问题所体现的境内与境外安全威胁的交织，是当代主权国家所面临的典型的全球性问题。

从系统的角度看，传统安全与非传统安全相互联系、相互影响，并在一定条件下相互转化。例如，国家间的政治军事对抗是传统安全问题，而这种对抗所引发的货币战、贸易战、能源冲突则是非传统安全问题。另一方面，发展与安全也存在相互联系与相互影响。例如，社会不稳定，金融体系发生危机，科技不安全，发展就会出问题。发展出问题，社会就可能不稳定，国防力量的建设就会受影响，安全就会出问题。国家必须统筹兼顾，处理好它们的关系，以发展为本，以安全保发展，以发展促安全。

总体国家安全观要求"既重视自身安全，又重视共同安全"，与我国面临的外部安全环境密切相关。我国所面对的安全问题，很多是全球性问题，或者是与别国利益相关的问题，如生态恶化、资源枯竭等。这些问题都不是我国可以独自解决的，必须开展国际合作，参与全球治理，谋求共同安全。

2. 全面性

相比以前的安全观，总体国家安全观更具完整性。它所涵盖的领域，既包括政治安全、国土安全、军事安全等传统安全领域，也包括经济安全、文化安全、社会安全、科技安全、网络安全、生态安全、资源安全、生物安全、核安全和海外利益安全等非传统安全领域。随着时代的进步，总体国家安全观的内涵将不断丰富，外延将不断拓展。同时还出现了网络、太空、深海、极地等新型安全领域。

对于影响安全的因素，按照总体国家安全观要求，既要关注战争冲突、政治颠覆、情报窃密、分裂破坏、恐怖袭击、文化渗透等人为因素，也要关注地缘环境、气候变化等自然因素；既要关注国际局势、时代主题、经济转型等宏观因素，也要关注实现安全的各种具体因素。

对于实现国家安全的途径，总体国家安全观强调工作体制机制和法制的建设，这就涉及军事、政治、外交、情报等领域的工作机构和相关法律制度建设，同时也要求经济、文化、教育、社会等领域建立相应工作机制；既重视军事攻防、情报保障、外交活动等硬手段，也重视经济发展、社会和谐、文化交流、科技进步等软手段。

强调国内安全问题，也体现了总体国家安全观的全面性。当前国内各种社会矛盾和安全问题越来越突出，如果思考安全问题不重视国内安全问题，那么对国家安全的理解就是不全面的。综合考量内部和外部安全，是总体国家安全观作为一种"大安全观"的重要体现。

3. 持续性

总体国家安全观的持续性，首先体现在实现国家安全的总体设想上，即国家谋求安全，不是权宜之计，而是为了长治久安。国家所面临的安全问题短期内不会消失，甚至可能会发生复杂变化，因此维护安全必定是一个持续的过程。这个过程不但要治标，也要治本；不但要有现实的应对措施，也要有后续手段；不但要着眼于眼前，也要立足于长远。

追求国家安全状态的可持续性是总体国家安全观的重要目标。统筹现在和未来的国家安全工作，实现国家安全状态的可持续，就不能只是被动应付，而必须前瞻性地针对各种安全问题开展机制化和常态化的治理。总体国家安全观的持续性，也体现在对可持续发展的重视。发展是安全的基础，要实现可持续安全，就必须实现可持续发展。总体国家安全观重视生态安全和资源安全，强调正确处理经济发展与生态环境保护的关系，主旨都是要以可持续发展促进可持续安全。

（四）总体国家安全观五大关系

全面建成小康社会，实现中华民族伟大复兴，必须坚持改革、发展、稳定的有机统一，处理好三者之间的关系。总体国家安全观强调总体，意味着把国家安全的各个领域统合到一起，形成一个体系，统筹兼顾各种安全，避免不同领域安全相互矛盾、冲突、制约和干扰。习近平同志指出坚持总体国家安全观必须处理好五种关系，包括"既重视外部安全，又重视内部安全"、"既重视国土安全，又重视国民安全"、"既重视传统安全，又重视非传统安全"、"既重视发展问题，又重视安全问题"、"既重视自身安全，又重视共同安全"。

1. 既重视内部安全，又重视外部安全

马克思主义唯物辩证法基本原理告诉我们，事物发生变化是内因与外因共同起作用的结果，其中外因是条件，内因是基础，外因通过内因起作用。我国开放发展必须注重解决发展内外联动问题，坚持统筹国内与国际两个大局，国家安全领域也是这样。目前我国生产资料约40%来自世界其他国家，产品市场约60%分布在海外各地，经济对外依存度超过55%。可以说，我们所面临的国内与国际问题、安全与发展问题已经紧密融合与交织渗透在一起。当前我国国内安全是国家安全保障的重点，国家内部安全压力重于外部安全压力。中国人民怕的就是动荡，求的就是稳定，盼的就是天下太平。当前国家安全问题已经呈现出国内问题国际化、国际问题国内化的复杂态势，只有国内稳定才能有效地确保外部安全。

习近平同志在阐述"总体国家安全观"时，把"内部安全"与"外部安全"作为国家安全不可分割的两个方面："贯彻落实总体国家安全观，必须既重视外部安全，又重视内部安全，对内求发展、求变革、求稳定、建设平安中国，对外求和平、求合作、求共赢、建设和谐世界"。这从内外两方面结合的角度实现了对国家安全的全面认识。此外，在国家安全机制布局上也贯彻了辩证法基本原理。总体国家安全观兼顾内部安全与外部安全，同时强调内部安全重于外部安全，蕴含了丰富的"两点论"与"重点论"辩证思维。

2. 既重视国土安全，又重视国民安全

领土、主权、人口是国家组成的三大要素。这三大要素也构成了国家安全维护的最基本内容。习近平同志指出"国家安全的时空领域前所未有的宽广"，中国国家安全利益正在向海洋、太空、极地拓展，国家利益拓展到哪里，哪里就需要有国家安全的保障，我国除了960万平方公里的陆地领土，还有领海基线12海里范围内的473万平方公里海洋国土。国土安全与主权安全密不可分，2015年《中国的军事战略》国防白皮书强调，必须突破重陆轻海的传统思维，建设与国家安全和发展利益相适应的现代海上军事力量体系。由"领土安全"向"国土安全"提法的变化，表明我国对于国家利益、国家主权的认知更加清晰、更加深入。

总体国家安全观将人民安全、国民安全上升到与传统安全重点关注的国土安全同样重要的地位，是一种安全理念上的新突破，是"以人为本"理念在国家安全领域的具体体现。中国梦归根结底是人民的幸福之梦，人民群众的安全与否直接影响到他们的幸福程度。总体国家安全观把"三个有利于"标准中"有利于改善人民生活"上升到保护广大人民群众生活安全、生产安全的高度，体现了我们党全心全意为人民服务的宗旨和执政为民的价值理念。"坚持总体国家安全观，走出一条中国特色的国家安全道路"，"中国特色"就体现在这里。

3. 既重视传统安全，又重视非传统安全

以环境气候问题、网络安全问题为代表的非传统安全问题正日益引发全球性的关注。所谓传统安全，是指以军事手段维护国家安全为特征，强调国家政权、主权和军事方面的安全。而非传统安全更关注"人的安全"，一般是指传统安全之外的非军事性安全问题。当前我国面临的非传统安全威胁突出表现在文化安全、网络安全、分裂势力和恐怖活动以及意识形态安全。

中国军队要为全面建成小康社会、实现中华民族伟大复兴提供坚强保障。总体国家安全观强调重视传统安全，意味着人民军队必须能够有效维护国家领土、领空、领海主权和安全，坚决捍卫祖国统一；强调重视非传统安全，要求人民军队必须具备维护新型领域安全和利益，维护海外利益安全的能力。同时，军事战略的视野必须突破本土周边，放眼全球，军队既要具备打赢战争的能力，又要具备应对非传统安全威胁、促进世界和平的能力，对于我军来说就是要增强海外非战争军事行动的能力。2015 年 4 月发布的《中国的军事战略》国防白皮书第一次提出了中国军队的安全观，强调坚持共同安全、合作安全、综合安全和可持续安全，为维护世界和平、促进共同发展做出更大贡献。这是国防和军队根据总体国家安全观要求做出的新调整、新变化。

4. 既重视发展问题，又重视安全问题

总体国家安全观承续了邓小平同志以安全保发展、以发展促安全的思想，强调指出国家安全与国家发展同样重要，密切相关：安全与发展互为支撑，缺一不可；只有不断发展才能实现可持续、有保障的安全。在上海召开的亚信峰会上，习近平同志阐明："要发展和安全并重以实现持久安全……贫瘠的土地上长不成和平的大树，连天的烽火中结不出发展的硕果。对亚洲大多数国家来说，发展就是最大安全，也是解决地区安全问题的'总钥匙'。"高水平的安全必然与发展相统一，更高境界的安全表现为实现国家崛起的同时能够确保本国的可持续安全。采用武力手段崛起的近代国家，无一不是在一时表面繁荣的背后埋下必然失败的种子，"大国政治的悲剧"一次次上演。总体国家安全观摒弃"国强必霸"的陈腐思维，通过始终不渝走和平发展道路实现国家安全和发展利益，同时坚定地以强军支撑强国。立足于为中国和平发展塑造有利的战略态势，党中央提出新形势下的强军目标，高瞻远瞩地推动军队现代化战略转型，为全党、全军和全国人民共同维护国家安全持续注入强大的正能量，提供不竭的澎湃动力。

5. 既重视自身安全，又重视共同安全

目前，以积极应对人类共同挑战为目标的全球价值观正在形成，国际社会共建"命运共同体"的意识与紧迫感更加强烈。大力推动建设"命运共同体"是十八大以来中国外交领域"世界观"、"全球观"的一个非常显著和积极的变化。人类命运共同体归根结底是安全共同体，没有安全便没有一切。安全视野中的"命运共同体"思想是对中国和谐世界目标的深化。习近平总体国家安全观摒弃冷战思维，高瞻远瞩地立足于全人类安全，"既重视自身安全，又重视共同安全，打造命运共同体，推动各方朝着互利互惠、共同安全的目标相向而行"，使世界每个国家都成为安全维护的对象。建立在中国历来倡导的不结盟主张基础上的命运共同体，有利于国际关系健康、可持续发展和世界繁荣稳定的实现，它对于全球各个地区、各种类型的国家更为紧密地结合在一起具有积极的促进作用，使有关国家在应对诸如经济危机、环境污染、资源紧缺等全球或地区性安全威胁与挑战时，能够彼此提供更加可靠、高效的支持与援助。习近平总体国家安全观在安全境界上表现出对人类共同安全的高尚追求。

总体国家安全观是一种蕴涵了历史唯物主义和唯物辩证法精髓的国家安全思路，揭示了当代中国国家安全的整体性和全面性，开拓了马克思主义安全观的新境界，对我国国家安全工作具有重要的指导意义。

复习思考题：

1. 国家安全的含义是什么？影响国家安全的因素有哪些？
2. 国家安全的基本内容是什么？
3. 总体国家安全观的科学内涵是什么？

第二节 国家安全形势

判断国家是否安全，除了要分析当前国际战略形势，弄清国家安全的外部环境之外，还要深刻认识我国地缘安全以及新形势下面临的安全形势，这是制定国家安全战略的基础和前提。如果做一个历史比较，在冷战阶段，我国安全环境的基本特征是总体严峻但局部改善，安全问题相对单一；冷战结束后，我国安全环境的基本特征是总体稳定但局部严峻，安全问题趋于复杂且风险加大。

一、我国地缘环境概况及地缘安全

在维护国家安全的多种理论模式中，地缘战略是最为古老、应用最广也最为有效的理论之一。它以主权国家为基本行为体，以地缘关系为主要研究对象，直接作用并服务于国家安全。地缘战略环境是指一个国家在国际关系中所处的外部安全与威胁的现实状况。地缘战略环境应包括地缘区位和国际环境，它们共同构成了一个国家的地缘战略环境。

(一)幅员辽阔，陆海兼备

我国是一个陆海复合型国家，陆地边界有 2.2 万多公里，陆地疆域有 960 多万平方公里；海防边界长 1.8 万多公里，海域面积 300 多万平方公里，海岛有 7 600 多个。中国陆地地形地貌结构复杂，陆地疆域为高原、山脉和沙漠环抱，易守难攻。青藏高原和帕米尔高原将我国与南亚、中亚隔断，使以我国为中心的东亚成为一个相对独立和安全的区域。中国海域辽阔、岛屿众多、海岸线漫长，主要由渤海、黄海、东海和南海及台湾岛、海南岛等多个岛屿组成。海峡两岸的分裂状态及便于登陆入侵的地段众多，致使海上为我国的防御重点。

(二)邻国众多，强邻相伴

我国陆地接壤邻国有朝鲜、俄罗斯、蒙古、哈萨克斯坦、吉尔吉斯斯坦、塔吉克斯坦、阿富汗、巴基斯坦、印度、尼泊尔、不丹、缅甸、老挝、越南等陆地邻国 14 个；与我国隔海相邻的国家除朝鲜和越南陆地相邻外，还有日本、韩国、菲律宾、文莱、马来西亚、印度尼西亚、新加坡等国家。俄、印和日分别是中国的陆海强邻。美国虽在太平洋彼岸，但由于同属亚太地区，且我国周边多有美军事存在，可谓“隔洋强邻”。这些情况决定了我国陆海边防形势可分为三线：一是北—西北线，与俄、蒙、哈、吉、塔等国相邻，中国与俄罗斯已经建立了全面战略协作伙伴关系，该地区属传统伙伴区，相对安全；二是西线，与印、不、尼、巴、阿等国相邻，属领土争端与潜在的民族分裂区，较为安全；三是东—南线，与美、日、朝、韩等国家陆地相邻或隔海(洋)相望，属隐患集中区，威胁较多。

(三)地缘位置特殊，利益冲突多

我国及其周边是世界人口最密集、拥核邻国最多、利益交汇最集中的地区，世界上 10 个人口过亿的国家有 7 个在这个地区，分别是中、印、印(尼)、俄、日、巴、孟；是世界上热点问题较为集中的地区，有朝鲜半岛、台湾海峡、南沙群岛、印巴冲突等众多热点；是“金砖国家”成员(中、俄、印)的集中核心区、“多极化”的地缘战略交接区；是决定亚太地区安全格局的六种重要力量(美、日、中、俄、东盟和印度)的集聚地区。此外，我国既位于欧亚大陆又濒临太平洋，处于欧亚大陆地缘战略区和海洋地缘战略区之间，属英国地缘政治学家麦金德提出的“心脏地带论”的欧亚大陆“边缘地带”。针对这种复杂的周边特征，中国致力于构建新型国际关系，坚持以“不冲突、不对抗、相互尊重、合作共赢”的原则构建新型大国关系，有力地塑造了国家外部安全环境。

(四)经济增长快,资源争夺激烈

中国是全球第二大经济体,对于世界经济增长的贡献度不断提升。在全球经济发展格局中,中国的"一带一路"贯穿亚欧非大陆,一头是活跃的东亚经济圈,一头是发达的欧洲经济圈,中间广大腹地国家经济发展潜力巨大。据统计,2013—2019年,中国与"一带一路"沿线国家货物贸易进出口总额从1.04万亿美元增至1.34万亿美元;2019年,中国与138个签署"一带一路"合作文件的国家货物贸易总额达1.90万亿美元,占中国货物贸易总额的41.5%。俄罗斯虽然近年来经济有所下滑,但仍然是重要的世界新兴经济体。印度是世界上发展最快的国家之一,在过去的20年间其经济以平均每年5%以上的速度稳定发展,自2014年已成为世界第三大经济体。韩国、新加坡的经济实力也是稳定成长。近几年,东盟国家经济增速普遍加快,多数国家经济保持中速增长,东南亚成为世界经济增长最活跃的地区之一。

经济的快速发展对于一个国家来说是造福于人民的福祉,但是也势必对他国经济造成巨大的冲击和影响,再加上对有限资源的争夺、有限市场的占领、国际资金的占有等都相应地挤占了他国的经济利益。应该说,经济社会挤占或竞争挤走他国的经济利益,就存在发动经济战争的可能性。另外,原本处于实力强盛的一方,在不经意中被对手赶超所形成的心理负面影响,也是造成竞争、争夺乃至战争的重要原因。

二、新形势下的国家安全

当今世界是一个新机遇新挑战层出不穷、国际体系和国际秩序深度调整、国际力量对比深刻变化并朝着有利于和平与发展方向变化的世界。当前,我国经济社会发生深刻变化,改革进入攻坚期和深水区,社会矛盾多发叠加,面临着各种可以预见和难以预见的安全风险挑战。

(一)霸权主义和强权政治威胁

霸权主义和强权政治由来已久,是国际旧秩序的主要特征,也是世界和平发展的主要威胁。冷战期间,美苏两国为争夺世界霸权,对外推行霸权主义和强权政治。东欧剧变后,两极对峙的世界格局结束,但这并不意味着霸权主义和强权政治的终结。"一超独大"的美国认为自己应该抓住这千载难逢的良机,按照自己的意愿重新安排世界秩序。美国政府针对中国推进的"亚太再平衡"和"印太战略",战略重心东移。在霸权主义和强权政治战略思维的指导下,美国先后发动了多场战争。从冷战结束到现在,几乎是每隔5年左右,美国就会发动一场战争以整治其对手。1991年的海湾战争、1996年的科索沃战争、2001年的阿富汗战争、2003年的伊拉克战争,如果再加上美国间接参与的利比亚战争,美国在20年间已经实现了对4个国家的政权更迭。如果再加上美国直接或间接策动的"玫瑰革命"、"郁金香革命"、"茉莉花革命"等"颜色革命",已经有20多个国家的政权被更迭。这些"战争"与"革命"在拓展西方国家战略空间的同时,也在一定程度上压缩了新兴市场国家和发展中大国的战略空间。持续的压制与持续的反压制,带来的必然是更加激烈的竞争乃至斗争。格鲁吉亚问题、乌克兰问题、叙利亚问题都是这种斗争的表现。特别是乌克兰危机,不仅没有将乌克兰带入欧洲,反而将乌克兰带入分裂和内战的泥沼。由乌克兰危机引发的西方对俄罗斯的经济制裁,更是将两者的关系带入冷战结束后的最低点。

延伸阅读

美国“亚太再平衡”

2010 年以来，中国周边安全环境发生的重大变化无疑是美国 2010 年高调宣布“重返亚太”和 2012 年提出的“亚太再平衡”构想，无论是“重返亚太”还是“亚太再平衡”，美国的战略目标都是应对中国崛起所导致的全球权力东移的战略态势，以维护美国的全球霸权地位。2009 年，希拉里在东盟地区论坛高调喊出美国要“重返亚太”，正式拉开了美国重返亚洲的序幕。2011 年 11 月，希拉里在夏威夷大学发表演讲时称，随着伊拉克战争走向结束以及美国移交阿富汗安全职责，美国的外交重点正在发生变化。而随着亚太地区逐渐成为 21 世纪全球战略与经济重心，这里也将成为美国外交战略的重心，美国外交在未来十年最重要的任务就是在亚太地区增大投入。2011 年 11 月，奥巴马在澳大利亚国会发表演讲时表示，美国的目标是在亚太地区“扮演更大和更为长远的角色，以便重塑亚太地区和它的未来”。他承诺，在美国军费削减的情况下，美国不会削减美国在亚太地区的军事存在。2012 年 6 月，国防部长帕内塔参加在新加坡举行的“香格里拉对话”会议，全面阐述了美国“亚太再平衡”的实践内容。他在会上表示，未来几年美国将在太平洋部署更多的舰船，进一步强化美国在亚太地区与日本、韩国、菲律宾等国的军事盟友和军事伙伴关系网络，到 2020 年，一半以上的美国海军战舰都将转移到太平洋地区。尽管美国没有公开宣称其亚太新战略的矛头是中国，但从其一系列外交和军事举动看，美国亚太新战略的核心目标显然是防范和围堵中国。

作为社会主义大国，中国自然是西方关注的重点。以美国为首的西方国家正试图通过军事部署、政治改造、经济控制、网络渗透等多种途径加大对我国的渗透颠覆力度。在军事方面，调整并加强前沿军事部署，美国计划把 60%的军舰和 6 艘航母部署在亚太，并不断加大在南海问题和台湾海峡上军事干涉力度，遏制和围堵中国的意图十分明显。在政治方面，不断加大渗透力度，利用社会矛盾离间挑唆党群、干群、军民关系，热炒“军队国家化、军队非党化”和“军队非政治化”言论，试图从根基上动摇中国共产党的执政地位。在经济方面，热炒“中国经济威胁论”，不断提高贸易保护主义的调门，正常贸易中的“对抗性因素”有所增加，国家贸易战烽烟四起，我国经济发展的大环境较前严峻。在网络方面，一直妄图利用互联网“扳倒中国”。从暴露出来的美国“棱镜”、“X-关键得分”等监控计划看，西方的互联网活动能量和规模远远超出了世人想象。对西方国家的政治图谋，我们必须高度警觉，保持战略清醒。

(二)陆上安全威胁始终存在

在国家发展过程中，周边问题往往起着重要影响作用，对于中国来说尤其如此。中国陆上邻国众多，又与日本、韩国和东盟诸国隔海相望，周边涵盖东北亚、中亚、南亚等多个世界热点地区，周边安全环境向来复杂。伴随着美国逐渐加大“亚太再平衡”战略的实施力度，周边一些国家抱美国“大腿”的心态逐渐凸显，我国陆地周边安全环境更趋复杂。

在朝鲜半岛和东北亚地区，安全局势充满变数。朝鲜继成功发射“光明星 3 号”卫星、进行第三次核试验(2013 年 2 月)之后，不顾国际社会的强烈反对，于 2016 年 1 月 6 日又进行了第四次核试验，并宣称“成功试爆氢弹”。在这样的背景下，美国等西方国家必将对朝鲜进行更加严厉的制裁，朝核问题再次凸显，朝鲜半岛局势充满变数。日本政府则利用美国推行“亚太再平衡”和“印太战略”的机遇，更改和平宪法，不断加快军事安全战略调整的步伐，加紧强化防卫力量，并企图在地区安全格局中取得优势。同时在领土、历史等问题上坚持错误立场，屡屡制造事端，一度致使中韩两国与日本政治关系持续僵冷，高层交往中断，中韩与日本的经贸与投资额也出现下滑趋势。日本和俄国“北方四岛”之争仍在发酵。新形势下，中、美、俄、日、韩、朝开展空前激烈的外交和安全博弈，地区安全的未来走向形势引人关注。

美国在韩国部署萨德反导系统严重影响区域安全稳定

在中亚地区，恐怖势力、民族分裂势力、宗教极端势力(统称“三股势力”)活动猖獗，这既制约了中亚地区的经济发展，也给我国西北边境地区安全稳定带来不利影响。恐怖势力、民族分裂势力、宗教极端势力，是冷战后引发局部战争和地区动荡的重要因素。中亚地区本就地缘政治复杂、经济相对落后，再加之复杂的地理环境，已成为“三股势力”的聚集地和根据地。中亚和我国新疆地区接壤，中亚国家的很多民族与我国新疆境内的一些少数民族本就是跨界而居，再加之相同的语言文化、风俗习惯、宗教信仰，使得泛滥于中亚地区的“三股势力”也随之跨界入疆，成为影响我国西部安全的重要因素。西部历来是中国的战略大后方，西部稳则国家安。必须重视中亚地区“三股势力”给我国西北边境地区乃至全国安全稳定带来的不利影响。

在南亚地区，旧有的印巴矛盾继续发酵，民族和教派冲突此起彼伏，新的挑战不断涌现，加之地区经济发展减缓所引发的社会矛盾不断激化和凸显，地区安全形势不容乐观。美、欧、日、俄等域外大国纷纷调整对南亚的策略，其中，美国急于从阿富汗抽身，对印度的战略拉拢力度加大；欧盟逐渐减少在阿富汗投入，更加看重印度的战略价值；日本则加大对南亚的战略谋划；中印之间在战略层面具有共同发展的目标和意向，但客观存在的边界矛盾仍是制约两国发展的重要因素。

东南亚形势总体稳定，但也存在许多问题。缅甸、泰国、柬埔寨等国的局势发展仍然存在一定的变数，缅甸、泰国、菲律宾、马来西亚、印度尼西亚等国的反叛武装和极端组织依然活跃，特别是东南亚的军事安全环境受南海问题、边境冲突、恐怖主义等因素影响趋于恶化。多数东盟国家对我国奉行两手政策，使我国与相关国家和地区组织的关系复杂化。

（三）海上安全威胁越来越突出

对于中国来说，海上方向面临的威胁正在由潜在威胁演变为现实威胁，并成为影响我国安全的最大因素。近年来，一些亚洲国家不断在岛屿归属和海域划界问题上挑起事端。我国海上安全环境日趋复杂。

东海方向存在军事冲突风险。日本加大对我国钓鱼岛的所谓“行政管控”图谋，长期在钓鱼岛周围维持大规模海空存在，监视、跟踪和骚扰我国执法力量；日本将防卫重点快速转向西南地区，把军事防御范围向我国大陆方向推进，与美国频繁举行“夺岛”演习等军事互动方式，不断强化警戒监视、岛屿防卫作战等能力；频繁派遣军机进入我国东海防空识别区，允许自卫队对进入钓鱼岛海域的他国船只使用武器强制驱离，使得两国发生军事摩擦甚至冲突的风险增大。

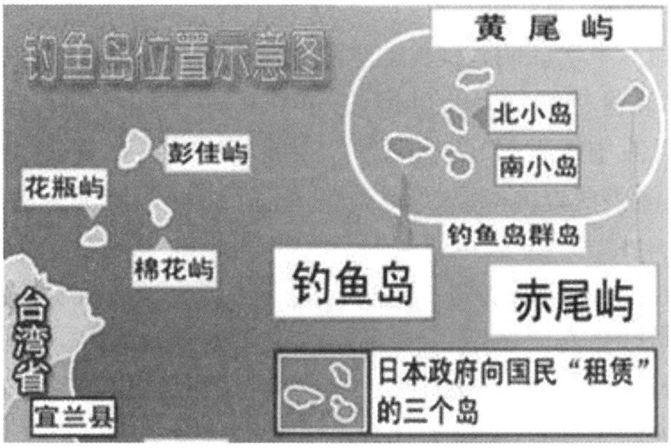

钓鱼岛战略意义重大

南海方向斗争形势复杂严峻。南海方向斗争复杂化、国际化和长期化。美国插手南海事务，频繁攻击我国，以妨碍南海“航行自由”和威胁海上通道安全为由，反复质疑“九段线”的合法性和正当性，支持东盟各国与我国对抗，加大在南海武装巡逻和对我国抵近侦察力度，多次与我国形成军事对峙。日本寻求将两海问题联动起来，对我国进行侧翼牵制。印度坚持“东向”战略，在经济和战略上不断向东南亚靠近，注重与越南开展能源和军事合作，企图借机增强在我国南海的存在感和获取利益。

海上通道安全问题始终存在。随着我国家利益向海外拓展，海上战略通道安全已经成为影响我国经济发展的关键因素。美军加强在马六甲海峡附近的军事存在、印度加快建设安达曼—尼科巴群岛军事设施、越南宣布设立“潜艇伏击区”等，均对我国海上运输构成重大威胁。我国还在中东面临霍尔木兹海峡问题，我国石油进口严重依赖中东地区，其中有相当部分要经过霍尔木兹海峡，由于伊朗与美国的对峙，对我国能源安全产生极大影响。美国在印度洋打造地区军事力量投射基地，企图截断我国海上交通和丝绸之路经济带；印度企图利用在印度洋的地缘优势，限制我国海军进入印度洋。

（四）国内安全问题

（1）恐怖主义威胁问题。国内安全稳定面对的棘手挑战就是暴力恐怖活动，如2013年以来发生的北京“10·28”暴力恐怖案、昆明火车站“3·11”暴力恐怖案、乌鲁木齐“5·22”恐怖爆炸案等。暴力恐怖事件的发生，毁损的不仅是人民群众的生命财产安全，还有人民群众对我们党执政的信心。对国家安全稳定构成重大威胁的除了“疆独”外，还有“台独”、“藏独”和各种邪教组织。需要引起我们高度关注的是，国内“三股势力”与境外各种势力的勾连程度不断提升，这主要表现在两个方面：第一，一些西方国家在反恐问题上实行双重标准，一方面要求我国在国际反恐问题上给予支持，另一方面却对我国政府打击境内“三股势力”说三道四，甚至向“三股势力”提供信息、经费和政治支持。以热比娅为首的“世界维吾尔大会”从美国“全国维护民主捐赠基金会”获取资金援助，而这个基金会的资金来源是美国国会。第二，境内“三股势力”与国际恐怖组织勾连不断加强，包括基地组织在内的国际恐怖组织通过培训人员、提供资助等方式支持境内“三股势力”开展暴力恐怖活动。这些都进一步助长了“三股势力”的嚣张气焰。

(2)政治安全问题。进入21世纪以来，在西方国家的策动下，世界已经发生了三个波次的“颜色革命”：第一个波次是“中亚波”；第二个波次是“西亚北非波”；现在是第三个波次——“远东波”。应当指出，无论是“中亚波”还是“西亚北非波”，每一轮“颜色革命”都指向特定国家。第一波次是俄罗斯，第二波次是伊朗，第三波次则是中国。美国前国务卿希拉里曾放言，要把“阿拉伯之春”引入中国。事实证明，2008年西藏发生的“3・14”事件，2011年2月20日发生在北京王府井所谓的“茉莉花革命”，2014年在香港爆发的“占中”事件和2019年的“修例风波”，实际上就是西方针对中国版的“颜色革命”。可以说，因为从中亚、西亚北非的“颜色革命”中尝到了甜头，所以美国等西方国家已经将“颜色革命”作为它们优先的战略选项和长期的战略手段。

(3)社会矛盾问题。改革的深水期、攻坚期，也是社会矛盾的凸显期、激化期。不断凸显的社会矛盾也会影响我国社会安全稳定。40多年的改革开放，给中国积累了巨大的财富，但也积累了大量的社会矛盾，存在贫富分化、社会不公、极少数官员腐败等问题。同时，改革开放的不断深化和经济社会的巨大发展，又极大地提升了人民群众的民主诉求、法治诉求以及精神文化方面的诉求。

(4)台湾统一问题。台湾问题的产生和演变同近代以来中华民族命运休戚相关，事关中华民族伟大复兴进程。结束台湾被外部势力挟制的历史，实现两岸的最终统一，是台湾迎来光明前途、确保台湾同胞福祉的唯一正确的道路。在当前两岸关系复杂严峻、“台独”分裂势力蠢蠢欲动、外部势力干扰挑拨的情况下，台湾同胞应该冷静理性地思考自己福祉和台湾的前途。正如习近平总书记指出的那样，“广大台湾同胞都是中华民族一分子，要做堂堂正正的中国人，认真思考台湾在民族复兴中的地位和作用，把促进国家完全统一、共谋民族伟大复兴作为无上光荣的事业”。这既是为台湾当下计，也是为台湾未来计，既关系到每一位台湾同胞的切身利益，也关系到2 300万台湾同胞的整体利益。因为事实已经证明并将继续证明，搞对抗没有出路，谋“台独”更是绝路，“台湾前途在于国家统一，台湾同胞福祉系于民族复兴”。

(五)海外利益安全威胁

随着我国经济与世界发展联系的日益深入，我国海外资产安全问题越来越突出。我国海外商业投资主要集中在能源和资源领域，这些领域多数处在欠发达地区和国家，资产安全始终受到当地形势变化的严重影响，多次发生对方悍然撕毁合同和我方被迫弃置资产的事件。即使在一些发达国家，由于我国商品富有价格和品种上的竞争优势，导致当事国暴力排华事件屡有发生。自我国商人开始在全球建设中国商城以来，在意大利、罗马尼亚、西班牙、俄罗斯等国都曾发生过中国店铺被当地人洗劫一空或纵火焚烧的事件，有些国家的政府部门甚至直接介入，以各种名义扣留或没收中国商人的钱财，导致我国海外商业利益遭受重大损失。另外，我国公民因公务、商务、求学、旅游、探亲等原因大批走向海外，我国在海外还拥有数以千万的华侨，随着境外人员数量的增加，伴随产生的安全问题也日益凸显。

三、新兴领域的国家安全

随着信息技术、航天技术、生物技术和人工智能等高新技术的快速发展，海洋、太空、网络空间等新兴领域已成为国家安全和发展利益的拓展区，是当今世界大国争夺战略主动权的博弈区，谁能占领先机、先于他国突破，谁就能占据战略主动权。海洋、太空、网络空间等领域成为未来战争胜负新的较量场，也是新质战斗力生成的新空间。当前世界各大国已围绕新兴安全领域战略主导权展开激烈竞争。

(一)海洋空间争夺激烈

海洋空间的争夺与控制，曾经影响了世界几个世纪。荷兰、葡萄牙、西班牙、英国、德国、法国、美国、日本都为此费尽心机，荷兰人有"海上马车夫"之称。这些国家也因为在海上的优势，在不同的历史时期，曾经在全世界称王称霸，攻城略池，建立殖民地和半殖民地，它们都曾经先后取得过自以为"辉煌"的战绩，特别是英国达到极限，到 20 世纪初建立起一个"日不落帝国"。在此期间，中国虽然也曾经有过辉煌的"郑和下西洋"的壮举，但是，由于种种原因，没有在制海权时代取得重大业绩，反而沦为西方国家的半殖民地。

海洋是国家安全的重要屏障，海洋安全事关国家总体安全和长远建设。历史经验证明，一个强大的国家，必然是一个海洋强国；一个海洋强国，必须拥有强大的海上力量和能力。党的十八大以来，习近平总书记高瞻远瞩，统筹国内国际两个大局，围绕海洋强国战略目标，强调军队要加强经略海洋的战略筹划，坚决维护国家海洋安全，为建设海洋强国提供战略支撑。近年来，我国加快了海上力量建设步伐：制定符合我国国情的航母发展计划，首艘国产航母成功下水，自主设计建造航母取得重大成果；在吉布提建立首个军事基地，为海军执行亚丁湾和索马里海域护航、维和、人道主义救援等任务提供休整补给保障；对军地海上力量进行统筹改革，调整了体制编制和力量编成，将海警力量划归武警部队管理。党的十九大报告进一步要求，要"坚持陆海统筹，加快建设海洋强国"。这充分体现出以习近平同志为核心的党中央对经略海洋的新认识、新要求，为认识海洋、开发海洋、经略海洋指明了新的前进方向。

(二)太空领域竞争激烈

在陆、海、空、天、网五个作战维度中，谁控制了太空，谁就能占据多维作战空间的制高点，从而实现从感知优势到认知优势再到决策优势的飞跃。为抢占日益稀缺的空间轨道和频谱资源，当今世界各国特别是强国都在积极发射各类型军事卫星，开展太空对抗和支援演练，持续提高太空对抗和保障能力。从近几年美国主导的几场局部战争来看，美军太空部队通过搜集情报、侦察监视、导弹预警、卫星通信、环境监测、全球定位等活动，向作战部队提供了大量的信息支援，起到了"力量倍增器"的作用。美、俄等国家正在加强太空防御和太空进攻能力。比如，美国修改太空作战的有关条令，研制反卫星攻击武器；俄罗斯已经制定太空复兴计划，把战略性空天战役作为未来空天作战的主要样式；英国、法国、日本、印度等国也都在精心打造自己的"天军"。由此可见，太空破袭、太空突击、太空封锁……这些好莱坞大片中的片段，很可能在未来太空战场上的争夺中得到真实呈现。另外，值得警惕的是，美国常态化开展的"施里弗"系列太空作战演习及其提出的"空海一体战"等作战构想，均对我国具有较强的针对性。因而，我国面临的已不仅是空间逼仄、战场透明等一般威胁，还面临潜在对手日益多元、威胁力度日益增大、舆论环境相对不利等重大威胁。

(三)网络空间角逐激烈

目前，美、俄、日等国军队已把网络空间作为继陆、海、空、天之后的第五维作战空间。美军

2009年就开始组建网络空间司令部，并频繁举行网络战演习，加紧研制网络战装备。现代战争及未来战争将首先在网络空间爆发，交战双方围绕“制网权”展开激烈争夺，通过后门植入、病毒攻击、远程操作、定时启动等手段进行网络攻击，在短时间内便可获得“制网权”。同时，电磁脉冲武器、微波武器和声波武器将在战斗中对敌网络实施“硬摧毁”。敌我双方将通过网络领域的作战，破坏作战对象的指挥控制、情报信息和防空等军用网络系统，甚至可以悄无声息地破坏、控制敌方的商务、政务等民用网络系统，导致国家信息基础设施全面崩溃，达到不战而屈人之兵的战略目的。可以说，在信息时代的战争中，谁控制了网络空间，谁就掌握了通往胜利之门的钥匙。近年来，美国等大国强行封锁和制裁涉华网络安全问题，刻意将网络安全扩展至中美关系各个领域，并且将网络空间纳入作战领域，宣布可能对网络攻击实施军事报复，并将致盲对手信息网络列为“空海一体战”的关键行动，增大了中美两国发生网络“热战”的可能。

(四)极地领域博弈激烈

极地，指地球的北极和南极地区。过去，由于位置偏远、气候恶劣、难以通航等原因，极地并没有引起各国足够的关注。但随着极地蕴藏的丰富能源逐步被探明、全球气候变暖以及冰川消融加快，使得极地丰富资源的开发成为可能。根据美国地理勘探局估算，北极地区的煤炭、石油、天然气储量分别占全世界潜在储量的25％、13％、30％。同时，极地的战略位置尤为重要，特别是地处亚、欧、北美三大洲弧顶位置的北极地区，是一个瞰制北半球的战略制高点和发动战争或实施威慑的黄金支撑点。冷战时期，美苏两国就在北极地区部署战略轰炸机和战略核潜艇。

如今，极地领域的这个“冰点”已成为世界大国战略博弈中的“热点”。在现实利益驱动下，大国极地争夺不断加剧，并影响到我国国家利益拓展和国家安全维护。为赢得极地竞争优势，掌握极地主动权，不仅美国、俄罗斯、加拿大等极地国家纷纷根据各自国家利益制定极地战略，而且一些非极地国家和集团也积极参与极地事务，使得极地地区形势骤然变化。当前南、北极已成为我国国家利益向海外拓展的重要方向。如在北极方向，我国不仅获得北极理事会永久观察员国资格，建立“黄河”科考站，我国商船也已经过东北航道驶达欧洲，这标志着我国日益成为北极事务的重要参与方和利益攸关方。特别是北极所拥有的航道和资源价值，未来将极大地影响我国的海洋运输和能源进口。在南极方向，经过多年艰苦努力，我国已发展成为南极科考的重要成员国，先后建立了多个科学考察站，为维护南极空间安全奠定了较好基础。

复习思考题：

1. 如何理解当前中国地缘安全基本态势？
2. 中国海洋方向面临哪些安全挑战？
3. 新兴领域国家安全有哪些突出表现？

第三节　国际战略形势

国际战略形势是指国际社会中战略力量之间在一定历史时期相互联系和相互作用而形成的具有全球性的、相对稳定的力量对比结构及基本态势。国际战略形势是世界各国安全、生存和发展所处的条件和态势，它要受到多种因素的制约和影响。当前，世界政治、经济、文化、社会、军事在传承延续诸多规律性变动的同时，因人口、技术、生产方式、思想观念、各国国内治理和互动交往形式等因素快速变化，特别是全球化和信息化进程的深入塑造作用，呈现出越来越多的新趋势和新形态。在这种背景下，世界各国尤其是大国不断调整内外战略和政策，世界格局和秩序面临重塑。

一、国际战略形势现状

美、中、欧、俄、日、澳、印、东盟等各主要力量围绕亚太市场、能源资源、地缘战略要点、区域安全主导权等所展开的竞争与合作，使得亚太地缘战略态势发生了新变化，各主要力量彼此关系错综复杂，既有相互依存的共同利益，又有尖锐的矛盾斗争。

在世界多极化持续深入发展、国际新旧规制交织重构中，中国的地位和作用尤为显著。这既得益于亚太地缘板块在全球地缘战略格局变动中更加重要的托举效应，更基于中国改革开放以来综合国力持续快速增长的深厚基础。

(一)多极化趋势带动国际和地区格局迅速变化

世界多极化，实质就是世界范围内的力量分布从一个中心向更多中心扩散和聚集，以及中心之间的力量对比差距缩小和平衡度增加。从百年以上时段来看，多极化趋势就是自近代以来欧美作为世界中心的主导地位相对下降，亚非拉地区的影响力相对上升；从第二次世界大战后 70 年来的时段看，多极化趋势就是西方国家主导的殖民体系瓦解，广大发展中国家实现民族解放和国家独立，并在世界政治舞台上扮演着越来越重要的角色；从冷战结束后看，多极化趋势就是美国“一超独大”地位相对削弱，其他大国及地区强国的国际地位和影响力不断上升。从这个意义上和不同时段来看，世界多极化趋势已不可逆转，目前正在不同层面和不同领域持续深化。

从全球范围看，尽管中、俄、巴西等国经济增速开始不同程度放缓，西方主要国家逐步摆脱金融经济危机且经济增速加快，但从整体上看，以西方七国(美国、加拿大、日本、英国、法国、德国、意大利)为代表的传统发达国家和以金砖五国(中国、印度、俄罗斯、巴西、南非)为代表的新兴经济体及发展中国家之间，总体力量对比差距缩小的态势仍在继续。

相比之下，美国作为“一超”的综合国力尽管依然突出，但对世界格局和国际体系演变的主导力进一步削弱，与其他大国的差距进一步缩小。加之国际体系转型和国际形势日趋复杂，特别是叙利亚危机愈演愈烈、“伊斯兰国”等极端组织威胁不断增加、乌克兰问题陷入僵局等，都使美国独掌地区和国际局势的意愿、决心和能力有所下降。

在“一超”与“多强”之间综合国力差距缩小、“多强”之间国际地位均衡化发展的背景下，中国、俄罗斯、欧盟、日本、印度等“多强”依托各自区域发挥优势，积极维护提升自身地位和影响力。巴西、澳大利亚、韩国、印度尼西亚、土耳其、伊朗、南非等“中等强国”，自主发展的意愿和能力也不同程度加强，在国际和地区事务中越发活跃。在乌克兰、叙利亚、阿富汗、伊核、朝核等地区和国际热点问题上，中、俄、印度、伊朗、土耳其、沙特等国影响力持续上升。随着非盟、阿盟、东盟、南亚区域合作联盟、拉美共同体等区域合作向前推进，新兴经济体的地位和影响力进一步提升。此外，国际非政府组织、跨国公司等非国家行为体，也凭借各自优势，对国际和地区事务施加越来越大的影响，给大国的地位和作用造成制约和冲击。

(二)大国战略竞争多层次、宽领域加剧

面对多极化趋势的深入发展，世界主要战略力量加快调整内外战略，力求明确定位、累积

和发挥优势。美国大幅强化近中期战略谋划，力图紧握世界发展和国际秩序转换主动权，确保其全球领导地位。在经济社会领域，积极推进金融、教育、科技、医疗、移民等一系列改革，实施“再工业化”和能源自给等计划，与23个经济体(共50个国家)开启服务贸易协定谈判，力图主导制定新的更高标准的国际贸易规则体系。在政治外交领域，强调继续发挥全球领导作用，注重借助同盟和伙伴力量，在地区战略中更多采用“离岸平衡”和借力打力策略，对打压对象更多使用经济金融制裁和多边施压等政策措施。

欧盟在应对债务危机、乌克兰危机、气候变化、难民危机过程中，力图通过强化内部整合，穿越“转型时刻”迈向一体化建设的新阶段，确保作为世界力量中心一极的国际地位。

俄罗斯在应对乌克兰危机的同时，继续推进欧亚经济联盟建设，强化对前苏联成员国的掌控，巩固周边战略依托，积极促进与亚太地区合作，注重借助“金砖国家”和上海合作组织提升和保持国际影响力，利用伊核问题、叙利亚危机和打击“伊斯兰国”等运筹俄美欧关系。

日本确保经济大国地位。军事上从武器装备研制买卖、军费投入、安保体制和法案修改等多方面大幅加强军备建设。外交上推进“地球仪外交”，大力强化与美国、韩国、澳大利亚、菲律宾、越南、印度等国安全合作，增加对亚非拉发展中国家援助，再度联合德国、印度、巴西力争成为联合国安理会常任理事国，向政治大国迈进。

印度对内推进经济改革，加强航空航天开发、国防建设。对外以强化对南亚和印度洋主导权为基点，积极推行大国平衡和强势周边外交，努力寻求成为联合国安理会常任理事国，大国心态和相应外交路线不断凸显。

随着上述各主要力量的战略调整，大国之间总体上竞争合作并存交织，在增进合作的同时，竞争面不断扩大。从国内经济结构调整转型、社会矛盾治理、政治模式创新，到国际定位的矫正确认，再到对外战略的设计谋划、实施路径选择和政策策略应用，渐成全方位竞争态势。

为了全面掌控从西太平洋和东亚延伸到印度洋和南亚的弧形地带，支撑全球领导地位，美国在中东(西南亚和西亚)和亚太之间进行“再平衡”：一方面，适度减少在中东的投入，组建全球反恐联盟打击“伊斯兰国”，对叙利亚危机加以控制而非设法解决；另一方面，大幅增加对亚太的关注和投入，特别是着力加强在中东与亚太连接部位(中亚、东南亚和西南太平洋)的力量部署。受美国战略调整的刺激和推动，其他战略力量也纷纷聚焦这一区域，加大力量投放。欧盟强调发展与亚洲国家关系，英、法、德等国均更加重视并不断推进与东北亚、东南亚、南亚国家关系。俄罗斯明显增加在西亚、中亚、南亚、东南亚的外交和军事力量部署，大幅强化与叙利亚、印度、越南等战略支点国家的合作，积极介入并发挥伊朗核问题和叙利亚危机的地缘战略杠杆作用。日本搭乘美国地缘战略部署调整便车，顺势强化与美盟友伙伴的政治安全关系，变换政府开发援助和经贸合作方式，加大对东南亚、南亚和中亚的力量投入。印度在强化对南亚和印度洋主导地位的同时，北上介入中亚，西向加强与中东国家能源经贸合作，东进强化与日本、澳大利亚、越南等亚太国家合作。

(三)国际规制加速调整演化

世界多极化进程中，力量分布的变化势必要求国际规制做出相应调整，加之全球性问题威胁上升，地区热点难点问题负面效应外溢，国际社会对全球治理和地区治理的需求进一步凸显，推动现有国际规制进行调整以适应新需求，同时催生了新的国际规制，推动国际规制整体渐次向前演化。

在全球层面，以《联合国宪章》宗旨和原则为核心的国际规制，历经70年国际风云变幻后，面临的变革呼声强烈。2005年，联合国成立建设和平委员会，用人权理事会取代人权委员会，改善和加强与非政府组织的合作，并开启安理会改革进程。2009年，有关安理会改革的政府间谈判正式启动，各方围绕改革方案、扩大后的安理会与联大的关系等问题展开讨论。国际社会要求联合国在和平、发展、人权领域发挥更大作用的呼声愈加强烈，“四国联盟”（日本、德国、印度、巴西）继续加大外交力度，要求改革安理会，争取成为常任理事国。

与此同时，联合国框架下的专门性国际机构变革逐步展开。为体现新兴市场和发展中国家在全球经济中的权重上升，国际货币基金组织（IMF）已经通过份额和治理改革方案，向新兴市场和发展中国家转移约6%的份额，目前全球已有超过140个国家批准了改革方案，但由于美国国会至今尚未批准而难以落实。此外，西方主要发达国家力求在世界贸易组织（WTO）之外形成一个“全覆盖”和“高标准”的经贸规则体系，确保对其他双边和多边经贸安排的优势，主导国际经济规制的演变。

在大国合作机制方面，2008年全球金融危机催生的二十国集团（G20）已成为推进国际金融体系改革、加强全球金融监管和开展全球经济治理的主要平台。八国集团（G8）则因乌克兰危机爆发而将俄罗斯逐出，变成七国集团（G7），成为西方国家协调政治、经济、安全立场和加强合作的重要机制，国际地位和影响力下降。“金砖国家”则从概念走向现实，从四国峰会扩展为五国峰会，从经济金融领域合作向政治安全领域合作扩展，并朝着兼顾有效务实合作和机制化运转的方向发展。

在地区合作机制方面，非盟自正式成立以来，作为由53个成员构成的覆盖整个非洲大陆的合作机制，正在从促进区域经济一体化建设向共同维护地区安全方向发展，政治整合和安全建设力度增大。拉美及加勒比国家共同体自成立以来，有力促进地区经济合作和政治协调。东盟不断推进自身一体化建设，已建成经济共同体，即将建成由“经济共同体”、“安全共同体”和“社会文化共同体”三大支柱支撑的区域性组织。上海合作组织经过十余年的不断成长，从安全领域向经济、文化和社会领域扩展，各方面合作均在深化，地区影响力不断提升并向外辐射，未来如将印度、巴基斯坦等国吸收为正式成员，其作为亚洲中心地带最重要的多边合作机制的牵动力将进一步增强。欧亚经济联盟在俄罗斯大力推动下坚定起步，已发展为俄罗斯、白俄罗斯、哈萨克斯坦、亚美尼亚、吉尔吉斯斯坦5个成员的合作机制。此外，东盟与中日韩（10+1）、中非合作论坛、中阿合作论坛、中拉合作论坛等跨区域合作机制也在不断发展壮大。

（四）中国与世界互动呈现出新的形态

站在新的高度和前行起点上，中国与世界的互动开始呈现两个新特点：

一是双向互动日趋平衡。如果说之前世界对中国的影响远大于中国对世界的影响，那么如今中国对世界的影响正在快速增大，不断接近甚至超过世界对中国的影响。中国从过去的吸收借鉴和被动接受，发展为越来越多地展示自身理念、提出主张、增加贡献和主动塑造。

在经济发展方面，中国对外直接投资规模已经超过吸引外资规模。近年来，中国对世界经济增长贡献率均在30%以上。随着新一轮对外开放全面展开，特别是“一带一路”建设推进，中国对周边乃至更广阔地区的经济社会发展拉动作用将进一步增大。

在政治外交方面，中国围绕世界发展方向、国际体系变动、全球性挑战、地区热点难点问题，不断提出新的主张、方案和建议，并率先垂范、积极落实。

在安全方面，中国作为联合国安理会常任理事国之一，派出的维和官兵在安理会常任理事国中最多，积极承担维和费用摊款。

二是相互作用向规制层面扩展深入。中国国内推进改革创新体制机制、全面推进法治建设，需要考虑国际因素，特别要兼顾改革开放以来长期合法存在、日益融入且有利于中国经济社会发展的国际元素，例如法律的修订制定和实施、经济社会文化管理体制机制的改革完善等。也就是说，中国国内规制的改革创新需要放到开放条件下和国内国际两个大局相互融合的环境中进行。中国在坚决维护以《联合国宪章》宗旨和原则为核心的国际秩序和国际体系的同时，推动国际规制变革以适应全球性挑战日益增多的新形势，增加广大发展中国家的代表性和发言权。

在全球层面，中国一向支持联合国在各成员国协商一致的基础上，兼顾公平与效率原则，逐步推进联合国改革。在地区层面，中国在金砖国家合作机制、上海合作组织、亚太经合组织等多边机制中扮演着日益重要的角色。

中国与世界互动的这两个新特点，决定了中国未来发展面临的重要战略机遇期将越来越多地取决于内部因素，即国内的全方位改革发展及在世界中的角色定位和行为选择，外部因素对中国发展战略机遇期的影响将进一步降低。

延伸阅读

金砖国家、G20

第二次世界大战结束后，广大发展中国家的独立彻底改变了殖民主义时代的国际格局。21 世纪真正改变国际旧格局的重要力量将是新兴国家的群体性崛起，其典型代表是金砖国家(BRICS)。

2008 年美国爆发金融危机后，美、欧、日经济一片萧条，而金砖四国(BRICs)经济增长强劲。为应对金融危机，2009 年 6 月 16 日，中国、巴西、俄罗斯、印度“金砖四国”领导人在俄罗斯举行首次正式会晤。2010 年，南非加入“金砖四国”首脑峰会，形成“金砖五国”。“金砖五国”地大物博、人口众多，其国土总面积占世界领土面积的 27%。中国和印度人口都超过 10 亿，巴西和俄罗斯也都超过 1 亿，五国人口约占全球人口的 43%。2012 年金砖五国经济总量占全球 GDP 的 21%，贸易额占世界贸易总量的 15%、全球外汇储备的 75%。

伴随金砖国家的兴起，美国的超级大国地位相对下滑。据世界银行统计，2001 年美国 GDP 占世界经济比重为 31.8%，2011 年降至 21.6%。据世界贸易组织统计，美国在全球出口额中所占比重从 2000 年的 12.3%降至 2011 年的 8.1%，进口额比重也从 19.2%降至 12.3%。根据 2010 年世界银行和国际货币基金组织改革方案，未来金砖国家在世界银行的投票权将大幅增加至 13.1%，在国际货币基金组织的份额将达到 14.81%。中国在金砖国家峰会机制中发挥了积极的重要作用。

21 世纪国际格局的一个新特点是，新兴国家并不是以军事对抗的方式而是以和平合作为主的方式与传统大国打交道。新兴大国的群体和平崛起是 21 世纪初最突出、最耀眼的国际新事物。它有可能使国际格局朝着多元并存、多元一体的方向前进，成为推动世界和平与发展的重要力量。关于这一点，二十国集团(G20)的出现或许可以证明。

G20最初是1999年建立的主要发达国家与发展中国家财政部长及中央银行行长会议机制。2008年金融危机爆发后，G20金融峰会于同年11月15日在华盛顿召开，G20峰会机制由此应运而生，此后每年举行一次领导人会议。美国认为，G20的兴起，彰显了在当前全球秩序中，传统主要经济体与新兴“影响力中心”之间的关系正向更加合作的方向转变。

G20的GDP总量约占全球经济的90%，贸易额占全球的80%，超过了八国峰会的作用。这改变了自1976年以来国际经济、政治议事主要由几个发达国家主导的局面。G20峰会机制的形成表明，发展中国家在国际事务中的发言权上升，国际协调成为当今国际关系的主导面。

究其原因，我们可以从时代大背景中得到启示。当今时代已不是帝国主义和殖民主义的时代，不存在争夺殖民地而引发大战的可能性；经济全球化使各国相互依存关系空前加深；不存在排他性贸易集团和侵略性军事集团；核武器对大国之间的战争具有遏制作用；信息化的发展减少了国家因信息沟通不足而发动战争的可能性；国际组织、国际规则和安全机制相对健全；战争对各国安全利益都会造成损害，而和平与发展仍然是世界的主流。

二、国际战略发展趋势

国际力量消长变化是国际形势演变的基本动力。天下大势，没有永远的强者，也没有永远的弱者，一切都在变动、分化组合之中。得益于两次世界大战的“红利”，美国站到了世界之巅。东欧剧变的发生，更是成就了美国的“一超”地位。但进入21世纪以后，世界在多极化发展轨道上的速度明显加快，国际力量对比正由“一超”独大的局面朝着均衡化的方向发展。主要表现在“一降一升”，即以美国为首的西方国家整体实力地位相对下降，新兴市场国家和发展中大国实力地位相对上升。21世纪伊始，美国就以“反恐”之名先后发动了阿富汗战争和伊拉克战争。从军事角度看，美国无疑是两场战争的最后胜利者，但从政治、经济角度看，这两场战争则又被西方媒体称为“代价高昂的失败”。根据美国“9·11”事件调查委员会的报告，由“9·11”事件引发的两场战争耗资超过4万亿美元，这使得原本财大气粗的美国也不堪重负。而国际金融危机更是使美国陷入重重危机、捉襟见肘，甚至一度发生政府停摆现象。今天的伊拉克内乱、叙利亚内战、“伊斯兰国”极端恐怖主义组织兴起、南亚恐怖主义猖獗等地区动荡和冲突，某种意义上就是美国发动两场战争的恶果。美国是赢了战争，输了战略，“搬起石头砸了自己的脚”。欧洲地区则深受欧债危机影响，失业率高企，多国债务包袱沉重，缩减赤字目标艰难，再加之最近爆发的难民潮，欧洲经济复兴更加艰难。而日本经济发展则继续乏力，国家债务不断攀高。伴随着软硬实力的双双受损，以美国为首的西方国家对国际事务的操控能力明显下降。与西方国家经济增长乏力相比，以“金砖国家”为代表的新兴市场国家和发展中大国则保持了较强劲的发展势头，整体实力和国际影响力不断增强。

在国际竞争格局中，军事竞争始终居于关键地位。着眼于未来战略主导权，世界各主要国家纷纷调整安全战略、军事战略，调整军队组织形态，发展新型作战力量，抢占军事竞争战略制高点。美国进行军事技术和体制创新，谋求绝对军事优势。俄罗斯深入推进“新面貌”军事改革，英国、法国、德国、日本、印度等国都在调整优化军事力量体系。

以中国为代表的新兴经济体国家实力快速增强

总之，随着新兴市场国家和发展中大国在国际经济体系中地位和影响的持续上升，以及西方发达经济体在国际经济体系中的地位和影响的持续下降，今后一个时期，国际力量对比将继续呈现“北降南升”态势。就连美国国家情报委员会也预测，2025年美国的主导地位将被“极大地削弱”。但也要看到，国际力量的消长变化将是复杂和漫长的，未来相当长一段时期，美国仍将保持唯一超级大国地位，美国衰落将是一个渐进、缓慢的曲折过程。

延伸阅读

非传统国际格局

21世纪出现传统国际关系格局与非传统国际格局同时并存、相互影响的局面。传统的国际关系格局是指国家之间力量对比消长与国际关系组合所形成的国际关系结构与战略态势，而非传统国际格局则是某些国家及国家集团与非国家、非政府行为体之间的对抗所形成的国际现象。遍布全球的“基地”组织网络正在形成“隐形的一极”，与美国处于战争状态。这种“隐形的一极”和非传统国际格局的出现，是人类社会真正进入信息化时代的产物。信息传递方式的便捷化、跨国化在客观上为国际恐怖网络的形成提供了必要条件。

三、世界主要国家军事力量及战略动向

随着世界新军事革命深入发展，武器装备远程精确化、智能化、隐身化、无人化趋势增强，海洋、太空和网络空间成为新的战略竞争制高点，战争形态加速向信息化战争演变。主要国家积极调整安全战略和防务政策，加紧推进军事转型，重塑军事力量体系。科学认识当前世界主要国家军事力量及战略动向，对维护我国国家安全具有重要意义。对我国安全构成重大影响的世界主要军事强国，是美国及周边的俄罗斯、日本和印度。

（一）美国军事力量及战略动向

美国是世界第一军事强国，拥有现今世界上总体实力最为强大的军队。美国军事力量及其战略动向，对世界军事形势和国际战略形势具有巨大影响。

1. 美国的军事力量

美国军队是美利坚合众国的武装力量，一般简称美军，即对美国拥有的武装部队的统称。美国军队由美国陆军、美国海军、美国空军、美国海军陆战队以及美国海岸警卫队五大军种组成。陆、海、空军分属美国国防部下属的美国陆军部、美国空军部和美国海军部领导。海军陆战队归海军部领导，但一般情况下作为单独军种作战。海岸警卫队是美国五大武装力量之一，却唯一隶属于国土安全部而不是国防部，兵力不计算在三军后备役范围内。国民警卫队属于后备役范围，下辖陆军国民警卫队和空军国民警卫队。陆、海、空三军加海军陆战队的后备役属于精选后备役部队。总统担任武装部队总司令，国家安全委员会为最高防务决策机构，国防部是总统领导与指挥美国军事力量的最高机关。参谋长联席会议，属于国防部下辖的作战指挥系统或隶属于它的各联合司令部、特种司令部。参谋长联席会议既是总统、国防部长、国家安全委员会的军事咨询机构，也是总统和国防部长向联合司令部和特种司令部发布作战命令的军事指挥机关。

根据近年来的《世界军事年鉴》、《2018 全球军力报告》和 2019 年《美国军力指数》等资料来看，美军现役部队人数 142.999 5 万人，其中陆军 54.129 1 万人、海军 37.172 3 万人、空军 33.377 2 万人、海军陆战队 19.533 8 万人。后备役部队约 80 万人，服务于军队的文职人员约有 80 万人，军人总数居世界第二位，仅次于中国。美国陆军各类各型技术装备数量相当多，总共 8 325 辆坦克，25 782 辆装甲输送车、步兵战车，1 934 门自行火炮，1 791 门牵引火炮，1 330 门多管火箭炮。空军、海军和海军陆战队飞行器总数为 13 683 架，包括歼击机、攻击机、军用运输飞机、教练机以及多用途直升机和攻击直升机。海军和其他机构目前使用 470 多艘军舰、潜艇、快艇和辅助船只，包括航母、护卫舰、驱逐舰、潜艇、岸防舰和扫雷舰等。

美国在海外的军事基地遍及除了南极洲外的六大洲、四大洋，辐射全球 50 多个国家。鉴于亚太和印度洋的重要战略价值，美军在这一地区设有 7 个基地群，占其海外基地总数近 50%。美国在亚太地区部署的兵力占美国海外军力的比重超过 50%，这些力量基本上隶属于美军太平洋司令部。美军庞大的海外基地，是美国参与全球事务的“桥头堡”，让美国从遥远的第三方变成了地区格局中的“利益攸关方”，得以扮演“离岸平衡手”的角色，将冲突地带推进到潜在的敌国周围。

2. 美军的战略动向

(1)强化亚太地区的军事部署和作战准备。从 2009 年开始，美国军事战略重点逐步向亚太地区聚焦。从特朗普政府执政以来，连续发布了《国家安全战略》、《国防战略》等报告，提出要全力确保美国军事优势地位，凸显了特朗普政府“美国优先”的核心理念，标志着美军任务重心向亚太地区的重大转变。美国计划将 60%的战舰、6 艘航空母舰放在亚太，重新调整和建设亚太地区的军事基地。如在关岛增建导弹防御阵地并扩建安德森空军机场，在夏威夷打造“珍珠港—希卡姆”大型联合基地，在阿拉斯加建设“埃尔门多夫理查森堡”联合基地，在澳大利亚达尔文港开辟新基地，部署海军陆战队等。此外，美国为确保对印度洋与西太平洋之间主要航道的控制，加紧在印度洋科科斯群岛建立无人机基地，加强从迪戈加西亚岛经科科斯、达尔文港直到关岛的横向军事基地网。

(2)加强“全球公域”的控制和争夺。“全球公域”是指不受单个国家控制，同时又为各国所依赖的领域或区域，主要包括海洋、空域、太空和网络空间四大领域。美国已经把全球公域作为夺取大国军事竞争主动权新的制高点，试图主导全球公域的规则制定权，通过强化同盟关系增强对全球公域的控制能力。如在亚太地区，美国同澳大利亚、日本展开相关方面的合作。通过有针对性地发展武器装备和军力部署来提升控制全球公域的硬实力。如美军组建了网络战部队，人数已达到5万余人。在太空空间领域，美国提出了"多层威慑"的战略，通过综合手段来谋求空间领域的主导权。

(3)加强与盟友及伙伴国的军事合作。北约仍将作为美国发展军事合作关系的基础。除北约之外，日本、韩国、澳大利亚、菲律宾、泰国等亚太盟国是美国强化同盟体系的重点对象。非洲、南亚各国也将成为美国开展军事合作的新伙伴。在非洲地区，美国将继续加强驻军，扩大伙伴关系国家的范围，帮助非盟和主要国家发展军事能力；在南亚地区，把印度作为亚太地区牵制中国的重要战略筹码。同时，还加强了与越南、马来西亚、新加坡等国家的合作，以应对地区性安全威胁与挑战。

美日强化军事安全合作引发区域安全形势紧张

(4)加快军事转型步伐。美国军队结构更加注重精干、灵敏、高效，军队能力建设向灵活性、机动性和小型化方向发展。为此，美国陆军把战斗旅作为基本战术单位，加强特种作战、导弹防御以及网络作战等建设；美国海军重视舰载无人机系统、无人潜航器、水面舰艇、反水雷建设。美国实施"全球快速打击"手段，其中，陆基主要是加装常规弹头的"民兵"或"和平卫士"洲际弹道导弹；海基主要是俄亥俄级战略核潜艇上发射的"三叉戟"Ⅱ型导弹；空基主要是新型战略轰炸机和X-51A"驭波者"高超音速巡航导弹；天基主要是"猎鹰"高超音速飞行器。另外，美国为实现美军具有"全球公域介入与机动联合"能力，开始着力发展全球快速打击系统，完成全球反导系统部署，强化核威慑和网络威慑能力，加紧研制智能化武器、电磁武器和激光武器等，确保绝对军事优势。

(二)俄罗斯军事力量及战略动向

俄罗斯是当今世界军事强国重要成员，其强大的军事力量及战略动向，对世界军事形势和国际战略形势具有重大影响。

1. 俄罗斯的军事力量

俄罗斯联邦武装力量(简称俄军),是俄罗斯军事力量最主要的部分,其前身主要是苏联武装力量在俄罗斯苏维埃联邦社会主义共和国的驻军。1992年5月7日,俄罗斯总统叶利钦签署命令建立俄罗斯联邦国防部,并命令俄罗斯联邦政府接管俄罗斯境内的所有苏联武装力量,俄罗斯联邦武装力量正式成立。

(1)军事领导体制。俄罗斯联邦总统、俄罗斯联邦安全会议、俄罗斯联邦议会、俄罗斯联邦政府对保障国家安全、国防能力状况、武装力量和其他军队的战斗准备程度、动员准备程度和战斗力负全责。俄罗斯联邦总统是国家元首和俄罗斯联邦武装力量的最高统帅,对武装力量和其他军队实施全面领导。

(2)军事指挥体制。俄罗斯联邦总统兼俄罗斯联邦武装力量最高统帅,通过国防部长和总参谋长对武装力量实施作战指挥。国防部长通过国防部对联邦武装力量实施直接领导。俄罗斯联邦武装力量总参谋部对武装力量进行作战指挥,对武装力量各军种的指挥通过各军种总司令部进行。

俄罗斯联邦武装力量除了传统的陆军、海军两个军种之外,在2015年由空军和空天防御兵合并建立了新军种——空天军,由空军、空天防御兵和太空军三部分组成。另外俄罗斯还有两个独立兵种,即战略火箭兵和空降兵。当前各军种的兵力现状大致是,陆军27万人,海军14.8万人,空天军43万人,战略导弹兵12万人,空降兵4.5万人。加上国家近卫军、边防军、铁道军、联邦通信和情报信息部队等武装力量后,总人数为2 019万人,综合军事实力世界第二,仅次于美国。

2. 俄军的战略动向

(1)以北约为主要威胁和作战对象。俄罗斯为什么以北约为主要威胁和作战对象,主要有两个方面的原因:一是意识形态差别的消失并没有消除西方国家对俄罗斯的戒心。俄罗斯在这个问题的认识上有过深刻教训,也付出过沉重的代价。二是北约的东扩使俄罗斯的战略利益受到现实的威胁。俄罗斯是一个欧亚大国,几百年来,其政治、经济、文化和军事的重心始终在欧洲,俄罗斯国家和民族根本利益的重心也在欧洲,可以说欧洲是俄战略利益所在。但是20世纪90年代中期以后,随着北约东扩战略的提出和实施,以美国为首的西方国家借机挤压俄罗斯的战略生存空间,削弱其国际地位。俄罗斯认为,北约的东扩就是想扼住其以欧洲为主要地区复兴发展的咽喉,这是与俄罗斯复兴大国的目标完全相悖的,也是俄罗斯决不能容忍的。俄罗斯与北约的对立由此与日俱增。从而形成了俄罗斯现行军事战略以北约为主要威胁和作战对象的基本依据。

(2)优化"三位一体"的核力量结构,积极部署全球反导防御系统。优先加强核遏制和空天防御能力,将着力点放在优化"三位一体"的核力量结构,提高核力量的实战和威慑能力,组建空天防御兵司令部,将分散于各军兵种的侦查和预警力量、防空力量、反导力量和太空防御力量重新整合,组成统一的空天防御体系。

(3)常规部队建设注重提高快速反应与机动能力。俄军将主要陆军部署在与北约接壤的俄罗斯和独联体北部、西部和西南部边界及与中亚及远东接壤地区;在主要战略方向,强化中小型部队的灵活编组和快速部署能力;空军以提高远程截击和精确打击能力以及防空部队的反空袭能力为重点;海军主要增强海上兵力部署的机动性和灵活性为重点;在空降兵、海军陆战队、空军分队基础上组建特种作战力量;通过全面改革,有重点地均衡发展,使俄军成为一支规模小、专业性强、有高度机动能力,在各个战略方向上能积极地、全方位地机动防御作战的职业化军队；通过战备突击检查、建立武器装备储备基地等措施，满足快速战略战役机动的需求。

(4)军队体制编制适应联合作战需求。在指挥体制方面，进一步确立国防部长在军队中的核心领导地位，精简和改组包括国防部和总参谋部在内的中央指挥机关，大幅压缩军种总司令部的职能。航天兵、战略火箭兵和空降兵三个独立兵种保留中央直属关系，增加空天防御兵。将原有六大军区调整为“西部、南部、中央和东部”四大军区，成立四大联合战略司令部。在战区范围内建立联合战略司令部、战役司令部(陆军集团军、海军舰队、空军空防司令部)、战术兵团(陆军旅)三级指挥体制。大幅裁减武装力量兵团和部队、卫戍部队的数量，裁撤部分基地、兵营和设施。经过调整，俄军在整体结构上更为精干、灵活，新建立的战区指挥体制基本具备了联合作战、联合训练和联合保障的能力。

(三)印度军事力量及战略动向

印度是南亚次大陆最大的国家，是世界第二人口大国，也是金砖国家成员之一。印度强大的军事力量及其战略动向，对南亚及中国周边安全有重大影响。

1. 印度的军事力量

印度总统是名义上的武装力量统帅，内阁为最高军事决策机构。国防部负责部队的指挥、管理和协调。各军种司令部负责拟定、实施作战计划，指挥作战行动；三军平时无统一的作战指挥机构，由内阁总理通过内阁秘书处协同国防部对三军实行统一领导。战时通常授权主要军种参谋长实施统一指挥；国防咨询机构有国家安全委员会、国防部长委员会、国防生产与供应委员会、国防研究与发展委员会、国防计划委员会和最高情报委员会等。国防部长是最高军事行政长官，直接向内阁总理负责，由两名国防国务部长协助工作。国防部为国防职能机构，全部由文职人员组成，下设国防局、国防生产与供应局和国防科研局 3 个常设办事机构(均由国防秘书任局长)，以及财政顾问处(由财政部派出的国防财政顾问任领导)和国防计划协调与执行委员会(由国防秘书任主席)。

印度的武装力量由正规军、准军事部队和后备力量、核战略司令部等支援服务机构组成。现役部队分陆军、海军、空军和海岸警卫队四个部分，现役兵力约 131 万人，正规军规模位居全球第三，排在中国、美国之后。印度陆军约 113 万人，约占现役兵力 86%以上，是典型的大陆军。海军有 5 万～6 万人，空军有 11 万～12 万人。印度海岸警卫队分西岸、东岸、安达曼和尼科巴三个大队，人员有 5 440 名，包括 633 名文官。印度的准军事部队种类庞杂，驻地分散，隶属于不同的部门，是印度正规部队的辅助力量，平时可执行边防海防巡逻、情报搜集和内卫治安任务，战时则作为辅助力量配属正规部队执行作战任务，规模约 100 万人。印度的后备力量是指不脱产的民间武装，印度自称为第 1 线预备役和第 2 线防务力量，共有 240 万人。

2. 印军的战略动向

(1)战略指导突出进攻性和主动性。印度将巴基斯坦视为主要现实威胁，将中国视为最大潜在威胁，推行“先发制人”的战略方针。在总体战略部署上强调“西攻、北防、南下、东进”。即向西对巴基斯坦采取攻势，对北面的中国采取战略防御，向南控制印度洋，向东通过马六甲海峡进入西太平洋，争取印度在各方向的军事优势，扩大其战略影响，支撑其向大国迈进的战略目标。

(2)加强边境地区的军事部署。印度加强边境地区对华军事部署，完善边境防御体系。中印边境的西、中、东段存在领土争议，印度向中印边境地区增派大量兵力，计划在现有 12 万兵力基础上，再增加 6 万人的部队。在西段，印军组建了第 14 军，加强了空军战斗机和直升机分队的部署；在中段，对驻军进行改编，组建轻型、实用、高效的作战部队；在东段，建设中的“山地打击军”将由 6 万人组成,至少下辖 2～3 个师及附属支援兵力。印度空军恢复并扩大靠近中印边境的空军基地,将向东北部和其他方向前沿地区增加部署苏-30 等先进战机;加强在边境地区的巡航导弹部署。

(3)加大对印度洋的控制力度。印度制定了全面控制印度洋的“东进、西出、南下”战略。向东把活动范围与影响延伸到南中国海,乃至西太平洋;向西穿过红海与苏伊士运河,影响扩大到地中海;向南扩展到印度洋最南端,甚至绕过好望角到达大西洋。为实现战略目标,印度在海军装备建设上提出了“三步走”的发展战略:一是建立亚洲最大航母舰队;二是加强海基核力量建设,以弥补“三位一体”核打击力量的短板;三是打造具备远洋作战能力的“蓝水海军”。印度还高度重视海军基地建设,在其东部海岸、东南部群岛和南部岛屿上新建了海军基地。在西南方向,印度继在马达加斯加岛建立雷达监听站后,又租借了毛里求斯共和国的阿加莱加群岛,并在上述群岛建设海军基地和机场,以扼守莫桑比克海峡等战略通道。

(4)重视核武器的威慑作用。印度在核战略上谋求对巴基斯坦形成核优势,与中国形成核平衡。为实现有效核威慑,印度提出要建立一支由陆基弹道导弹、中远程攻击机和空地导弹、核动力潜艇和潜射弹道导弹组成的,具有生存和反击能力的“三位一体”核威慑力量。在陆基核力量上,印度目前已装备射程 250 千米的“大地”近程弹道导弹,射程 280 千米的“布拉莫斯”巡航导弹,射程 2 500 千米的“烈火-2”和射程 3 500 千米的“烈火-3”中程弹道导弹,射程达 5 000 千米的“烈火-5”远程弹道导弹,具备了对印度洋和周边国家的远程威慑打击能力。在空基核力量上,印度空军拥有多种可以投掷核武器的飞机,包括“美洲虎”攻击机、“幻影-2000H”战斗机、“米格-27”战斗机和“苏-30MKI”战斗机。在海基核力量上,印度积极推进国产战略核潜艇建设,获取“可靠的第二次核打击”能力。通过一系列的努力,印度将建成“三位一体”的战略核力量体系。

(5)积极推进东向战略。印度借助美国实施印太战略之机,加大“东向”战略力度,意图在东南亚、东亚和西太平洋地区发挥影响。一是加强东部方向的海空军基地建设,以提高海军远程兵力投送能力。印度在靠近马六甲海峡西口的安达曼·尼科巴群岛成立了由海、陆、空三军组成的联合司令部,组建了新的海军军区,并开始扩建该岛机场。该基地在有效瞰制马六甲海峡的同时,将成为保障印度军事力量东进南中国海和西太平洋的重要前进基地。二是加强与东南亚、东亚、西南太平洋国家的军事安全合作,牵制中国。印度加大同区域外国家的安全合作,提升印度海军的战略能力,从海上方向威慑中国。

(四)日本自卫队力量及战略动向

日本是一个高度发达的资本主义国家,也是当今世界第三大经济体。日本是美国在亚太地区的重要盟国,也是该地区的主要国家。其自卫队虽然名义上不是“国防军”,但拥有强大的综合军事实力。日本自卫队力量及其战略动向,对国际和地区形势及我国国家安全有重大影响。

1. 日本自卫队的力量

日本自卫队,简称自卫队,是日本最主要的武装力量。日本自卫队的前身,是 1950 年 7 月 8 日日本吉田内阁根据《和平宪法》和相关的国际条约规定组建的国家警察预备队。1954 年 6 月 9 日,日本政府颁布《防卫厅设置法》和《自卫队法》,将保安队改为拥有陆海空三大武装力量的自卫队,并成立了防卫厅(后升级为防卫省)和参谋长联席会议,健全了统帅指挥机构。日本自卫队的最高统帅是内阁总理大臣,最高军事决策机构是内阁会议。“安全保障会议”是内阁在军事上的最高审议机构,由内阁总理大臣、外务大臣、财务大臣、内阁官房长官、国家公安委员长、防卫大臣等内阁主要成员组成，负责审议国防方针、建队计划及处理各种突发事件等。防卫省是日本政府掌管国防的行政机关，相当于其他国家的国防部。防卫厅于2007年1月9日升格为防卫省，成为日本的政府部门，享有同外务省等同等的权力。防卫省最高层级的官员称为防卫大臣，由首相负责任命，管辖范围也包含首相管辖下的自卫队。参谋长联席会议由主席和陆、海、空自卫队参谋长组成，负责拟定和调整部队作战、训练和后勤计划，搜集研究军事情报，在实施两个队种以上的联合作战及演习时，实施统一指挥。

日本现役自卫队由陆上自卫队、海上自卫队、航空自卫队组成，总人数约25.5万人，其中，陆上自卫队约15.2万人，海上自卫队约4.5万人，航空自卫队约4.7万人，共同部队1 200余人，统合幕僚监部(联合参谋本部)、情报本部人员共2 000余人。另有即刻应变预备役自卫队员479万人，预备役自卫队员8 000余人，预备役自卫队员候补4 000余人。另有书记官、事务官等文职人员约2万人。日本海上保安厅拥有一支质量极其可观的水面舰艇与航空巡逻机兵力，截至2010年，海上保安厅拥有巡视船艇约200艘、海事巡视飞机70多架，还设有卫星监察所巡视海域。日本海上保安厅在全球海岸防卫队中仅次于美国海岸警卫队，超过邻近东亚国家海岸防卫兵力的总和，整体实力甚至高出许多小国海军，是日本不折不扣的“第二海军”。

随着日本经济实力的迅速增强，日本自卫队建设得到长足发展，在“质重于量”和“海空优先”的建队方针指导下，自卫队已发展成为一支装备精良、训练有素、作战能力较强的武装力量。在美国2018年公布的世界各国最新军事力量排名中，美国排在第一位，俄罗斯居第二位，中国排第三位，印度为第四位，日本排在第九位。同英国和法国军队相比，除了在核武器、远程轰炸机、核动力潜艇等少数领域外，日本的军事实力已相当或超过了。

2. 日本自卫队的战略动向

(1)战略指导强调“联合机动防卫”。日本视我国为主要战略对手，将军事战略方针调整为“联合机动防卫”。在对安全威胁的战略判断上，突出强调朝鲜和中国的威胁，将俄罗斯作为重点防范对象；在军事力量的职能上，定位为有效遏制及应对各种事态、促进亚太地区稳定及改善全球安全环境；在军事力量建设上，强调通过构建综合国防体制，建设高效联合的军事力量，不断发展壮大自身军事实力。

(2)军事部署重心向西南方向转移。日本正式确定以加强西南方向的防卫态势为重点，优先建设确保海空优势的防卫力量。陆上自卫队新组建沿岸监视部队和执行快反任务的警备部队，以强化西南诸岛的部署态势；组建专业化机动作战部队，有效遂行空降、水陆两栖作战、特种作战、航空运输、特种武器防护等任务，实现与海上自卫队和航空自卫队的有效联合，完善和强化岛屿地区的防御态势；组建岸舰导弹部队，将进攻岛屿之敌拒止于海上；新建水陆两栖作战部队，为在岛屿遭受攻击时迅速实施登岛、夺岛和守卫作战；航空自卫队新组建E-2C预警机飞行队，部署在那霸基地；在西南地区岛屿建设警戒雷达基础设施，保持全天候警戒监视态势；增加部署在那霸基地的战斗机部队。

(3)军队建设强调机动防卫能力。日本强调以应对“岛屿攻击”为抓手，全面提高自卫队的攻防作战能力。为构建一支在软硬件两方面都具备快反性、持续性、坚韧性和互通性的联合机动防卫力量，日本强调加强9种军事能力建设：警戒监视能力、情报保障能力、运输能力、指挥控制和情报通信能力、应对岛屿攻击能力、应对弹道导弹攻击能力、应对太空和网络攻击能力、应对大规模灾害能力、参加国际和平合作活动能力。

(4)注重发挥日美同盟的作用。日美同盟实现了日本防卫政策上的重大突破。一是合作地域从“周边”扩展到全球，实现了日本武装力量走向世界的目标。二是合作内容实现从平时到发生突发事件的“无缝”合作，如维和、救援、预警、情报分享、监控、侦察、训练、演习、拦截弹道导弹、舰船护卫等。三是从自卫扩大到“他卫”。四是从双边合作扩大到三边和多边合作，具体包括情报分享、监控、侦察、训练、演习、能力建设、海洋安全等。五是成立常设“联盟合作机制”，强化日美协调配合。

复习思考题：

1. 简述国际战略形势的现状与发展趋势。
2. 简述当前世界主要国家的军事力量及战略动向。

第三章　军事思想

教学内容

- 军事思想概述
- 外国军事思想
- 中国古代军事思想
- 当代中国军事思想

教学目标

了解军事思想的内涵和形成与发展历程，了解外国代表性军事思想，熟悉我国军事思想的主要内容、地位作用和现实意义，理解习近平强军思想的科学含义和主要内容，使学生树立科学的战争观和方法论。

第一节　军事思想概述

钢铁长城

一、军事思想的内涵

军事思想是关于战争和军队问题的理性认识。通常表现为国防和军队建设、战争准备与实施的指导理论和基本原则，是军事科学的重要组成部分，属于社会意识形态，受世界观和方法论的制约，具有鲜明的政治性。它揭示战争的本质、基本规律以及进行战争的指导规律，阐明军队建设的基本理论和原则。军事思想是战争和军事实践经验的理论概括，它来源于战争和军事活动的实践，又给战争和军事实践以理论指导，并随着战争和军事实践的发展而发展。

关于军事思想的体系划分，从不同角度可以有不同的划分方法。不同的阶级、国家和政治集团有不同的军事思想。同一阶级、国家和政治集团的军事思想，在不同历史时期或发展阶段也会有所区别。军事思想可按社会历史发展阶段、阶级、国家、人物等分类。如按社会历史发展阶段分类，有古代军事思想、近代军事思想、现代军事思想以及当代军事思想；按阶级性质分类，有奴隶主阶级军事思想、封建地主阶级军事思想、资产阶级军事思想和无产阶级军事思想等；按地域和国家分类，有外国军事思想和我国军事思想。外国军事思想又可分为美国军事思想、英国军事思想、德国军事思想、日本军事思想，等等；按人物分类，可以划分为孙子军事思想、克劳塞维茨军事思想、拿破仑军事思想、毛泽东军事思想等。总的来说，尽管军事思想的分类方法、角度各不相同，但都是以一定的哲学世界观和方法论为指导，反映一定时代、阶级、国家和人物对战争性质、战争准备与实施所持的基本观点。

军事思想从总体上研究和回答了军事领域的普遍性、根本性问题，揭示了军事领域的一般规律，提出了军事斗争和军队建设的基本方针及指导原则，为人们研究和解决军事问题提供总体性理论指导。军事思想的内容大体可分两个层次，一个是军事哲学层次上的问题，一个是军事实践基本指导原则层次上的问题。前者主要包括战争观、军事问题的认识论和方法论，后者主要包括战争指导的基本方针和原则、军队建设的基本方针和原则、国防建设的基本方针和原则等。

军事思想包含丰富内容，具有自身鲜明的特征，主要反映在：

（一）阶级性

战争是一种在一定时间内、关系整个社会的特殊社会活动形态，而军事又是以战争准备和实施为中心的社会活动，因而它必然涉及社会的政治、经济、科学技术、文化教育以及意识形态等各个方面。因此，来源于社会实践的军事思想有着鲜明的阶级性。

在阶级社会中，不同阶级的人们由于立场、观点和方法的不同，对战争规律的认识也就不完全相同。因此，不同阶级、国家或政治集团必然有不同的军事思想。军事思想作为战争规律的理论概括，必然会打上深刻的阶级烙印。反映一定阶级和集团的政治观点，可以决定军事思想的阶级性，并能够制约其发展的方向。

（二）实践性

任何军事思想都是一定历史发展阶段的产物，不同历史时期的战争有着不同的形态，有着不同的军队组织原则和编制，不同历史时期的军事思想也各有自己的特征。这种不同时代的特征往往最能反映当时的生产方式和生产水平，特别是军事技术装备的发展水平，可以说军事思想不同时代的特征，代表着不同时代的生产力水平，具有强烈的时代性。

军事思想的发展依赖于军事实践的发展，而人们对于实践的认识要有一定的过程，当一种认识形成后，对于实践来说，又有相对的独立性，因而军事思想的存在往往会出现落后于军事实践的现象。与此同时，由于军事思想是揭示军事领域一般规律的，而规律又是可反复起作用的,因而军事思想又能够对军事领域各事物的本质的联系和发展趋势进行预见,又具有超前性的特点。

(三)继承性

军事思想是在继承和发展中不断向前发展的。所谓继承,是指对传统的军事思想和军事遗产中具有普遍真理意义的原理、原则及经验的借鉴。当然,战争和军事的变动性和多样性决定着军事思想的继承不是静止的继承,而是在运用和发展中的继承。同时,作为军事思想强大力量所在的发展是在继承的基础上发展的。因此,军事思想还具有明显的继承性。

(四)时代性

任何军事思想都是一定历史发展阶段的产物,不同历史时期的战争有着不同的形态,有着不同的军队组织原则和编制,不同历史时期的军事思想也各有自己的特征。这种不同时代的特征往往最能反映当时的生产方式和生产水平,特别是军事技术装备的发展水平,可以说军事思想不同时代的特征,代表着不同时代的生产力水平,具有强烈的时代性。

二、军事思想的发展历程

人类对战争和军队问题的认识,随着社会生产力的发展,社会经济、政治制度的更替,人们科学文化水平的提高及思想意识的转变,战争的日益频繁和战争规模的不断扩大等,有一个历史发展过程。从时代的角度划分,军事思想作为一种独立的意识形态,可以划分为以下三个阶段。

(一)古代军事思想

古代军事思想的内容包括奴隶社会和封建社会两个时期的军事思想。至于在此之前的军事思想的萌芽,因无文字可考证,在此不作叙述。它的产生和发展主要集中在两个相对独立的区域,即中国和古代地中海一带沿海国家。

1. 中国古代军事思想

人类文字记载所反映的军事思想最早见于古代中国,即公元前 21 世纪至公元前 8 世纪处于奴隶社会时期的中国。我国先后建立了夏、商、西周三个王朝,这是我国古代军事思想的初步形成时期。从夏王朝开始,私有制已经确立,阶级已经形成,国家已经产生,军队已经出现。这个时期军队数量不多,武器也很简陋,士兵主要是用木、石兵器,作战方式基本以密集队形进行团队正面肉搏冲杀。这个阶段产生了一些萌芽状态的兵书,例如商代甲骨文、商周的金文中就有大量关于军事活动的记载。一些有关军事基本问题的认识成果,主要记录在《尚书》、《易经》和《左传》等文献中。西周时期已出现《军志》、《军政》等军事著作,虽早已失传,但它是我国古代军事思想形成的重要标志。从这些史籍中,可以看到当时人们对建军、作战等问题的一些规律性认识。在军队建设上提出了以"礼"治将、以"刑"治兵等思想;在战争指导上更多的是"先弱后强、争取主动后决战"、"先人有夺人之心,后人有待其衰"等谋略思想;在对战争的认识上,强调天命、伸张正义和保民,经常以占卜、观察星象等来决定战争行动。我国古代夏、商、西周时期的军事思想,虽尚欠系统和科学,但内容之丰富,对一些战争基本问题的认识之深刻,仍是对人类精神文化的重要贡献。

公元前 8 世纪初到公元前 3 世纪末,是中国逐渐由奴隶社会进入封建社会的春秋战国时期,也是中国古代军事思想蓬勃发展的时期。因为阶级矛盾不断深化,所以战争连绵不断,战争规模不断扩大,而且形式多样。许多代表新兴地主阶级的军事家和军事著作不断涌现,从战争论、治兵论、用兵论及研究战争的方法论等方面,全面奠定了我国古代军事思想的基础,标志着我国古代军事思想已基本成熟。现存最早、影响最大的就是春秋末期孙武所著的《孙子兵法》，它总结春秋末期及其以前的战争经验，在一定程度上反映了人们对战争一般规律的认识，具有深刻的谋略思想。

公元前 3 世纪初到公元 10 世纪中叶，我国主要经历了秦、汉、晋、隋、唐等几个王朝，是中国封建社会发展的上升阶段，军事上也是处于“开疆拓土”的鼎盛时期，军事思想也得到了进一步的发展。在这一时期的战争中，政治斗争与军事斗争的结合、谋略和决策的运用以及作战指挥艺术都达到了相当高的水平。这个时期造就了许多著名的军事家和将领，如秦始皇、张良、霍去病、诸葛亮等；同时也出现了许多总结军事斗争经验的兵书，流传下来的主要有《黄石公三略》、《李靖兵法》、《李卫公问对》、《太白阴经》等，其中《黄石公三略》和《李卫公问对》被后世列入将领必读的兵书，选入《武经七书》之中。

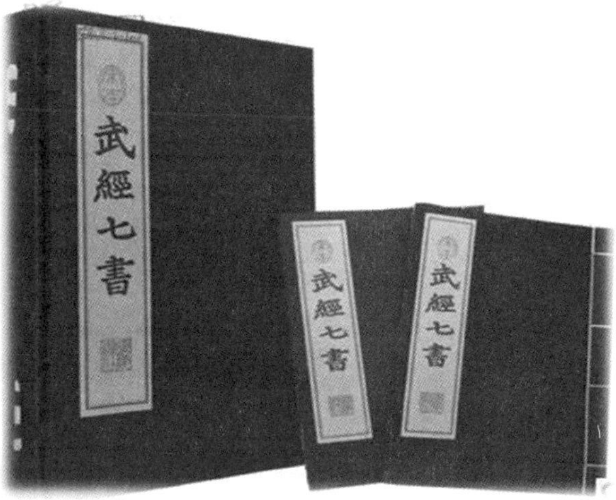

武经七书

从公元 960 年到公元 1840 年，中国历经宋、元、明、清（前期）四个朝代。这是封建社会的后期，也是中国古代军事思想形成完整体系的重要时期。这个时期火药和火器逐渐适用于战争，进入了冷、热兵器并用的时代。宋朝为了维护统治，统治者开始重视武学；集中人力开始官修兵书，确立了兵书在封建社会的正统地位。北宋组织编撰的《武经总要》是我国古代第一部军事理论著作汇编，它对军事组织、军事制度、用兵选将、步骑训练、战略战术、武器装备的制造和使用、军事地理、历代用兵事例、阴阳星占等各方面都有论述。其后汇编的《武经七书》被定为武学教材，是我国第一部军事理论丛书选集，为培养军事人才、繁荣军事学术发挥了重要作用。

中国古代军事思想有着丰富多彩的内容，是中国历代军事活动经验教训的总结和提炼升华，是中华民族灿烂文化遗产的一个重要组成部分，它对中国近现代军事思想乃至世界军事科学的发展有着深远的影响。

2. 外国古代军事思想

公元前 8 世纪到公元 5 世纪，在中国春秋战国军事思想趋于成熟及秦汉、三国、两晋军事思想不断发展的同时，位于地中海一带的沿海国家的军事思想，也从起步到发展并获得了丰富的成果。在处于西方古代奴隶制社会时期的地中海沿海国家中，尤以古代希腊军事思想和古代罗马军事思想为典型代表。

古希腊的军事思想主要散见于希罗多德的《希腊波斯战争史》、修昔底德的《伯罗奔尼撒战争史》、色诺芬的《远征记》，及普鲁塔克、伯里克利、亚历山大等人的历史著作和军事实践中。古希腊的军事思想渊源于古代东方，由古埃及、巴比伦，经波斯而被希腊人所接受和发展。在漫长的战争年代里，希腊人运用了许多适应当时情况的战略战术并不断有所发展，它虽然抽象概括程度不高，具有经验性直观的特点，也还有唯心的东西，但占主导地位的是朴素唯物主义，因而也是古代军事思想发展的一个源泉。

延伸阅读

伯罗奔尼撒战争

伯罗奔尼撒战争是以雅典为首的提洛同盟与以斯巴达为首的伯罗奔尼撒联盟之间的一场战争。这场战争从公元前 431 年一直持续到公元前 404 年，其中双方几度停火，最后斯巴达获胜。

这场战争结束了雅典的经典时代，结束了希腊的民主时代，强烈地改变了希腊的国家。几乎所有希腊的城市国家参加了这场战争，其战场几乎涉及了整个当时希腊语世界。在现代研究中也有人称这场战争为古代世界大战。

这场战争不但对古代希腊而且对历史学本身有重要的意义。它本身是第一次科学地、历史学地被记录下来的史实：希腊历史学家修昔底德在他的《伯罗奔尼撒战争史》中详细地记录了当时的事件。这个记录到公元前 411 年冬中止，修昔底德分析了这场战争的原因和背景，他的分析对欧洲的历史学是有先驱作用的。修昔底德后色诺芬在他的《希厄洛》中继续了修昔底德的工作，记录了公元前 411 年后的事件。

值得注意的是古希腊人并不称这场战争为伯罗奔尼撒战争，这个名称是后来人所起的。修昔底德本人称之为伯罗奔尼撒人与希腊人之间的战争。

古罗马的军事思想，主要见之于恺撒的《高卢战记》、阿里安的《亚历山大远征记》、弗尤蒂努斯的《谋略》、奥尼山得的《军事长官指南》、韦格蒂乌斯的《兵法简述》及波里比阿、阿里安、普鲁塔克关于罗马历史的著作，主要代表人物是迦太基统帅汗尼拔、古罗马的统帅费边以及古罗马帝国的第一个皇帝屋大维等。古罗马军事思想是在古希腊军事思想的基础上发展起来的，而又有所发展。

从公元 476 年西罗马帝国灭亡，至 1640 年英国资产阶级革命开始，是欧洲的封建社会时期。这个时期尖锐的阶级矛盾导致战争连绵不断。而生产力的发展、军事技术的进步和丰富的战争实践，产生了具有中世纪时代特色的军事人物和军事著作。军事理论著作主要有：东罗马皇帝毛莱斯基的《战略学》，李欧的《战术学》，意大利马基雅维利的《战争艺术》，普鲁士的弗里德里二世著的《战争原理》、《军事典范》等。总的来说，由于封建社会的割据、经济发展的缓慢、军事制度的落后，加之受宗教思想和经院哲学的限制，所以严重地阻碍了军事理论和战争艺术的发展。但在这个时期特别是后期，军事思想仍得到了一定的发展。它是西方古代军事思想发展过程中的一个阶段，既是对古希腊、古罗马军事思想的继承和发展，又为西方近代资产阶级军事思想的产生创造了条件。

(二)近代军事思想

从 1640 年英国资产阶级革命至俄国十月革命，为世界近代史。世界近代史是资本主义形成与上升、无产阶级作为独立的政治力量开始登上历史舞台的时代。近代军事思想发展的总体特征为：一是欧洲一些国家率先实行军事思想的变革，资产阶级军事思想体系得到确立；二是以马克思主义军事理论为代表的无产阶级军事思想宣告诞生。

1. 近代资产阶级军事思想

资产阶级军事思想产生至今已有数百年的历史，它随着资本主义生产方式在欧洲一些国家的逐步确立而产生形成，并随着资本主义社会和战争的发展而演变。同时，由于资本主义在世界范围的扩展，资产阶级军事思想也先后传播到东方的一些国家。中国古代传统军事思想，也在西方资产阶级军事思想冲击和影响下，而逐渐形成了具有一定中国特色的资产阶级军事思想。

(1)外国近代资产阶级军事思想

15 世纪和 16 世纪之交，最早可追溯到欧洲文艺复兴时期。意大利政治家马基雅弗利在总结古罗马历史经验基础上提出，君主要巩固自己的权势，必须专心致力于战争，切实从掌握军事力量，并于 1521 年发表了他的著作《论战争艺术》。

从 17 世纪中期英国资产阶级革命战争到 19 世纪初的拿破仑战争，是资产阶级军事思想形成的最重要时期。在此期间，资产阶级革命的爆发和资本主义生产方式、政治制度的确立，经济的迅速发展，科学技术的进步，使得社会的各个方面发生了深刻的变化，包括军事思想的不断变革。当时频繁的战争实践，又为从事军事理论研究提供了必要条件，涌现出一大批军事家和军事理论家。主要有俄国苏沃洛夫的《致胜的科学》、瑞士若米尼的《战争艺术概论》、普鲁士克劳塞维茨的《战争论》、比洛的《新战术》、法国吉贝特的《战争通论》等。他们对军事的一些基本问题，如战争的本质、军队建设、作战指导和战略战术等作了较全面系统的理论概括。

普鲁士克劳塞维茨与《战争论》

(2)中国近代资产阶级军事思想

1840 年鸦片战争后，中国逐步沦为半殖民地半封建社会，中国古代军事思想在西方资产阶级军事思想的冲击和影响下，发生了此消彼长或相互融合的历史性演变。林则徐、魏源等有识之士提出了“师夷长技以制夷”的主张，开始学习研究西方资产阶级军事思想和军事科技，使我国近代军事思想既有我国古代军事思想的根基，又有西方资产阶级军事思想的色彩，标志着变革传统军事思想的开端。第二次鸦片战争后，统治阶级中的有远见之士，如曾国藩、左宗棠、李鸿章等，提出了“器利兵精”和“自强以练兵为要，练兵又以制器为先”的方针，开始兴办中国近代军事工业，引进、仿造西式的枪炮、战舰，装备和训练军队，还着手兴办海军、陆军等学堂，选派学生出国留学，翻译和编著多种军事书籍，从各个方面介绍西方的军事理论和军事技术。辛亥革命后，以孙中山、黄兴为代表的资产阶级民主革命的兴起，给近代中国革命带来了一道曙光。他们几经挫折，逐渐认识到建立一支革命军队对于中国革命的绝对必要性，要把武装斗争放在革命斗争的首位，提出军队必须与“国民相结合”，使之成为“国民之武力”的建军思想。在此期间，北洋军阀政府的陆海空军，基本上也是按西方操典进行训练的。所以，从清末的洋务派代表人物，到辛亥革命后的北洋军阀，在军事上形成的一套理论，都带有西方资产阶级军事思想的深刻烙印。

综上所述，几个世纪以来，资产阶级军事思想得到了全面的发展。它对封建社会的军事思想来说，是个巨大的突破，在军事思想发展史上占有重要的地位。它的许多内容，反映了近代战争的规律，因而成为无产阶级军事思想的重要认识来源。我们要辩证地看待资产阶级军事思想，既要看到它进步的科学的方面，又要看到它历史阶级的局限方面，才能对资产阶级军事思想采取正确的态度。

2. 近代无产阶级军事思想

近代无产阶级军事思想作为一种崭新的军事思想体系，也是在近代确立的。它的创造和概括主要是由马克思、恩格斯完成的。马克思、恩格斯所处的时代是自由资本主义高度发展并开始走向反动的时代，为适应当时工人运动发展的需要和迎接将要到来的无产阶级革命，他们共同创造了马克思主义军事理论，吸取了资产阶级军事思想的有益部分，运用无产阶级的世界观和辩证唯物主义、历史唯物主义，研究当时和历史上的战争，正确揭示了战争和军队同社会生产方式之间的内在联系，阐明了军事领域的若干规律，特别是关于无产阶级武装夺取政权的一些根本问题。这些思想主要反映在马克思、恩格斯的《共产党宣言》、《德国的革命和反革命》、《法兰西内战》、《反杜林论》等一系列著作中。其内容可以概括为几个方面：第一，关于战争的根源、性质学说；第二，关于暴力革命与武装夺取政权的学说；第三，关于建立无产阶级军队的学说；第四，关于人民战争的学说；第五，关于战略战术的学说。

以马克思主义军事理论为标志的近代无产阶级军事思想，使军事科学领域实现了根本变革，是无产阶级和一切被压迫人民进行革命武装斗争，取得制胜的科学指导，为解决军事领域的问题提供了科学的基本观点和基本方法，为无产阶级军事思想的发展奠定了坚实的理论基石。

(三)现代军事思想

1917 年俄国十月社会主义革命的成功，标志着人类文明跨入了现代史时期，而世界现代军事思想的孕育，则可推至 19 世纪和 20 世纪之交。

1. 现代资产阶级军事思想

从 19 世纪中期到第二次世界大战结束，是资产阶级军事思想的丰富和发展时期。在这 100 多年左右的时间里，随着工业的发展和科学的进步，军事技术装备有了巨大的发展，出现了许多新式武器装备和新的军兵种，随之而来的是战争样式和作战方式的变革，为新的军事理论的问世准备好了条件。为了适应新的历史条件和战争的需要，各种军事思想和军事理论著作应运而生。主要体现在以下几个方面：一是“空中战争”理论，又称“空军制胜论”；二是“机械化战争”理论，也称“坦克制胜论”；三是“总体战”理论；四是“核武器制胜”论。

2. 现代无产阶级军事思想

在这一阶段，无产阶级军事思想在世界范围内蓬勃发展。列宁在领导俄国十月社会主义革命和反帝国主义武装干涉及国内战争中，从帝国主义和无产阶级革命时代的特点与俄国的实际出发，创立了关于战争与革命、武装起义和建设工农红军、实行全民战争等学说，为马克思主义军事理论谱写了新篇章。其代表性的军事著作有：《旅顺口的陷落》、《革命的军队和革命政府》、《莫斯科起义的教训》、《社会主义与战争》、《战争与革命》、《无产阶级革命的军事纲领》等。

世界其他一些国家的无产阶级政党在领导本国人民的革命武装斗争中，创立了各具特色的军事思想。其中最为光彩夺目的一颗明珠，就是产生和形成于中国革命战争之中并在新中国建立后继续发展的毛泽东军事思想。以毛泽东为主要代表的中国共产党人，把马克思主义军事理论与中国革命战争的具体实践相结合，创立了具有中国特色的无产阶级军事思想，即毛泽东军事思想，并使之成为指导中国革命战争不断走向胜利、指导新中国军队和国防建设不断取得巨大成就的理论武器。

三、军事思想的地位与作用

按照辩证唯物主义和历史唯物主义的基本观点，在人类社会的发展进程中，精神对于物质具有重要的反作用。因此，在军事领域，军事思想同样对于战争实践具有反作用，并且由于战争相对于其他社会活动更加缺乏确定性，因而军事思想对于战争实践的反作用就更加显著，甚至对战争和军事实践活动的成败具有决定性影响。军事思想不仅是认识战争、准备和实施战争的强大思想武器，而且对于做好其他领域的社会活动也具有重要作用。

（一）军事思想是军事实践的重要行动指南

作为军事实践的能动反映、理论概括，军事思想揭示了军事领域的一般规律，是军事实践的重要行动指南。军事思想对军事领域的规律反映得越深刻、越正确，它对军事实践的指导作用也就越大，人们就可以在战争中掌握主动，少犯错误、多打胜仗。古往今来，任何时代的军事家都十分重视军事思想的先导作用。因此，在战争和军事实践中，只有坚持军事思想和军事实践的辩证统一关系，做到主观和客观相统一，才能使军事实践不会成为盲目的实践，才能充分发挥军事思想的能动指导作用，正确地认识和指导战争。

在现代科学技术日益发达的今天，军事思想对战争和军事实践的先导作用越来越显示出其重要性，各国普遍把对军事理论的研究提高到与发展武器装备同等重要的地位来认识。我国要建设世界一流军队、打赢未来信息化战争，需要解决一系列重大问题，同样也离不开正确军事思想的指导。

（二）军事思想是研究各门具体军事学科的理论基础与根本方法

在军事理论科学研究领域中，基础理论研究和应用理论研究是它的两个基本组成部分。与此相对应，大体分为军事思想和军事学术两个门类。军事思想作为军事科学的基础理论，为应用理论研究指明方向，确定基本的原则和方法，使其具备坚实的理论基础。而应用理论研究则是基础理论研究的深化，是军事思想的具体应用。研究军事学术，如果没有正确的军事思想为指导，就不可能有正确的方向和道路，就不能对现实问题及其发展趋势进行正确的分析和判断，就找不到解决问题的正确途径和方法。

军事思想对其他学科的指导，体现在它是研究各自领域特殊规律时的理论基础，能够揭示一般规律，提供基本的军事观和方法论。

(三)军事思想对其他社会实践有着重要的借鉴意义

军事思想是战争和军事规律的总结,而战争和军事活动,都是社会实践活动,因此军事思想本质上也是社会实践活动规律的反映,因而对政治、经济、外交等各个领域的社会实践都有借鉴指导作用。譬如《孙子兵法》诸多的战争指导规律,都已经成为政治、外交斗争和进行经济建设的座右铭,“战略”概念的运用,早已跨出军事的范围,出现了政治战略、外交战略、经济发展战略、农业发展战略、城市发展战略等。体育比赛中重视对进攻和防御战术的研究和运用,市场竞争中借鉴军事思想提出的许多巧妙的策略和艺术等,都说明军事思想对其他领域具有广泛的借鉴意义。

总之,军事思想揭示的战争准备与实施的一般规律,提出的系列原理和原则,既是军事斗争规律的科学反映,又是人类社会实践和竞争、对抗的大智慧,既是人类生存与发展的总体线索,也是各国和各民族战略文化传统及思维方式的传承。作为人类社会的宝贵财富,军事思想会在人类社会活动的其他领域继续发挥它的作用。因此,不管做什么工作、研究什么问题,都应该自觉地从军事思想中吸取营养,增强我们工作的原则性、系统性、预见性和创造性。

复习思考题:

1. 军事思想具有哪些鲜明的特征?
2. 军事思想的形成发展经历了哪些阶段?
3. 军事思想具有怎样的重要作用?

第二节　外国军事思想

一、外国军事思想的主要内容

外国军事思想,主要指西方奴隶社会、封建社会、资本主义社会时期的政治家、思想家和军事家关于战争、军队等一系列军事问题的理性认识,是西方国家各历史阶段军事实践经验的理论升华。

(一)外国古代军事思想

在西方古代的奴隶制社会时期(公元前 8 世纪～公元 5 世纪),古希腊、古罗马等奴隶制国家,在长期的战争实践中涌现出许多著名的将领和统帅,产生了古希腊和古罗马时代丰富的军事思想。之后,在长达 1 100 多年的欧洲中世纪时代,由于封建割据的庄园经济、宗教思想和经院哲学的禁锢,军事思想的发展受到极大限制,直到封建社会后期,随着中国火药、火器的传入以及始自意大利文艺复兴的影响,外国古代军事思想才有了缓慢发展。

1. 战争观

对于战争根源,古希腊哲学家柏拉图把战争的起因归结为人的贪婪。亚里士多德认为,在战争中所得蛮族俘虏以及向蛮族地区猎取男女用作奴隶,都是财产的一部分,这种观点从阶级斗争的角度说明了战争的起因,在某种程度上是为当时正在走向没落的希腊奴隶制辩护。对于影响战争胜负的因素,古希腊人已经注意到战争对经济的依赖,认为“战争的胜利全靠聪明的裁判和经济的资源”,“只有金钱才能使军备发挥效力”。此外,古希腊人已意识到战争与和平的辩证关系,他们常派出使节,呼吁恢复和平,争取政治上的盟友。

2. 战略战术思想

古希腊人强调重视战备，制订周密计划，发挥自身优势，以己之长击敌之短；先发制人，积极进攻，突然袭击，出奇制胜；海军与陆军密切配合，夺取和掌握制海权；巧用各种器械和手段攻城，修筑重城重壕守城。古罗马军事思想认为，要通过外交广泛联盟，孤立对手，恩威并举，实现自己的目的；主张以进攻为主、防御为辅；在被迫处于防御地位时，也总是通过向敌后等薄弱处进攻，力求改变攻防态势，变防御为进攻。在欧洲进入中世纪后，军事思想领域开始初步涉及战略学、战术学概念，同时还认识到制海权的重要，认为控制了海洋就可以赢得和守住巨大的海外领土。

古希腊人认为战术是“将兵术”的一部分，包括编组战斗队形及在不同情况下的具体运用。古希腊先后形成以快速冲击和两翼夹攻著称的雅典方阵，由纵深 8 列长矛兵组成的斯巴达方阵，集中主力于一翼的斜切战斗队形以及诸兵种联合的马其顿方阵等；海战中采用了先进的撞角、接舷战术，从而使古希腊军队的战术水平、机动和攻击能力长期居于世界前列。苏格拉底认为，在许多场合下以同一方式排列阵营或带队是不合适的。

3. 建军思想

在武器装备建设方面，为了称霸地中海，雅典将军地米斯托克利以“雅典的未来在海上”做号召，力主投入巨资建造大批战舰，扩充海军。对各处设计新颖的攻城器械，古希腊将军们与政治家也十分重视。

在军队教育训练方面，古希腊将帅重视激发将士的尚武精神，宣扬爱国思想，培养官兵视死如归的勇气、吃苦耐劳的作风和强烈的集体荣誉感。斯巴达城邦甚至规定，儿童从 7 岁起就全部由国家收养，编入连队。柏拉图非常强调纪律与服从，并认为理想的城邦需要一个专门从事战争的第二等级，他们平时辅助第一等级（统治者）从事统治，战时则成为执行军事任务的战士。色诺芬对纪律的重要性概括较为深刻，对训练官兵提高军事技能方面的概括较为全面。古罗马军事思想家韦格蒂乌斯在《兵法简述》中，确立了兵为胜利之本的理论支点。韦格蒂乌斯认为，在战争中夺取胜利的根本保证，是建立并拥有一支训练有素的军队。罗马人之所以能够征服世界，靠的是军事训练、机巧地安营扎寨的技艺和自身的军事素质。他认为，熟悉整军经武之道使人在战斗中勇气倍增。一个人要坚信对自己的事业完全在行，他就会无所畏惧。实际上，一个人数较少但训练有素的队伍在作战时往往更易于夺取胜利，而庞大臃肿、缺乏训练的乌合之众注定会大败亏输。

在军人素质培养方面，随着战争进程复杂化与规模扩大化，对普通士兵的作战经验和纪律性的要求越来越高，对将领的素质要求更严。苏格拉底认为一个好的将领应当认真研究将兵术，能够为战争的必要事项进行准备等。色诺芬把指挥官的素质概括为：勇武、正义、慷慨、信义，亚历山大则强调以身作则。古罗马军事思想家韦格蒂乌斯认为：善于正确判断敌我双方实情的将领将立于不败之地；一个警觉的、镇定自若的、聪明的将帅由于能密切注意自己的部队和对方部队的一切情况，他就会像法官处理民事案件双方之间的矛盾那样做出判断。

（二）外国近代军事思想

近代西方资产阶级在文艺复兴运动和启蒙运动等的影响下，在热兵器和机械化武器装备占主导地位的战争实践中，先后出现了《战争论》、《战争艺术概论》、《海上力量对历史的影响》、《制空权》、《总体战》、《机械化战争论》和《战略：间接路线》等大量军事理论著作和军事学说。这些著述在战争观、战略、建军及作战等方面提出了一系列颇有价值的思想观点，并逐步形成了资产阶级军事理论体系的基本内容。

1. 战争观

从总体上说，近代西方国家的战争观是为资产阶级政治服务的，主要是建立在唯心主义的基础之上的。关于战争本质，19世纪普鲁士军事理论家克劳塞维茨从绝对战争和现实战争这对基本概念入手研究战争本质，得出了“战争无非是政治通过另一种手段的继续”的结论。关于战争根源，西方近代资产阶级战争观从抽象人性论和唯意志论出发，或把战争看作是人类社会的永恒现象，或主张通过改变人的本性、唤醒人的良知来制止和消除战争。其主要学派有：自然主义战争论、新马尔萨斯主义战争论、地缘政治学战争论、非理性主义战争论、种族主义战争论、心理决定战争论等，这些理论反映了资产阶级在阶级观、历史观及世界观等方面的巨大局限性。对于战争的制胜因素，西方近代军事理论家对于物质因素尤其是精神因素与战争胜负的关系有较为深刻的论述。而对数学、地理因素的重视，成为西方近代早期军事思想的一大特色。高度重视新技术在战争中的作用，宣扬各种新式武器制胜，是西方近代后期军事思想的鲜明特点。

2. 战略思想

19世纪末20世纪初，资本主义进入垄断阶段，世界列强竞相利用产业革命所提供的物质、经济条件，加紧在全球争夺势力范围，适应这一需要的战略思想应运而生，如总体战理论、地缘战略论和间接路线战略等。社会生产力的提高和科学技术的进步带来了军事技术和武器装备的革命性发展，从而引起了战争形态的变化，战争规模的扩大、战争空间的增加为战略思想的繁荣提供了肥沃的土壤，具有创新意义的海权论、空军制胜论和机械化战争论等得以产生并付诸实践。

3. 作战指导思想

西方资产阶级军事家十分重视从以往的战争中总结经验教训。同时，一些有远见卓识的将领还注重根据军事技术和武器装备的发展，进行作战思想的创新，提出了一些在当时较为先进的作战理论。这些经验教训和作战理论中包含着速战速决、主动进攻、积极防御、消灭敌人有生力量、集中兵力、机动作战、迂回包围、机动包围等丰富的作战思想和原则，产生了“闪击战”、“海权论”、“狼群战术”，是西方近代多数资产阶级军事家共同遵循的指导思想，其许多内容对于今天的作战仍具有一定的指导意义。

4. 建军思想

资产阶级在同封建势力的斗争中，由于进行革命和战争的需要，逐渐产生了为本阶级服务的新型军队，确立了新兴资产阶级军队的建军原则，在强调军队的武德、士气和将帅的作用，倡导军队的机械化、小型化和职业化，加强军队的纪律和训练，注重更新武器装备和扩建新的军兵种等方面产生了较为深入的认识，形成了适应本阶级特色的军队建设理论。

(三)外国现代军事思想

第二次世界大战结束以后，随着科学技术的迅猛发展，军事技术和装备发展迅速，导弹、核武器、常规高科技兵器纷纷涌现，战争形态和作战方式呈现出许多新的特点。与此同时，新的军事理论也不断涌现，以美国为代表的西方军事思想进入了一个快速发展时期。

1. 战争观

受欧洲传统的重商主义、社会达尔文主义、科学主义和美国的门罗主义、世界主义、实用主义等观念的影响，西方资产阶级战争观反映出鲜明的霸权主义、强权至上的政治取向。

(1)战争的起因和根源。冷战期间，西方国家普遍认为美苏两极争霸及两大阵营的对抗是主要的战争起因，带有明显的争霸思维和对抗思维的特征。冷战结束后，西方对战争根源问题产生新的看法,其中代表人物为美国政治学家塞缪尔·亨廷顿的文明冲突论,其实质是为美国维护其全球霸权、重建世界秩序提供理论支撑,为美国发动战争制造借口。

(2)战争性质。西方强国对于战争性质的态度实质就是实用主义的哲学观、重商主义的国家利益观和社会达尔文主义的国际生活观在战争基本认识上的集中反映。

(3)战争与政治的关系。西方国家普遍接受了克劳塞维茨关于"战争无非是政治通过另一种手段的继续"的论断,认为战争应该服从和服务于政治的需要。近年来,西方国家进一步强调战争所具有的政治从属性,要求军事力量的使用必须服从和服务于政治目标。

(4)战争与经济、科技的关系。西方军事理论界普遍认为,战争不仅取决于武装力量的强弱,更取决于国家的经济实力,普遍认为科学技术能够改变战场面貌、战争进程、战争方式,甚至左右战争结局。西方还普遍认为人类社会已进入信息时代,信息技术在军事上的应用引起新军事革命,未来战争将是信息化战争。信息作战已成为具有决定性意义的作战形式,能否掌握信息优势是打赢未来战争的关键。

(5)人与武器的关系。20 世纪 80 年代以后,美国军界和理论界逐渐取得一致认识,战争是由人而不是机器去进行的,人的因素在未来战争中起决定作用,强调人的精神状态、人的素质决定战争的进程和结局。

2. 战略思想

第二次世界大战结束后,西方国家的国家安全战略和军事战略进行过多次调整,但其基本思想和基本逻辑没有根本性的变化,始终离不开以遏制、联盟、威慑和核战略为核心内容的战略思想。

(1)遏制战略思想。第二次世界大战结束以后,美国外交家、战略思想家凯南提出了遏制战略思想,其核心思想是:以压倒优势的强大军事力量作为外交的后盾,以政治遏制为实现遏制目标的主要手段,军事力量与政治力量互为补充和促进,谋求不通过战争手段达成美国争霸全球的战略目标。冷战结束后,遏制战略思想仍然在美国的国家安全政策中得到延续,其实质是,以对美国全球霸权构成威胁的或可能构成威胁的国家为目标,通过运用包括军事力量在内的全方位战略手段挤压对手的战略空间,缩小对手的"势力范围",遏制对手的发展和崛起,从而实现独霸世界的目的。

(2)联盟战略思想。指两个以上国家或政治集团结成一定形式的安全合作关系,以保证自身安全和其他利益的战略。

(3)威慑战略思想。指国家或政治集团之间,通过显示武力或表示准备使用武力的决心,以期迫使对方不敢采取敌对行动或使行动升级的一种战略行为。威慑战略思想是战后大国军事战略的基本思想之一,是冷战思维的产物,是冷战时期美苏核战略的有机组成部分。

(4)核战略思想。主要包含冷战时期美国的"大规模报复"战略思想、"相互确保摧毁"核战略思想、"确保生存"的战略思想和冷战后削减核武器战略思想,以及英法国家的"最低限度核威慑战略"、"有限核威慑战略"等以弱制强的核威慑战略思想。

3. 作战思想

美军始终根据新的战略要求和军事技术的牵引,不断创新作战思想,并在海湾战争、科索沃战争、阿富汗战争和伊拉克战争中加以实践,引领了西方国家作战理论的发展方向。

(1)联合作战思想。联合作战,统一组织使用两个或多个军种部队完成同一作战任务的作战,泛指由联合部队或未组成联合部队的不同军种部队所采取的军事行动。

(2)信息作战思想。信息战,战时或危机时,在保护己方信息和信息系统的同时,干扰、破坏敌方信息和信息系统，以保持或夺取信息优势为根本目的而采取的一系列军事行动。

(3)太空作战思想。太空战、天战或外层空间战，是指运用或针对太空军事力量而实施的攻防作战，太空作战思想主要反映在夺取制天权、太空威慑、太空作战的样式三个方面。

(4)网络中心战思想。指军队利用计算机网络，将战场上各种分散配置的侦察探测系统、指挥控制系统和精确火力打击系统集合成为一个统一高效的作战体系，实现各作战单元和各作战职能系统一体化、各级作战部队和人员共享战场态势信息，把战场信息优势转化为作战行动优势的一种作战指导思想。

4. 建军思想

第二次世界大战以后，西方各国由于国情不同、所处的战略环境不同、国家安全目标和军事战略思想不同，因此在军队建设与发展问题上的理性认识存在很大差异。但由于大多数西方国家同处于以美国为首的北约军事集团之中，在联盟中实施联合作战的现实需求使得各国的主要建军思想逐步趋于一致，而美国超强的军事实力和不断创新的发展意识使其建军思想对其他国家具有一定的示范和辐射作用。

二、外国军事思想的代表性著作

《战争论》是19世纪资产阶级经典军事理论著作，自1832年面世以来，其各种译本在世界范围广为流传，被西方国家推崇为军事理论的代表作，并被奉为军事院校的教科书和军官的必读书。作为法国资产阶级革命和拿破仑战争的理论总结，《战争论》受到德国古典哲学的深刻影响，是德意志军事改革的思想结晶。这部著作不仅奠定了近代西方资产阶级军事理论的基础，而且也是马克思主义军事科学的重要理论来源之一，在军事思想发展史上占有很重要的地位。

《战争论》作者克劳塞维茨(1780—1831)，普鲁士将军、军事理论家和军事历史学家。克劳塞维茨所处的时代，是欧洲工业革命、民族革命和民族解放运动相继发生大变革的时代。《战争论》的产生，与当时欧洲特别是德意志的社会政治、经济、军事、思想情况有着密切的联系。《战争论》共3卷、8篇、124章，中文译本达69万余字，主要论述了战争的性质、战争理论、战略、战斗、军队、防御、进攻和战争计划等问题，构成了一个内容丰富、思想精深的理论体系。

(一)关于战争

克劳塞维茨认为，战争是一个奇怪的三位一体，在不同情况下表现出不同的特点。在战争中，最终解决问题的是消灭敌人的军队。

克劳塞维茨指出："透过战争的全部现象就其本身的主要倾向来看，战争还是一个奇怪的三位一体，它包括三个方面：一是战争原有的暴烈性，即仇恨感和敌忾心，这些都可以看作是盲目的自然冲动；二是盖然性和偶然性的活动，它们使战争成为一种自由的精神活动；三是作为政治工具的从属性，战争因此成为纯粹的理智行为。" 因此，克劳塞维茨将战争比喻作为一条真正的"变色龙"，认为战争的性质在每一具体情况下都或多或少有所变化。进而，克劳塞维茨提出，研究战争必须要注意三种属性的平衡。克劳塞维茨在世界军事思想发展史上第一次比较正确地说明了战争是社会政治现象，克服了以往人们脱离社会政治而抽象地解释战争现象的唯心主义战争观。但由于阶级和时代的局限，他的观点中也有着明显的缺陷。例如，他提出的"政治"，指的是国家一切利益的代表，或者国家之间的政治交往，而不是建立在经济基础和阶级关系之上的政治，因而抽掉了政治的经济基础，抹杀了政治的阶级性质。

克劳塞维茨在"战争中的目的和手段"中指出："在战争所能追求的目的中，消灭敌人军队永远是最高的目的。”他认为“战争是迫使敌人服从我们意志的一种暴力行为”。“用流血的方式解决危机，即消灭敌人军队，这一企图是战争的长子”，“消灭敌人军队不仅在整个战争中，而且在各个战斗中，都应该看作是主要的事情，这是我们的原则”。克劳塞维茨进一步指出，消灭敌人军队不仅指消灭敌人的物质力量，还包括摧毁敌人的精神力量。

（二）关于战争理论

克劳塞维茨认为，战争理论是研究使用训练有素的军队达到战争目的的理论，或称之为“作战理论”、“使用军队的理论”或“狭义的军事艺术”。

克劳塞维茨认为战争理论不是死板的规定而是一种考察，战争理论主要是帮助指挥官和从事战争的人们“确定思考的基本线索，而不应该像路标那样指出行动的具体道路”。战争理论和作战原则是一定时代的产物，各个时代有各个时代的战争和战争理论，必须具有时代的特点，适合特定国家的需要。

克劳塞维茨认为，军事家应在研究战史的基础上形成理论、提出原则。他把经验比作土壤，把理论和原则比作果实，认为理论的果实应成长在经验的土壤里。正因为理论不能离开实际，所以从战争理论的研究和学习的角度来讲，“光辉的战例是最好的老师”。但同时，他又辩证地指出，重视战史研究并不等于一切都要墨守成规，为经验是从。

（三）关于战略与战术

克劳塞维茨指出，“战略是为了战争目的运用战斗的学问”。一场战争中的各个战斗并非彼此孤立、互不相干的，它们相互配合，都服从一个总的意图或总的计划。这个总的意图或总的计划，就是战略。他的这一认识着重揭示出战略与战争、战斗的内在联系，从而比较正确地说明了战略的基本内涵。

关于构成战略的必要因素，克劳塞维茨认为主要有五类：精神要素、物质要素、数学要素、地理要素、统计要素。“这些要素在军事行动中大多是错综复杂并紧密地结合在一起的”，相互影响，共同发挥作用。因此，研究战略问题时决不能局限于某一种要素，而要把整个战争现象当作一个整体，综合分析各要素的特点及作用。值得注意的是，这五种要素的顺序并不是随意排列的。其中，精神要素排在第一位，认为“精神要素……是战争中最重要的问题之一”，体现出克劳塞维茨对战争的深刻观察和独到见解。应该说，克劳塞维茨的战略要素理论充分肯定了人在战争中的能动作用，具有一定的进步性。但也要看到，克劳塞维茨置身于近代第一次军事革命的浪潮之中，却未能高度重视当时已经出现的新兴军事技术及其巨大作用，在战略要素中只字不提军事技术问题，这无疑是一个严重缺憾。

克劳塞维茨深刻认识到集中兵力在作战中的重要性和必要性。他认为“数量上的优势不论在战术上还是在战略上都是最普遍的制胜因素”，“战略上最重要而又最简单的准则是集中兵力。……我们要严格遵守这一准则，并把它看作是一种可靠的行动指南”。对于如何集中兵力，他概括为“空间上的兵力集中”和“时间上的兵力集中”。同时，克劳塞维茨也指出集中兵力并非越多越好，他提醒人们：“根据情况不确实的程度保留一定兵力以备以后使用，也是战略指挥上的重要条件。”

克劳塞维茨认为，主力会战是决定战争胜负的时刻。只有通过主力会战才能达到消灭敌人军队的军事目的。他强调：“应该把主力会战看作是战争的集中表现，是整个战争或战局的重心。”要赢得主力会战的胜利，克劳塞维茨认为主要取决于四个方面的条件：会战所采取的战术形式；地形的性质；各兵种的比例；兵力的对比。在此基础上，克劳塞维茨还就统帅的精神力量提出了要求。他说：“要想进行主力会战，要想在主力会战中主动而有把握地行动，就必须对自己的力量有信心和对必然性有明确的认识，换句话说，必须有天生的勇气和在广阔的生活经历中锻炼出来的敏锐的洞察力。”克劳塞维茨主力会战的思想，对西方各国进行第一、二次世界大战有着直接影响，但他忽略了其他手段，尤其是和平手段的作用，带有暴力倾向。

(四)关于防御与进攻

克劳塞维茨关于防御与进攻问题有大量的论述，提出了许多有价值的思想。克劳塞维茨在总结和分析大量战史的基础上，经过深入研究和思考，提出了“防御是比进攻强的一种作战形式”的思想。同时，他也辩证地指出，防御与进攻的优劣是相对的，二者之间存在着相互包含、相互转化的关系。他认为，“战争中的防御(其中包括战略防御)决不是绝对的等待和抵御，也就是说，决不是完全的忍受，而只是一种相对的等待和抵御，因而多少带有一些进攻的因素”。因此，克劳塞维茨认为虽然防御本身的目的具有消极性，但手段应当是积极的，这样的防御才是好的防御。对此他作了一个形象的比喻：“防御这种作战形式决不是单纯的盾牌，而是由巧妙的打击组成的盾牌。”应该说，在19世纪之初，克劳塞维茨能够提出防御比进攻强和积极防御主张，体现了其思想的先进性。但同时也要看到，他的思想中也存在着一些不足：产生了积极防御的思想萌芽，但未能完全形成清晰的理论；仅仅把积极防御看作一种可以选择的战术形式或战略手段，未能上升到战争规律上来认识；强调决不要采取完全消极的防御，却又认为在某些情况下消极防御是必要的。

打击敌人重心，是克劳塞维茨提出的一个崭新的作战原则。克劳塞维茨认为，一支军队在作战时应确立其打击的重心。在一般情况下，敌人的军队是其最可能的重心。他指出：“不管我们要打击的敌人的重心是什么，战胜和粉碎敌人军队始终都是最可靠的第一步，并且在任何情况下都是极为重要的。”除军队之外，敌人的重心还可能是首都、同盟之间的共同利益、主要领导人和民众的情绪等。

“进攻的顶点”是克劳塞维茨提出的一个新概念。克劳塞维茨通过研究大量战争现象后认识到一条规律：“胜利者不是在每次战争中都能彻底打垮敌人的。胜利常常而且在大多数情况下都有一个顶点”。所谓“顶点”，指的是适时停止进攻的时刻。也就是说，“大多数战略进攻只能进行到它的力量还足以进行防御以等待媾和的那个时刻为止。超过这一时刻，就会发生剧变，就会遭到还击，这种还击的力量通常比进攻者的进攻力量大得多”。因此，克劳塞维茨要求进攻者要注意自己力量的变化，“依靠迅速而准确的判断来发现进攻的顶点”，在“顶点”到来之前达到进攻的目标；对防御者来者，则要设法使对方的“顶点”迅速到来。

(五)关于民众武装

关于民众武装的理论，是克劳塞维茨对军事理论的又一重要贡献。克劳塞维茨对民众战争的地位作用、实行条件、运用特点等作了详细的阐述，提出了一系列颇有新意的观点。

法国革命和拿破仑战争的实践，使克劳塞维茨注意到，自从民众介入战争之后，军队的面貌和作战的方式方法都发生了深刻变化。他指出，民众武装和起义尽管在个别方面还有缺点和不完善，但总的说来是能起很大作用的，它“像暗中不断燃烧的火焰一样破坏着敌人的根基”。基于这种认识，克劳塞维茨提出“民众武装是一种巨大的防御力量”的观点。

克劳塞维茨提出，要使民众武装产生效果，必须具备五个基本条件：“战争是在本国腹地进行的；战争的胜负并不仅仅由一次失败决定；战区包括很大一部分国土；民族的性格有利于采取这种措施；国土上有山脉、森林、沼泽，或耕作地等，地形极其复杂，通行困难。”为了正确组织和实施民众战争，克劳塞维茨提出了一系列有关民众武装的任务及使用原则：第一，民众武装不宜正面对抗敌军的主力，只能从外部和边缘蚕食敌军；第二，民众武装不宜凝结成反抗的核心，但必要时可相对集中；第三，民众武装的作战应与正规军的作战结合起来；第四，民众武装适于战略防御，但不适于战术防御。

应当说，克劳塞维茨的民众武装理论为后世的人民战争理论奠定了坚实的基础。但是，我们也应该看到，由于阶级的局限，他的某些观点还有着明显缺陷。最为明显的是，他“仅仅把民众战争看作是一种斗争手段，也就是只从用它对付敌人的角度来考察它”。按照这一观点，民众武装仅仅是一种手段，只能在外部力量威胁资产阶级国家利益时使用，至于民众本身的利益则是无足轻重的。这就赤裸裸地暴露出资产阶级欺骗和利用民众武装为本阶级利益服务的虚伪本质。

复习思考题：

1. 如何看待海权论、空中制胜论的历史作用与现实意义？
2. 在信息化战争条件下，克劳塞维茨集中兵力的原则对我们有什么启示？
3. 如何正确认识和把握西方关于战争性质的认识？
4. 如何看待西方现代作战思想的不断创新？

第三节　中国古代军事思想

一、中国古代军事思想的主要内容

中国古代军事思想，是指中国奴隶社会、封建社会时期的政治家、思想家和军事家关于战争、军队等一系列军事问题的理性认识，是中国古代各历史时期人们军事实践经验的理论升华。

(一)战争观

中国古代军事思想最早体现出了人类战争意识的觉醒和对战争问题的关注，并就战争起因、战争性质、对待战争的态度、战争与相关因素的内在联系等问题，形成了以下观点。

1. 兵者，国之大事

奴隶社会早期的战争指导者，在进行军事决策和行动时，往往以天象和占卜的吉凶定取舍，表现出浓厚的天意主宰人世的唯心论战争观。春秋时期，人们提出“国之大事，在祀与戎”、“兵者凶器”等观念。至春秋末年，孙子开宗明义地指出：“兵者，国之大事，死生之地，存亡之道，不可不察也。”这个科学的论断，在世界军事思想发展史上具有开辟鸿蒙的意义。

2. 兵之胜败，本在于政

战争作为阶级社会的一种特殊活动形态，总是与一定阶级的政治紧密关联的。战争与政治究竟是怎样的关系，古代兵家着重从以下几个方面进行了回答。第一，军事与政治为表里关系。《尉缭子·兵令上第二十二》指出：“以武为植，以文为种，武为表，文为里。”第二，军事上的胜败，从根本上说取决于政治。春秋时期的孙子把“道”列为决定胜负的“五事”之首，并强调“修道而保法，故能为胜败之政”。战国时期的兵家指出：“凡战法必本于政胜”、“治强不可责于外，内政之有也”。第三，致胜的核心是取得民众的支持。《孟子》指出：“得道者多助，失道者寡助”、“天时不如地利，地利不如人和”。《三略》指出：“治国安家，得人也；亡国破家，失人也。”由此可见，治国安邦，取决于民心的向背；战胜攻取，也取决于民心的向背。

3. 安不忘战，富国强兵

古人很早就深刻认识到忽视战备的危害性。《周易·系辞》提出："危者，安其位者也；亡者，保其存者也；乱者，有其治者也。是故君子安而不忘危，存而不忘亡，治而不忘乱。是以身安而国家可保也。"孔子指出："有文事者，必有武备，有武事者，必有文备。"《吴子》指出："夫安国家之道，先戒为宝。"这些观点都反映出重视战备的思想，只有"常讲武事"，在和平时期保持常备不懈，才能使国家立于不败之地。

在中国古代，凡是有作为的王朝、政治家、军事家，都非常重视富国强兵这一军事思想，认识到经济条件是进行战争的重要物质基础。《尉缭子》则指出：只要国家经济富庶且安定团结，纵然"民不发轫，甲不出囊，而威制天下"。《管子》说："国贫而用不足，则兵弱而士不厉；兵弱而士不厉，则战不胜而守不固；战不胜而守不固，则国不安矣。"齐威王时期曾围绕如何强兵的问题展开一场讨论，孙膑主张"富国"是"强兵之急"。

（二）战略思想

战略的核心思想是对战争全局的运筹和指导。中国古代战略思想的主体内容，大致可分为先胜思想、全胜思想和战胜思想三大部分。

1. 先胜思想

先胜思想是指在战争之前就使自己具备取得战争胜利的条件，是关于进行战争准备的战略思想。《孙子兵法·形篇》指出："昔之善战者，先为不可胜，以待敌之可胜；不可胜在己，可胜在敌。"由此可见，"先为不可胜"既是军事上的一条重要原则，也是全局上"立于不败之地"的战略思想。

2. 全胜思想

全胜思想是关于以万全之策，力争用最小的代价获取全局胜利的战略思想。它要求决策者利用"全"与"破"的辩证关系，最大限度地使敌人屈服而把敌我双方的损失减少到最小。《孙子兵法·谋攻篇》指出："凡用兵之法，全国为上，破国次之……是故百战百胜，非善之善者也，不战而屈人之兵，善之善者也。"后世兵家继承了孙子"不战而屈人之兵"思想，《六韬》中说："全胜不斗，大兵无创，与鬼神通，微哉！微哉！"

3. 战胜思想

战胜思想是通过战争手段夺取战争胜利的战略理论，是中国古代战略思想中最精彩的部分。其中包括丰富的辩证法内容，它强调"致人而不致于人"。李靖说，古代兵法"千章百句，不出于致人而不致于人而已"。《尉缭子》也说："善用兵者，能夺人而不夺于人。"在如何"致人而不致于人"的问题上，中国古代兵家把战争中一切有关主动权的问题，诸如致敌劳、致敌乱、致敌害、致敌虚、致敌误、致敌无备等，都列入"致人而不致于人"的范畴，主张在一定的客观物质基础上，充分发挥主观能动性，示形动敌，造势任势，并提出了"先为不可胜"、"以迂为直，以患为利"、"夺其所爱"、"攻敌之短"、"攻起必救"、"以逸待劳"、"避其锐气，击其惰归"等夺取主动权的方法。

先胜思想、全胜思想和战胜思想是一个密切关联的有机整体。从实际操作看，先胜是全胜、战胜的基础和前提；全胜策略不成功，就付诸战胜。战而胜之，又可反过来成为实施全胜战略的筹码，亦可增强国家或政治集团先胜的力量，即所谓"胜敌而益强"。

（三）作战思想

作战思想是关于作战问题的理性认识。中国古代作战思想极其丰富，择其主要予以论述。

1. 知彼知己，百战不殆

孙子首先提出了“知彼知己者，百战不殆；不知彼而知己，一胜一负；不知彼，不知己，每战必殆”，这是历代兵法所公认的一条极其重要的作战指导原则。《李卫公问对·卷下》要求将敌我做对比研究，认为“先料敌之心与己之心孰审，然后彼可得而知焉；察敌之气与己之气孰治，然后我可得而知焉。是以知彼知己，兵家大要”。这一作战指导原则强调的“知”不能是部分的、片面的，不能是表面的、肤浅的，也不能是静态的、一劳永逸的。总之，“知彼知己”揭示了定谋决策、用兵作战的客观基础，体现了普遍性的军事规律，具有强大的生命力。

2. 先计后战，诡道制胜

战争是关系生死存亡的大事，因此，古代兵家尤为强调“先计后战”。孙子把“计篇”放在其兵法十三篇之首，《管子》强调“计必先定于内”；《尉缭子》主张计要“先定”，虑要“早决”。秦汉以后，也都强调“用兵之法，先谋为本”。明代著名抗倭将领戚继光主张要打“算定战”，竭力反对打“舍命战”和“糊涂战”。可见，“先计而后战”是传统的谋略用兵方法。

战争之所以更少确定性，更多盖然性，除了战争运动有其特殊规律之外，兵行诡道便是一个重要原因。《孙子兵法》第一次鲜明地提出“兵者，诡道”、“兵以诈立”。

3. 活用奇正，避实击虚

“奇正”是我国古代兵法中的一个重要范畴。《孙子兵法·势篇》指出：“战势不过奇正，奇正之变，不可胜穷也。”一般来说，常法为正，变法为奇。在兵力使用上，担任守备、箝制的为正兵，机动、突袭的为奇兵；在作战方式上，正面进攻、明攻为正，迂回、侧击、暗袭为奇；在作战方法上，按一般原则作战为正，采取特殊战法为奇。古代兵家作战指导强调出奇制胜，在奇正之变中特别注重奇兵的运用。唐代李靖讲：“善用兵者，无不正，无不奇，使敌莫测。故正亦胜，奇亦胜。”

“虚实”是古代兵法中的一个重要命题。有利的方面为“实”，不利的方面为“虚”。“虚”是指怯、弱、乱、饥、劳、寡、不备；“实”是指勇、强、治、饱、逸、众、有备等。《唐太宗李卫公问对》中称：“观诸兵书，无出孙武，孙武十三篇，无出《虚实》。”随着战争的发展，“实”与“虚”的内容也表现出许多新的变化，但是作为一条军事原则，它至今仍有其生命力。

4. 我专敌分，以众击寡

集中兵力、以众击寡是我国古代兵家作战指导的一条重要战术原则。孙子最早突出强调，在作战时要“我专而敌分”、“以众击寡”。后世兵家在继承孙子这一作战思想的基础上，加以丰富和发展。《百战奇法·形战》指出：“凡与敌战，若彼众多，则设虚形以分其势，彼不敢不分兵以备战。敌势既分，其兵必寡；我专为一，其卒自众。以众击寡，无有不胜。法曰：‘形人而我无形’。”应该注意到，古代兵家既重视“我专敌分”，以众击寡，但又强调“分合令变”，灵活指挥，如“兵之胜负，不在众寡，而在分合”。

5. 先发制人，进攻速胜

古代兵家认为，“先发制人”可以获得先机之利，特别是易于夺取初战的胜利。因此，主张“敌兵贵先”。认为“先人有夺人之心”，可以震撼敌军士气，“权先加人者，敌不力交，武先加人者，敌无威接”。在战争发起问题上可不“先发制人”，但是在战役战斗上则要力求争取先机之利，“先发制人”。

进攻速胜，是我国古代兵家传统作战思想，也是军事上带有普遍性的一条重要原则。大凡实施进攻的一方，无不主张速战速决，“一决取胜，不可久而用之”。古代兵家还认为“兵之情主速”，乃“速则乘机，迟则生变”，所以要“见敌之虚，乘而勿假，追而勿舍，迫而勿去”，以求达成进攻速胜。

(四)治军思想

在长期的建军实践中，中国古代兵家注重对军队的地位作用、建军指导、军队管理等问题思考，形成了诸多颇有借鉴价值的治军思想。

1. 国以军为辅，军以民为本

古代兵家深刻认识到，军队建设是强国的根本。《便宜十六策·治军》中说："国以军为辅，辅强则国安"，这是古人对军队与国家关系的深刻揭示。军队的基本职能是"外以除暴，内以禁邪"。建军的宗旨是"诛暴讨逆"，"存国家安社稷"。《商君书·慎法》中说"国之所以重，主之所以尊者，力也"，强调把实力看作强国的根本。

正确认识和处理军队和民众的关系，对于加强军队建设至关重要。《将略要论》中说："民为兵之源，兵无民不坚"；"兵为民之卫，民无兵不固"。只有"兵民相洽，倚民养兵，倚兵护民，兵坚民固，和衷共济"，才能真正成为捍邦卫国的长城。

2. 定制，军之要；备具，胜之源

古代兵家认为，治理军队靠好的制度，克敌制胜靠精良的武器。《尉缭子·制谈》中说，建设军队"制必先定"，"备必先具"。"制"是指有关军队的编制、管理、储备、征募等方面的法规及具体制度。三国时期诸葛亮把"有制之兵"看成是战争取胜的重要条件，他说："有制之兵，无能之将，不可败也；无制之兵，有能之将，不可胜也。"

《论语·卫灵公》指出："工欲善其事，必先利其器。"《管子·参患》中说："凡兵有大论，必先论其器，论其士，论其将，论其主。"《管子·幼官》中又进一步强调"备具，胜之源"，认为欲"制敌"，必先"致器"。不难看出，"精兵"与"精器"是决定战争胜负的两个最基本的因素，对战争的胜负起着最直接的作用。

3. 以治为胜，教戒为先

"以治为胜"是吴起最早提出的治军原则。他说："以治为胜……所谓治者，居则有礼，动则有威，进不可当，退不可追，前却有节；左右应麾，虽绝成陈，虽散成行。""以治为胜"作为封建军队的治军原则，最重要的就是恩威并举、赏罚严明。"教戒为先"也是吴起最早提出，认为军人的素质只有通过严格的"教戒"，即教育训练才能获得。古代兵家认为训和练有所区分，一是将"明耻教战，求杀敌也"看作军队建设的重要途径。二是提倡"教得其道"。强调训练要切合实战，反对"垂空言，徒记诵"，脱离实际。主张采取"一人学战，教成十人；十人学战，教成百人，万人学战，教成三军"之法等。

4. 总文武者，军之将也

中国古代兵家认为将帅乃"生民之司命，国家安危之主也"。《吴子·论将第四》高屋建瓴地指出："夫总文武者，军之将也；兼刚柔者，兵之事也。"孙子强调将帅应具备"智、信、仁、勇、严"五种德行，《司马法》提出"礼、仁、信、义、勇、智"六种德行。总体来说就是要德才兼备、智勇双全、能文能武，具有全面的素质。

二、中国古代军事思想的代表性著作——《孙子兵法》

《孙子兵法》全书 13 篇，约 6 000 字，是一部独立完整的兵书。它揭示了战争与作战的基本规律，蕴涵着丰富的军事思想，对战争的认识、战略思想、作战指导思想、治军思想的阐述深度和广度都前无古人。

(一)战争观

孙子站在新兴地主阶级立场上，用中国古代朴素的唯物论思想和原始的辩证法思想观察战争，形成了自己的战争观，主要体现在以下几个方面：

（1）重战。孙子以前，人们对战争所持态度是不一致的。老子认为“兵者不祥之器，非君子之器”。《吕氏春秋》、《帝范》等说“兵，天下之凶器”，“兵甲者，国之凶器”，认为战争不可提倡。孙子打破上述看法，他的兵法开宗明义：“兵者，国之大事，死生之地，存亡之道，不可不察也。”认为战争是关系到国家民众生死存亡的头等大事，不能不认真研究和对待。这是战争认识上的一个飞跃。因此，孙武要求将帅要“经之以五事，校之以计”来研究战争，探索战争的情势；号召民众要“千里会战”，以“丘牛大车”踊跃支援前线，积极参加战争。

（2）慎战。孙子充分认识到战争给国家和民众带来的巨大灾难和损失，“兴师十万，出征千里，百姓之费，公家之奉，日费千金。内外骚动，怠于道路，不得操事者，七十万家”。因此，他主张慎重对待战争，并提醒国君和将帅，一定要从安国利民考虑，在战争决策和战争实施时要慎之又慎。“主不可以怒而兴师，将不可以愠而致战。合于利而动，不合于利而止……故明君慎之，良将警之。此安国全军之道也。”战前要做到“未战而庙算胜”，作战行动要做到“先为不可胜，以待敌之可胜”。

（3）备战。孙子非常重视备战，他强调指出：“无恃其不来，恃吾有以待也；无恃其不攻，恃吾有所不可攻也。”战争的立足点要放在事先做好充分准备，严阵以待，使敌人不敢轻易向我发动进攻的基点上。孙子提出要全面做好战争准备，做到“主有道”、“将有能”、“得天地”、“行法令”、“兵众强”、“士卒练”、“赏罚明”；政治上要“令民与上同意”，“令素行以教其民”；经济上要备好“日费千金”的经费；要用曲制、“形”、“名”组织好部队，真正做到“以虞待不虞”。

此外，孙子还初步看到战争与政治的关系，认为政治是决定战争胜负的首要因素；朴素地认为战争与经济关系密切，战争直接受经济条件的制约。同时，他还提出地形对军事行动具有制约作用、天候对军事行存在影响等观点。

由于阶级和时代的局限性，孙子虽然意识到战争对国家和人民极端重要，但不懂得区分正义与非正义战争，一味支持一切战争，强调争霸王之兵，公然提倡战争抢掠，忽视该不该伐兵，更没能看到各国之间互相伐兵的性质。

（二）战略思想

《孙子兵法》蕴含着丰富的战略思想，即战争全局谋划筹策思想。首篇中讲“计”、讲“庙算”，第二篇讲“作战”，第三篇讲“谋攻”、讲“全胜”、讲“不战而屈人之兵”。这些都是国君和统帅对战争全局的谋划和指导，都是战略的内容。归纳起来，《孙子兵法》的战略思想主要是以下几个问题：

一是知彼知己，先计先算。孙子在《谋攻》篇中指出：“知彼知己，百战不殆；不知彼而知己，一胜一负；不知彼不知己，每战必败。”在知彼知己这个问题上，把知彼放在知己之前，是因为知彼比知己更重要和更不容易做到。孙子在《地形篇》中指出：“知彼知己，胜乃不殆；知天知地，胜乃不穷。”因此，孙子十分重视用间，主张不惜代价以做到“先知”敌之情。因此，在十三篇的最后一篇专述用间的重要性和用间的方法。在充分做到知彼知己的基础上，孙子提出“计”和“庙算”，即制定战略方针，进行战略决策。

二是充分准备，未战先胜。《形篇》中言道：“胜兵先胜而后求战，败兵先战而后求胜”，“昔之善战者，先为不可胜，以待敌之可胜。不可胜在己，可胜在敌”。“先胜”、“先为不可胜”强调的是在战争之前就使自己具备取得战争胜利的条件，不打无准备之仗，不打无把握之仗。

三是以“全”争胜，不战而屈人之兵。《孙子兵法》军事思想体系中，最耀眼的莫过于独树一帜地提出了“全胜”之道，从而将中国古代军事思想拓展到大战略的高度，并使之更富于哲理性，具有更灵活的指导性。在《谋攻》篇中，孙子开篇即以“全”与“破”对举，指出：“凡用兵之法，全国为上，破国次之；全军为上，破军次之；全旅为上，破旅次之；全卒为上，破卒次之；全伍为上，破伍次之。是故百战百胜，非善之善也；不战而屈人之兵，善之善者也。”“故上兵伐谋，其次伐交，其次伐兵，其下攻城。攻城之法为不得已……故善用兵者，屈人之兵而非战也，拔人之城而非攻也，毁人之国而非久也，必以全争天下，故兵不顿，而利可全，此谋攻之法也。”这些精彩的文字中，始终是“全”为上、“破”次之。孙子称“不战而屈人之兵”为“善之善”，也就是指出了战争指导所应追求的至善至美的全胜境界。

孙子的全胜战略并非唯心主义的空想，而是有前提条件和有效途径的。从实行的条件而言，它的前提是首先要有强大的军事实力。孙子是唯物的，他强调把“不战”建立在“战”的基础之上。孙子说：“夫霸王之兵，伐大国，则其众不得聚；威加于敌，则其交不得合”。从实行的手段和途径而言，孙子提出了“伐谋”、“伐交”、“威加于敌”和“伐兵”、“攻城”，构成了实现全胜目标的五种战略手段和途径。

四是强调进攻速胜，反对久拖不决。《孙子兵法》中几乎每一篇都讲进攻，而且还专设《谋攻篇》谈论谋划攻敌问题。孙子讲进攻，不仅限本土，他极力提倡向外国进攻，打出国境、打到外国去。《九地篇》中指出：“凡为客之道，深入则专，主人不克。”这就是说，凡是深入敌国作战的规律，深入敌境，士兵就会专心一致，使敌方不能抵抗。当然，孙子在阐述这一观点时，也暴露了统治阶级对待士兵态度的残酷性，这也显示了孙子的阶级局限性。孙子强调进攻要快速取胜，“兵闻拙速，未睹巧之久也”，“兵贵胜，不贵久”。

（三）作战思想

《孙子兵法》关于指导作战的基本观点和原则极为深刻和丰富。其主要作战思想有：

（1）致人而不致于人，争取战场主动权。这是孙子提出的作战指导中争取战场主动权的重要原则。《虚实篇》指出，在作战时“先处战地而待敌者佚，后处战地而趋战者劳”，应先敌完成作战部署，以逸待劳。“能使敌人自至者，利之也；能使敌人不得至者，害之也。故敌佚能劳之，饱能饥之，安能动之。”孙子认为，为了使敌失去主动权，应采取“诡道”和“示形”的方法。“故善动敌者，形之，敌必从之；予之，敌必取之。”示形的时候应遵循“兵以诈立”的原则，做到“故能而示之不能，用而示之不用，近而示之远，远而示之近”，以达到“应形于无穷”的境界，进而陷敌于处处被动之境。

（2）因敌制胜，灵活用兵。孙子以“水形”喻“兵形”，对战争指导中的灵活性问题作了深刻的阐述。《虚实篇》指出：“夫兵形象水，水之形避高而趋下，兵之形避实而击虚。水因地而制流，兵因敌而制胜。故兵无常势，水无常形，能因敌变化而取胜者，谓之神。”孙子强调运用“因敌而制胜”的原则时，关键是主帅充分发挥主观能动性，根据作战的客观形势，采取不同的策略和战法等。根据不同的敌人采取不同的对策，就是“利而诱之，乱而取之，实而备之，强而避之，怒而挠之，卑而骄之，佚而动之，亲而离之”。他在《谋攻篇》明确指出：“十则围之，五则攻之，倍则分之，敌则能战之，少则能逃之，不若则能避之。”

（3）出奇制胜。孙子关于奇正问题的基本观点有三：一是奇正结合，奇正并用，不可偏废。“凡战者，以正合，以奇胜”，“三军之众，可使必受敌而无败者，奇正是也”。二是奇正相生。《势篇》中说：“终而复始，日月是也……奇正相生，如循环之无端，孰能穷之。”三是出奇制胜。孙子强调出奇的好处在于战法变化多端、常变常新，攻敌无备，出敌不意，使敌难以对付，故能常胜。

（4）避实而击虚。孙子是最早从理论上阐述避实击虚的军事家。孙子专设《虚实篇》并指出：“出其所不趋，趋其所不意。行千里而不劳者，行于无人之地也。攻而必取者，攻其所不守也”,“进而不可御者,冲其虚也”。他又说:“兵形象水,水之形避高而趋下,兵之形避实而击虚。”孙子论虚实主要强调,战势存在虚实,己方应力求实,而设法使敌方空虚;察明敌之虚实,击之可破;转化敌我虚实态势,使敌常虚、我常实;善于集中优势兵力突然袭击敌之虚。

(5)我专而敌分。孙子有集中兵力打歼灭战的思想,他主张“我专而敌分,我专为一,敌分为十,是以十攻其一也”,做到“以镒称铢”、“我众而敌寡,能以众击寡”、“以十攻其一”。使敌人的众兵置于无用之地,“敌虽众,可使无斗”。在这个问题上,孙子还提出“使人备己”的原则,他在《虚实篇》说:“寡者备人者也,众者使人备己者也。”要做到兵力集中,就要设法使敌人处处防备于我,分散其兵力。这个作战原则深刻巧妙,不通过增加兵力,而只是使敌军处处防备于我,处处分散兵力,转化双方众寡态势,达到我众敌寡的目的。

《孙子兵法》作战思想还包括:诡道制敌;以利动敌;攻其不备,出其不意;攻其必救,攻其必守;避其锐气,击其惰归;齐勇若一,首尾相救;半济而击;以火佐攻等。

(四)治军思想

孙子关于论述军队建设的内容散见于各篇之中。概括起来主要有两个方面:将帅选用与军队管理。

(1)将帅选用。孙子在《作战篇》中指出“知兵之将,生民之司命,国家安危之主也”。一个懂得用兵之道的将帅,是民众命运的掌管者和统领者,是国家安危的主宰者。《谋攻篇》指出,“夫将者,国之辅也,辅周则国必强;辅隙则国必弱”。将帅尽心尽力地辅佐国君,则国家日益强盛;将帅对国君阳奉阴违、三心二意,则国家必然衰弱。孙子把选将用将的标准概括为五个字,即“智、信、仁、勇、严”,后人称为将之“五德”,即有智慧、有道德、讲信义、有勇力、善治军,这样的将帅领兵作战,方能攻则克,守必固。此外,孙子认为,成熟的将帅应该具有多方面的品德修养和良好的心理素质。

(2)军队管理。《孙子兵法》的军队管理思想是适应当时改革的形势、以“法”为核心、以团结内部增强战斗力为目的而展开论述的。孙子军队管理的基本观点主要有:一是“令民与上同意”,强调政治建军;二是“令之以文,齐之以武”,宽严相济,以法治兵。

流传至今的《孙子兵法》,集中反映了孙武丰富而深邃的军事思想。在中国和世界军事史上,孙武率先论述了“不战而屈人之兵”的全胜战略,最早揭示出“知彼知己,百战不殆”、“先胜而后求战”、“致人而不致于人”、“因敌而制胜”等指导战争的普遍规律,深刻总结出“以正合、以奇胜”、“攻其无备,出其不意”、“我专而敌分”、“避实而击虚”等一系列至今仍有科学价值的作战指导原则,闪耀着朴素的唯物主义和辩证法思想的光辉。但是,由于历史的条件和作者阶级立场的限制,也存在宣扬英雄创造历史的唯心史观、“愚士卒之耳目,使之无知”愚兵思想等明显的历史局限性。尽管如此,《孙子兵法》以其博大精深的战略理论彪炳古今中外,孙武则以“兵圣”之誉而名垂千古。

复习思考题:

1. 中国古代关于战略和作战思想的主要内容有哪些?
2. 如何理解孙子“不战而屈人之兵”的全胜战略思想?

第四节 当代中国军事思想

一、毛泽东军事思想

毛泽东军事思想，是以毛泽东为代表的中国共产党人关于中国革命战争、人民军队和国防建设以及军事领域一般规律问题的科学理论体系，是马克思列宁主义普遍原理与中国革命战争实践结合的产物，是中国革命战争和国防建设实践的科学总结，是中国共产党集体智慧的结晶，是毛泽东思想的重要组成部分。毛泽东军事思想创造性地发展了马克思主义军事理论，是我军克敌制胜的法宝，是国防、军队现代化建设的指南，在世界上有广泛而深入的影响。

(一)战争观和方法论

战争观和方法论，是毛泽东研究和指导战争的基本立场、观点和方法，阐明了正确认识战争和对待战争的基本观点与态度，揭示了战争领域矛盾运动的规律和指导方法，是毛泽东军事思想科学体系的理论基础和灵魂。

1. 战争观

战争观是人们对战争这一人类社会特殊活动现象的总的看法和基本态度。毛泽东运用马克思主义基本原理，综合考察了战争与阶级、战争与政治、战争与经济、战争与和平等各种关系，得出了一系列认识战争的观点和结论，明确了马克思主义者对待战争的基本态度。

其一，战争是私有财产和阶级的产物。毛泽东指出："由于阶级的出现，几千年来人类的生活中充满了战争，每一民族不知打了几多仗，或在民族集团之内打，或在民族集团之间打。打到资本主义社会的帝国主义时期，仗就打得特别广大和特别残酷。"在帝国主义战争和无产阶级革命的时代，毛泽东作为一个无产阶级革命的领袖人物，始终处于中国革命斗争的风口浪尖上，他领导了中国历史上最激烈的一次阶级大搏斗，毛泽东军事思想就是这次阶级大搏斗的产物。

其二，战争的本质是政治的继续。毛泽东在其军事思想中充分肯定了克劳塞维茨"战争是政治的继续"这一合理命题，并在理论和实践的结合上坚持和发展了这一真理。在理论上，毛泽东辩证地论述了战争与政治间的本质联系。毛泽东说："'战争是政治的继续'，在这点上说，战争就是政治，战争本身就是政治性质的行动，从古以来没有不带政治性的战争。"在这种一致性中，一方面，政治决定战争，主要表现在：政治决定战争的目的和性质，影响战争的前途和结局；政治规定战争的指导路线和战略，影响战争的计划和进程；政治决定军队的性质和素质，影响军队战斗力的发挥。另一方面，战争又反作用于政治，主要表现在：战争的结局可以影响或决定政治的进程和前途；战争有可能导致政治力量的重新组合；战争可以教育、锻炼人民，促进社会变革。

其三，拥护正义战争，反对非正义战争。战争的性质就是战争的政治属性，是战争本质的具体表现，以正义性和非正义性来划分。毛泽东依据战争与政治的关系，继承了马克思列宁主义鉴别战争性质的学说，明确指出："历史上的战争分为两类，一类是正义的，一类是非正义的。一切进步的战争都是正义的，一切阻碍进步的战争都是非正义的。"

战争的性质又取决于战争的阶级本质。战争的政治目的不是人们意志的偶然产物，而是一定阶级利益的必然反映。

2. 研究和指导战争的方法论

毛泽东在领导中国革命战争的长期实践中，运用辩证唯物主义的观点认识和指导战争问题，形成了系统的研究和指导战争的认识论和方法论：其一，把握战争规律，正确指导战争；其二，研究和指导战争，要着眼特点、着眼发展；其三，研究和指导战争要关照全局，把握关节；其四，主观指导符合客观实际，发挥自觉能动性。

（二）人民军队思想

毛泽东人民军队思想是以毛泽东为代表的中国共产党人在马克思主义理论指导下，在长期革命战争实践中，逐步形成的关于建设人民军队的系统化的理性认识，是毛泽东军事思想科学体系的重要组成部分。

1. 人民军队的地位和作用

毛泽东指出："军队是国家政权的主要成分。谁想夺取国家政权，并想保持它，谁就拥有强大的军队。""没有一支人民的军队，便没有人民的一切。"这一科学论断是对马克思主义无产阶级暴力革命学说的高度概括，也是中国人民在长期斗争中用鲜血换来的经验总结。

其一，依靠军队进行暴力革命是马克思主义的普遍原则。毛泽东结合中国的实际，肯定了马克思列宁主义关于暴力革命必须依靠革命军队这一原则和正确性，指出："革命的中心任务和最高形式是武装夺取政权，是战争解决问题。这个马克思列宁主义的革命原则，是普遍的对的，无论在中国和外国，一概都是对的。"

其二，中国革命和建设必须首先建立和掌握军队。毛泽东深刻指出："中国的特点是：不是一个独立的民主的国家，而是一个半殖民地的半封建的国家；在内部没有民主制度，而受封建制度压迫；在外部没有民族独立，而受帝国主义压迫。因此，无议会可以利用，无组织工人举行罢工的合法权利。在这里，共产党的任务，基本的不是经过长期合法斗争以进入起义和战争，也不是先占城市，后取乡村，而是走相反的道路。"中国社会的这一基本特点，决定了"在中国，重要的斗争形式是战争，而主要的组织形式是军队"，"是武装的革命反对武装的反革命，这是中国革命的特点之一，也是中国革命的优点之一"。

延伸阅读

中国革命战争的战略问题

《中国革命战争的战略问题》是毛泽东1936年12月在中国抗日红军大学的讲演。为了总结土地革命战争的经验，批判王明的"左"倾机会主义错误，毛泽东运用唯物辩证法，系统地阐明了有关中国革命战争战略方面的诸问题。全文共分五章。第一章，如何研究战争；第二章，中国共产党和中国革命战争；第三章，中国革命战争的特点；第四章，"围剿"和反"围剿"——中国内战的主要形式；第五章，战略防御。按原计划，尚有战略进攻、政治工作等章节，因为西安事变发生未能写完。这部著作是中国革命战争的纲领性文献，为中国人民解放军的军事科学奠定了理论基础，丰富和发展了马克思主义的军事理论。

该著作科学地分析了中国革命战争的四个特点：①中国政治、经济发展极其不平衡，而且经历了1924～1927年的革命；②敌人强大；③人民军队弱小；④共产党的领导和土地革命。其中，第一、第四特点决定了人民军队的可能发展和可能战胜敌人；第二、第三特点决定了战争的持久性和艰苦性。

其次，血的教训使我党清醒地认识到“在中国，离开了武装斗争，就没有无产阶级的地位，就没有人民的地位，就没有后中国共产党的地位，就没有革命的胜利”。毛泽东在总结第一次国内革命战争的教训时：“那时不懂得武装斗争在中国的极端重要性，不去认真地准备战争和组织军队，不去注重军事的战略和战术研究。在北伐过程中，忽视了军队的争取，片面着重于民众运动，其结果，国民党一旦反动，一切民众运动都塌台了。”几十万人民的鲜血教育了我们的党，使我党深刻地认识到，只有建立无产阶级的军队，以武装的革命反对武装的反革命才是我党的唯一出路。

再次，枪杆子里出政权的正确论断，是总结了中国的历史经验得出的结论。毛泽东指出：“共产党不争个人的兵权(决不能争，再也不要学张国焘)，但要争党的军权、人民的军权。”“有人笑我们是‘战争万能论’，对，我们是革命战争万能论者，这不是坏的，是好的，是马克思主义的……我们是战争消灭论者，我们是不要战争的；但是只能经过战争去消灭战争，不要枪杆子必须拿起枪杆子。”只有用枪杆子的力量才能战胜武装着的敌人，只有用枪杆子才能造就出一个崭新的世界。

夺取政权靠军队，巩固政权也要靠军队。在人民已经当家做主、建立自己的国家政权之后，人民军队则成为巩固国家政权的坚强柱石。新中国成立后，毛泽东始终把人民军队的建设放在首要地位，指出：“我们现在的任务是，要强化人民的国家机器，这主要是指人民的军队……借以巩固国防和保护人民利益。”在这一思想指导下，人民军队的战斗力不断提高，为捍卫国家的民族独立和领土完整，为保证四个现代化的顺利进行，做出了自己应有的贡献。

2. 人民军队的性质、宗旨和任务

中国人民解放军是由中国共产党缔造并绝对领导的、以马列主义毛泽东思想武装起来的、与人民群众保持紧密联系的、具有无产阶级性质的革命军队。毛泽东从人民群众是历史的主人这个历史唯物主义的基本观点出发，把军队的命运与人民群众的命运、军队的发展与人民群众的根本利益紧密地联系起来，规定了人民军队的宗旨和任务。坚持党对军队的绝对领导，是人民军队坚持的根本原则；全心全意为人民服务是人民军队的唯一宗旨；执行战斗队、工作队和生产队的三大任务。

3. 人民军队的建军原则

毛泽东在长期的革命战争实践中，按照无产阶级的要求，成功解决了如何在半殖民地半封建的国家里，在严酷的战争条件下，把以农民为主要成分的军队，建设成为一支无产阶级性质的人民军队的问题。他把马列主义军事学说与中国人民军队建设的实践相结合，确立了人民军队建设的一系列基本原则，这些关于建设人民军队的理论与实践对此后人民军队的建设具有重大的指导意义。政治工作是我军的生命线，必须建立强有力的革命的政治工作；实行政治、经济、军事三大民主；执行三大纪律八项注意。

(三)人民战争思想

毛泽东人民战争思想，是毛泽东军事思想的重要组成部分，是毛泽东军事思想的核心，是中国人民进行革命战争的根本指导路线，是我军克敌制胜的强大的理论武器。

1. 人民战争的含义与精神实质

《中国大百科全书·军事》给人民战争的定义为：“被压迫阶级和被压迫民族为谋求自身解放，发动和依靠广大人民群众所进行的战争。”这个定义表明，人民战争具有三个基本属性，即正义性、群众性和组织性。毛泽东在《论联合政府》中指出：中国共产党领导的人民战争“是真正的人民战争”。所谓“真正”，是说战争力量的动员是全民的，战争(斗争)手段的运用是全面的。人民战争的精神实质是：战争的目的是为了人民，进行战争依靠人民，胜利果实属于人民。

2. 人民战争思想的理论根据

毛泽东指出："人民，只有人民，才是创造世界历史的动力。"这是历史唯物主义的一个根本观点，是我们实行人民战争的根本理论依据。毛泽东人民战争思想，从根本上说，就是唯物史观在革命战争中的具体运用。这是马列主义、毛泽东思想的战争指导理论同其他一切非无产阶级思想战争指导理论本质区别之所在。其一，战争的正义性是实行人民战争的政治基础；其二，革命战争是群众的战争；其三，人民群众是战争伟力之最深厚根源；其四，兵民是胜利之本；其五，人是战争胜负的决定因素。

延伸阅读

论持久战

毛泽东指出："中日战争不是任何别的战争，乃是半殖民地半封建的中国和帝国主义的日本之间在二十世纪三十年代进行的一个决死的战争。"日本是一个强大的帝国主义国家，但它的侵略战争是退步的、野蛮的；中国的国力虽然比较弱，但它的反侵略战争是进步的、正义的，又有了中国共产党及其领导下的军队这种进步因素的代表。日本战争力量虽强，但它是一个小国，军力、财力都感缺乏，经不起长期的战争；而中国是一个大国，地大人多，能够支持长期的战争。日本的侵略行为损害并威胁其他国家的利益，因此得不到国际的同情与援助；而中国的反侵略战争能获得世界上广泛的支持与同情。这些特点规定了和规定着战争的持久性和最后胜利属于中国而不属于日本。有力地批判了当时国内存在的速胜论与亡国论，为人民指明了抗日战争的正确道路。

3. 人民战争思想的主要内容

在长期的革命战争实践中，毛泽东和中国共产党继承了马克思主义关于人民战争的学说，并结合中国社会历史和革命战争实际，经过艰苦卓绝的武装斗争，使人民战争思想形成了一个多层次、多方面的科学体系。这个科学体系主要具有以下几个方面的内容：其一，必须坚持中国共产党的领导；其二，必须建立一支人民的军队；其三，必须建立巩固的革命根据地；其四，必须动员、组织和武装人民群众；其五，必须运用灵活机动的战略战术。

(四)人民战争战略战术思想

毛泽东人民战争的战略战术思想，是以毛泽东为代表的中国共产党人领导中国人民进行革命战争及一系列战役战斗的指导思想和理论原则。由于它正确反映了中国革命战争及其战役战斗的指导规律，所以它在灵活成功地指导中国革命战争及其战役战斗的实践中，显示了巨大生命力，成为我军胜利的指南。人民战争战略战术思想的内容极为丰富，其基本精神至今仍具有指导作用。概括地说，主要有以下七大基本内容：第一，保存自己，消灭敌人；第二，战略上藐视敌人，战术上重视敌人；第三，不打无准备无把握之仗；第四，慎重初战，执行有利决战，避免不利决战；第五，作战指导上力争主动，坚持灵活性与计划性相结合；第六，集中优势兵力，各个歼灭敌人；第七，灵活运用三种作战形式，适时进行军事战略转变。

(五)国防建设思想

毛泽东国防建设思想，始于抗日战争时期，新中国成立后逐步得到发展。抗日战争时期，毛泽东从全民族的利益出发，提出了增强技术条件，实现军队现代化；全国人民总动员，抵抗侵略,保卫祖国等许多关于军队和国防建设的精辟见解。新中国成立后,中国共产党成为全国执政党,党的工作重点,由过去以发动革命,进行革命战争为主,转变为以发展经济,进行包括国防建设在内的社会主义建设为主。党的军事斗争,由过去以夺取政权为主,转变为巩固政权、维护国家安全和领土主权不受侵犯、保障社会主义建设所需的和平环境为主。根据国际、国内形势的发展变化,从我国国防的实际出发,适时提出了一系列国防建设理论、方针和原则,形成了有中国特色的现代化国防建设思想,是毛泽东军事思想的重要组成部分,是我国进行国防现代化建设,保卫国家安全与发展利益,维护世界和平的重要理论依据。

1. 国防建设的地位和作用

首先,明确国防建设是国家建设的重要组成部分,始终视国防建设为维护国家尊严和形象的重要手段,是国家和民族兴旺发达的标志,是综合国力的体现。新中国成立初期,尽管我国许多方面处于落后状态,毛泽东还是主张在关系我国的独立和主权的重要领域和项目上,别人能办到的,我们也要办到,别人有的,我们也要有。

其次,规定国防建设的根本目标,是为了抵御侵略、捍卫国家利益。以毛泽东为代表的中国共产党人在认识和处理国防问题时,总是把国家利益放在首位,把捍卫国家利益作为国防建设的根本目标,要求我国国防力量能够有效抵御侵略和颠覆,平息社会动乱,为国家经济建设创造和平安宁的内外环境。强有力的国防建设为国家经济建设提供了安全保证,成为国内长治久安的坚强柱石。

再次,强调我国的国防力量要为和平对外政策服务,反对战争,维护世界和平。没有和平的国际环境,国家的安全和发展便无从谈起。因此,我国保持适度的国防力量,完全是为了自卫;我国国防建设的根本目的,是为了反对战争,维护世界和平。新中国成立,渴望和平的中国人民,迫切需要建设自己的国家。因此,我们有了一支足以自卫的国防力量,才能保证了我国在反对霸权主义、维护世界和平的斗争中发挥作用。

2. 国防建设的基本内容

其一,加强武装力量建设。这是国防建设的重点和核心内容。新中国成立后,毛泽东根据形势的发展变化,适时发出了建设现代化国防军的伟大号召,明确提出了“建设正规化、现代化的国防部队”的历史任务。革命化、现代化、正规化三者的有机统一构成了人民军队在新的历史条件下的鲜明特色。建设强大人民解放军、武装警察部队、民兵预备役三种武装力量相结合的体制,又为我国武装力量现代化建设打下了良好的基础。

其二,发展国防科技和国防工业,改善武器装备。武器装备是国防现代化的标志。从我国第一个五年计划开始,毛泽东和党中央决定,把发展国防科技工业列为重点。经过艰苦的努力,大批骨干企业、科研机构建立起来,发展了以导弹核武器为重点的国防尖端技术,常规武器如火炮、坦克、机枪和弹药及通信器材可以成批生产,我军武器装备基本实现了制式化。这些举措,初步改变了我军武器装备的落后状态,为实现武器装备现代化、建立完整的国防科研和国防工业体系奠定了坚实的基础。

其三,完善国防动员体制。毛泽东对战争动员历来十分重视。在毛泽东人民战争思想指导下,实行全党动员、全民动员,夺取了历次革命战争的胜利。新中国成立后,为捍卫祖国边境和领海、领空不受侵犯,实行局部动员,取得了多次成边卫国战役的胜利,动员的范围涉及武装力量动员、国民经济动员、科学技术动员、群众防卫动员、政治动员等各个方面。

其四,发展军事科学,实现国防理论现代化。发展军事科学,毛泽东及老一辈的无产阶级革命家历来重视先进的革命理论的巨大作用。在指导中国革命战争过程中,毛泽东既重视对实际情况的考察分析了解，又重视对科学理论的学习研究；既善于把实践经验上升为科学理论，又善于用科学理论指导实际斗争。

其五，重视战场建设和战略储备。毛泽东在战争年代强调指出，根据地是进行革命战争的战略基地。没有这种战略基地，一切战略任务的执行和战争目的的实现就失去了依托。新中国成立后，又提出要加强大小三线战略后方建设等一系列指示。新中国成立后，党和国家高度重视国防工程建设，使我国战场建设初步具备了能打、能藏、能机动、能指挥、能生活的基本功能。战略物资储备工作也在毛泽东"备战、备荒、为人民"的战略思想指导下，使国家、军队、地方的物资储备形成了有机整体，加强了国防实力，在应付局部战争和较大自然灾害中显示了重大作用。

3. 国防建设的基本方针和原则

我国的国家性质和基本国策，决定了我国的国防建设是以积极防御战略方针为着眼点。毛泽东等老一辈革命家正确认识时代特点和国际形势发展，从我国国情出发，提出了一整套行之有效的实施国防建设的步骤和方法，形成了具有中国特色的国防建设基本原则，成为我国国防现代化建设的基本依据。其一，贯彻积极防御的战略方针；其二，服从国家经济建设大局；其三，以现代化为中心；其四，独立自主，自力更生；其五，统筹兼顾，突出重点；其六，全民国防，全民共建。

毛泽东关于国防建设的理论，是在我国国防现代化建设和国家防卫实践中形成和不断发展的，并经受了实践的检验。因此，它是我们今后建设有中国特色的国防现代化和进行国家防卫的根本指导思想。同时，也应看到，面对世界格局的新变化，我国社会主义现代化建设的深入发展以及高新科技的迅速发展，毛泽东国防建设思想必将在迎接新的挑战中增添新的活力，继续得到充实和发展。

二、邓小平新时期军队建设思想

邓小平新时期军队建设思想，是以邓小平为代表的中国共产党人关于当代中国军事的科学理论体系。它是马克思主义军事理论与当代中国实际和时代特征相结合的历史产物，是新的历史条件下对毛泽东军事思想的创造性运用和发展，也是邓小平理论的重要组成部分。邓小平新时期军队建设思想不仅揭示了我国新时期军队和国防建设及军事斗争准备的基本规律，而且提供了正确认识和解决当代军事问题的立场、观点和方法，是新时期军队和国防建设的根本依据和指导方针。

（一）当代战争与和平理论

1. 和平与发展是当代的主题

时代主题是一定时代基本特征的反映，是世界发展进程中不同阶段带有全局性的核心问题。20 世纪 70 年代以来，特别是进入 80 年代以后，世界的基本矛盾和国际战略形势发生了巨大变化。邓小平科学分析世界战略形势这一变化的本质特征，科学提出和平与发展是当代世界两大主题的论断。他于 1984 年指出："现在世界上问题很多，有两个比较突出。一是和平问题。现在有核武器，一旦发生战争，核武器就会给人类带来巨大的损失。要争取和平就必须反对霸权主义，反对强权政治。二是南北问题。这个问题在目前十分突出。发达国家越来越富，相对的是发展中国家越来越穷。南北问题不解决，就会对世界经济的发展带来障碍。"1985 年，邓小平进一步指出："现在世界上真正大的问题，带全球性的战略问题，一个是和平问题，一个是经济问题或者说是发展问题。和平问题是东西问题，发展问题是南北问题。概括起来，就是东西南北四个字。南北问题是核心问题。”1987 年，在党的十三大报告中，根据邓小平的有关论述，明确地将时代主题概括为“和平与发展是当代世界的主题”。

2. 局部战争是当代战争的主要形式

局部战争，是指在一定的地区内使用一定的武装力量进行的战争。第二次世界大战结束后，世界战略格局的演变和科学技术的发展，为局部战争提供了主观和客观基础，从而使其逐步成为当代人类战争的主要形式。20 世纪 70 年代以来，和平与发展成为世界的主题，各国之间的较量主要表现为以经济和科学技术为核心的综合国力的较量，制约战争的因素进一步发展，局部战争开始走出世界大战的阴影，日益向可控化发展。对此，邓小平明确提出：“可以争取相当长一段时间的和平。如果世界和平的力量发展起来，第三世界国家发展起来，可以避免世界大战。”当然，邓小平并不认为和平问题在当今世界已经解决，并指出小规模战争和局部战争还可能会加剧，战争的危险依然存在。为此，中国要努力为世界的和平与发展做出应有的贡献。

3. 霸权主义是现代战争的主要根源

毛泽东在晚年曾比较明确地提出，当代战争的根源主要来自霸权主义者为了各自利益互相争夺，但由于条件的限制，这一思想没能在理论上全面展开。

邓小平经过多年的观察思考，对当代战争根源问题做出了科学回答，他指出战争是同霸权主义联系在一起的。1985 年 3 月，他在会见日本商工会议所访华团时明确指出：“霸权主义是战争的根源。”1989 年 11 月他在会见日中经济协会访华团时又说：“两个超级大国导致了战争危险。我们说，战争的危险来自美苏两家就是这个意思。”邓小平把战争根源同霸权主义相联系，并进一步将霸权主义区分为大霸权主义和小霸权主义，认为大霸权主义争夺会导致世界大战，小霸权主义争夺会引发局部战争；帝国主义国家搞霸权会引发战争，社会主义国家搞霸权也会引发战争。这一论断揭示了当代战争发生的主要机制，是对私有制和阶级是战争根源这一基本原理在当代条件下的具体运用，是对帝国主义是现代战争根源理论的继承、发展和突破，是对马克思主义战争根源理论的重大贡献。

(二)新时期军事战略理论

1. 实行积极防御的军事战略方针

在新的历史条件下，邓小平着眼于新的国际战略格局的变化、军事斗争出现的新特点以及我军战略任务的转换等，进一步丰富和发展了积极防御战略思想。当今世界，虽然和平与发展是时代的主题，但国际局势并不安宁。霸权主义和强权政治长期存在，民族、宗教矛盾和边界纠纷以及历史遗留问题突出，使武装冲突和局部战争此起彼伏。我国的安全仍然面临不同程度、不同性质的现实和潜在威胁。尽管中国特色社会主义的建设正在全面展开，政治和经济形势都比较有利，但不安全、不稳定的因素仍然存在，民族分裂势力的活动还比较猖獗，特别是“台独”势力的活动，使祖国和平统一面临严峻的挑战。为维护国家的独立和主权，保证改革开放和现代化建设的顺利进行，实现祖国的和平统一，就必须坚持积极防御的战略方针，加强军队和国防建设以及军事斗争准备，采取各种积极有效的防御措施，使军事斗争和政治斗争、外交斗争相互配合，通过开展有理、有利、有节的综合性斗争，有效地捍卫国家利益，维护国家安全与发展。邓小平指出：“人家侵略来了，我们就一定要打，而且要打到底。”我们在任何时候都不侵犯和损害别国的利益，但也决不允许别人侵犯和损害我国的利益。

2. 坚持现代条件下的人民战争

我国未来所面临或进行的战争，与过去我们所进行的革命战争相比，将有许多不同之处，但实行人民战争仍然是现代条件下进行战争的根本指导思想。对此，邓小平同志指出："现在世界上有人说，什么都是技术决定，不要完全迷信这个。当然，我们也要讲究技术，不讲究技术是要吃亏的……经验证明，只要我们坚持人民战争，敌人就是现在来，我们以现有武器也可以打，最后也可以打胜。我们有这么多人口，军民团结一致，敌人要消灭我们的人民是不可能的……我们历来的经验，就是用劣势装备打败优势的敌人，因为我们进行的是正义战争，是人民战争。这一点，我们要有充分的信心。"可见，坚持现代条件下的人民战争，不仅是战争的性质所决定的，而且是现代战争的客观要求。在现代条件下坚持实行人民战争，不仅是打赢可能发生战争的保证，而且能够以其威慑力量制止战争。人民战争在现代战争中仍具有强大的生命力。

3. 立足于以劣势装备战胜优势装备之敌

在战争年代和新中国成立后的军事斗争中，我军多是以劣势装备迎战优势装备的敌人。新中国成立后，我军的装备水平比过去有较大程度的提高，但以劣势对优势的客观现实却没有发生根本改变。对于我军武器装备的现代化水平与世界先进水平的明显差距以及如何以劣胜优问题，邓小平指出："人家是优势装备，我们是劣势装备，新式一点的好一点的装备，不可能搞得那么快，也没有那么多钱来搞。所以，要是打仗还只能立足于我们现有的武器装备，立足于比现有武器装备好一点这个基础上。武器装备，比现在稍好一点是可能的，好得太多一下办不到，没有钱。对这一点，大家心中要有数。买先进的作战飞机，你能买几架？买几架就买穷了。我们有劣势装备对付现代化装备的传统，要相信有这个本领。"

（三）新时期军队和国防建设理论

1. 军队和国防建设指导思想实行战略性转变

我国军队和国防建设指导思想的战略性转变是新时期我国对战争环境、战争样式以及如何在和平时期进行军队建设的新认识，是一个关系到军队和国防建设全局的、长远的、战略性的转变，有着极为丰富的内容。第一是军队建设立足点的转变，即从随时准备应付大战的"应急性"建设，转到大战在较长时期内打不起来的和平时期的正常建设轨道上来。第二是军队建设与国家经济建设关系的转变，即从单目标的国防建设转向服从国家经济建设大局的整体建设。第三是军队建设目标的转变。从过去以现代化建设的中心地位不突出、不明确，转到突出现代化的中心地位，以解决现代战争的客观需要和我军现代化水平比较低这一我军建设主要矛盾上来。第四是军队建设功能的转变。从过去仅仅着眼为未来战争准备的功能，转到既重视军队建设的战争准备功能，又重视和平时期军事力量的威慑作用上来。第五是军事战略的转变。从过去准备全面反侵略战争的军事战略，转到适应国际形势变化和国家安全与发展的需要，以应付可能发生的局部战争和武装冲突为重点的军事战略上来。

2. 军队建设要服从国家经济建设大局

以经济建设为中心，把经济建设作为国家建设的大局，是邓小平科学判断国际形势得出的结论。首先，以经济建设为中心是解决现阶段我国社会主要矛盾的客观要求。党的十一届六中全会通过的《关于建国以来党的若干历史问题的决议》中明确指出："在社会主义改造基本完成以后，我国所要解决的主要矛盾……党和国家工作的重点必须转移到以经济建设为中心的社会主义现代化建设上来，大大发展社会生产力，并在这个基础上逐步改善人民的物质文化生活……今后除了发生大规模外敌入侵（那时仍然必须进行为战争所需要和容许的经济建设），决不能再离开这个重点。"其次，要科学处理军队建设和国家经济建设的关系。一是军队建设与经济建设是主从关系，即要以经济建设为主。经济基础决定上层建筑，军队建设离开经济力量就会成为无源之水、无本之木。二是军队建设与经济建设互为依存。军队建设的目的是为国家经济建设提供可靠的安全保障，同时军队建设又必须通过经济建设的发展而得到发展。三是国防和军队建设不仅能够增强国防实力，提高军队的战斗力，还对国家经济的发展起到一定促进作用。

3. 建设一支强大的现代化正规化的革命军队

1981 年 9 月 19 日，邓小平在华北某地检阅军事演习部队时的讲话中发出了建设强大的现代化、正规化、革命化(以下简称“三化”)军队的号召，明确地提出了新时期军队建设的总目标，规定了建设的任务和途径。革命化、现代化、正规化三个方面相互联系、互相促进，是有机统一的整体。革命化体现我军的性质，是我军的政治优势，是我军具有强大生命力的源泉，也是我军区别于一切资本主义国家军队的本质特征。革命化是现代化正规化建设的灵魂，为现代化正规化建设规定正确的政治方向，提供强大的精神动力，使我军广大官兵具有坚定的政治信仰和强烈的事业心。现代化是世界军事发展的必然趋势，是各国军队加强质量建设的必然要求，也是解决我军建设主要矛盾、适应现代战争要求、提高现代技术特别是高技术条件下作战能力的关键所在，同时也是保证国家安全、保卫社会主义现代化建设的必要条件。它是我军革命化、正规化建设的物质基础，也是新时期我军建设的中心任务。现代化的程度越高，对革命化和正规化的要求也就越高。正规化是我军建设的重要内容，只有坚持依法治军、从严治军的根本方针，建立健全各项制度，不断提高科学管理水平，才能使我军建设逐步走上制度化、法制化的发展道路，为革命化、现代化提供强有力的制度保证。

4. 注重质量建设，走有中国特色的精兵之路

注重质量建设，走精兵之路，是解决我军建设主要矛盾、加速现代化建设的需要。我军建设的主要矛盾是现代化水平较低与现代战争的要求不相适应。军队质量建设是军队现代化的集中表现，也是加速现代化建设的需要。几十年来，我军的现代化建设取得了巨大成就，但与世界军事强国相比仍有很大差距，这个差距主要表现在军队的质量不高。武器装备落后、军队规模庞大、体制编制不合理、人员科学文化素质偏低、组织和指挥现代战争的能力较弱等都是制约军队质量建设的主要因素。如果不及时解决军队质量建设问题，不但军队现代化难以顺利推进，而且还直接影响我军“三化”的总体建设，直接制约战斗力的生成和发挥。

5. 把教育训练提高到战略地位

在新的历史条件下，邓小平继承和发展毛泽东关于军队教育训练的思想，把教育训练提高到战略地位，作为新时期军队建设的中心环节，对于加强军队的质量建设有着十分重要的作用。首先，教育训练是和平条件下军队战斗力生成的主要途径。邓小平指出：“因为不打仗，部队军事素质的提高就得靠训练。”其次，加强教育训练是加强军队质量建设的中心环节。要把我军逐步建设成为一支机构精干、指挥灵便、装备精良、训练有素、反应快速、效率很高、战斗力很强的精兵，成为现代化、正规化的革命军队，需要多方努力，但其中最为重要的就是加强教育训练。只有把教育训练提高到战略地位，才能带动军队的全面建设，把军队的质量建设搞好，加快实现军队建设的总目标。最后，加强教育训练也是现代战争特别是高技术战争的客观要求。现代战争对军人的素质提出了更高要求，部队要掌握现代化战争的知识和技能，就必须从实战需要出发，严格训练、严格要求。

6. 依靠全国人民建设和巩固国防

国防事业是全党、全军和全国人民的事业，要巩固和发展这个事业，就必须广泛发动人民群众积极关心、参与和支持这个事业，并变为一种自觉的行动。要动员全国人民关心、参与和

支持国防建设，除了国家在政策上要给予指导和保障外，主要靠深入持久的国防教育。新时期的国防教育，实质就是爱国主义和革命英雄主义教育，是民族精神和民族气节教育，是在全体人民中唤起国家主人翁的责任感、使命感的教育。

坚持全民办国防的方针，还需要建设强大的国防后备力量。新时期，邓小平关于国防建设的重要思想之一，就是实行国防建设指导思想的战略性转变，在武装力量建设上实行精干的常备军与强大的后备力量相结合。对于后备力量建设，又提出在实行民兵制度与预备役制度相结合的基础上，组建预备役部队。他明确提出把民兵建设提高到战略地位，组建预备役部队是个好办法。事实证明，建立强大的国防后备力量是一个非常正确的决策，它符合当今世界国防发展战略的大趋势，符合我国的国情和军情，反映了和平时期国防建设的客观规律。

三、江泽民国防和军队建设思想

党的十三届四中全会以来，江泽民同志在领导我国国防和军队建设的实践中，始终坚持运用“三个代表”重要思想所贯穿的科学世界观和方法论，思考新的历史条件下建设什么样的军队、怎样建设军队、未来打什么仗、怎样打仗的问题；围绕解决打得赢、不变质两个历史性课题，创新和发展党的军事指导理论，形成了江泽民国防和军队建设思想。

（一）正确把握国际和国内形势，谋划国防和军队建设

1. 科学判断和正确把握国际局势，是谋划国防和军队建设的基本依据

随着冷战结束和两极格局的终结，世界各种力量重新分化组合，国际社会各种矛盾日趋凸显，整个世界处于深刻的变动之中。江泽民指出，世界并不太平，导致武装冲突和引发战争的不合理的政治、经济旧秩序还没有得到根本改变，作为现代战争根源的霸权主义和强权政治依然存在，领土、民族、宗教矛盾错综复杂，世界一些地区发生局部战争和武装冲突不可避免。在国际战略格局发生重大转折的同时，国际共产主义运动遇到了重大曲折，苏联解体、东欧剧变，社会主义理论和实践在世界范围内遇到严重挑战。

全面、深刻地分析影响世界和平与安全的各种因素，为从容应对风云变幻的国际形势提供了科学的依据。江泽民指出：“我们坚决维护祖国统一和领土主权完整，对战争的危险必须保持充分的警惕，决不能有任何麻痹思想。”中国军队要应付现代条件特别是高技术条件下的局部战争。

2. 维护国家安全和发展利益，是谋划国防和军队建设的目标

在和平与发展是时代主题的战略判断基础上，江泽民面对冷战后世界的新形势，进一步审视了国家安全问题，强调了三个互相联系的基本点：首先，冷战结束后，世界局势趋向缓和，“走向缓和是当前国际形势的主流，世界和平机遇继续扩大”。其次，冷战后的世界并不安宁，而导致不安宁的主要原因是霸权主义和强权政治依然存在，领土、民族、宗教、资源等因素引发的武装冲突和局部战争连绵出现。第三，经济优先已成为世界潮流，这是时代进步和历史发展的必然。提高国家战略能力，必须在集中力量加快发展经济的基础上，进一步增强国防实力。

3. 坚持国防建设与经济建设协调发展，是谋划国防和军队建设的方针

江泽民从国际战略全局出发，根据国家经济不断发展的实际，高度重视国防和军队建设，提出既要服从大局，两者又要相互促进、协调发展。首先，国防建设必须服从国家经济建设大局。江泽民强调指出：“国防建设和军队建设必须以经济建设为依托，服从经济建设的大局。国民经济发展了，才能为国防现代化提供必要的物质技术基础。”其次，集中力量进行经济建设的同时，努力加强国防建设。江泽民明确指出：在相对和平时期，同样要重视和加强军队建设。

有了一支与我们国家地位相称的强大的军队，无论出现什么突发事件，都能从容应付，立于不败之地。第三，必须坚持国防建设和经济建设相互促进、协调发展的机制。我军形成的国防建设“三步走”战略就是一个与经济发展战略相配套的规划构想，它从总体上把握了国防和军队建设的发展进程，有利于在坚持以经济建设为中心的同时，有计划、有步骤地逐步推进国防现代化，真正实现富国强兵。

（二）把思想政治建设摆在全军各项建设的首位，把党对军队的绝对领导作为我军永远不变的军魂

江泽民担任中共中央总书记和中央军委主席以来，高度重视我军政治工作的“生命线”地位，并提出了“思想政治建设”这一科学概念，他指出：“搞好军队的思想政治建设，是搞好军事训练、后勤保障以至整个军队现代化建设的重要基础。思想政治建设是革命化建设的核心，是引导全军干部战士拒腐蚀、永不沾，永葆人民军队革命本色的可靠保证。所以，我们必须高度重视军队的思想政治建设，必须把它摆在全军各项建设的首位。”江泽民同志在党的十六大报告中指出：“始终把思想政治建设摆在军队各项建设的首位，永葆人民军队的性质、本色和作风。党对军队的绝对领导是我军永远不变的军魂，要毫不动摇地坚持党领导人民军队的根本原则和制度。”第一，加强思想政治建设，就是要确保党对军队的绝对领导；第二，思想政治建设的根本，就是要用科学的理论特别是“三个代表”重要思想武装全军；第三，思想政治建设是我军革命化的核心，是我军现代化和正规化的灵魂。

（三）用新时期军事战略方针统揽全局，解决好两个历史性课题

江泽民指出：“一个国家，一个民族，要生存和发展，要在竞争打赢现代技术特别是高技术条件下局部战争激烈的国际环境中站稳脚跟，就不能没有正确的军事战略方针。”为了掌握战略主动，以江泽民同志为核心的党中央、中央军委依据对国际国内局势和世界军事发展潮流的正确把握，在继承和发展了我军传统积极防御战略思想的基础上，制定了新时期军事战略方针，在赢得战争和军事斗争准备问题上，把基点放在现有武器装备上，放在打赢现代技术特别是高技术条件下的局部战争上。

立足新的历史条件，把解决好打得赢、不变质两个历史性课题郑重提到全军面前。江泽民指出：“对于新时期的军队建设，有两个最重要的问题是我始终加以关注的：一个是在复杂的国际环境中，我军能不能跟上世界军事发展的趋势，打赢未来可能发生的高技术战争；一个是在社会主义市场经济和对外开放条件下，我军能不能保持人民军队的性质、本色和作风，始终成为党绝对领导下的革命军队。”两个历史性课题的提出，是对新时期我军建设主要矛盾和任务的深刻洞察和准确把握，抓住了军队建设的根本性和全局性的问题，确立了新时期军队建设的大思路。以新时期军事战略方针指导和统揽全局，就要求必须不断探索新形势下治军的特点和规律、军事斗争准备的特点和规律、国防建设的特点和规律，从根本上解决打得赢、不变质两个历史性课题。

（四）积极推进中国特色的军事变革

中国特色的军事变革，就是适应世界上新军事变革发展趋势，从我国的国情和军情出发，走以信息化带动机械化、以机械化促进信息化的跨越式发展道路；通过深化改革，实现军队建设的整体转型，建设一支能够打赢未来信息化战争的强大的现代化正规化革命军队。推进中国特色的军事变革，是一场深刻的革命，是实现军队建设总目标，是解决好打得赢、不变质两个历史性课题的必由之路。

(五)按照"五句话"总要求,全面加强军队建设

江泽民同志根据军队革命化现代化正规化建设新的实践,在1990年12月的全军军事工作会议上提出,全军部队要做到"政治合格,军事过硬,作风优良,纪律严明,保障有力"。"五句话"总要求,涵盖了新形势下军队建设的基本内容,是对当前和今后军队建设提出的一个全面建设纲领。它科学概括了构成我军战斗力的基本内容,揭示了军队建设各个方面紧密联系、相辅相成的辩证统一关系,从认识论和方法论的高度确立了军队全面建设的指导思想,对于部队建设的协调发展、整体推进、全面进步,具有重要的指导意义。

(六)确立科技强军思想,走中国特色的精兵之路

江泽民指出,在新的历史时期,为了适应新的形势和任务的需要,我们必须大力加强军队建设,强调加强质量建设,走有中国特色的精兵之路,增强防卫作战能力。其中加强质量建设的关键,是实施科技强军战略。这一重要指示,既符合我国的客观实际,也是适应世界形势和现代局部战争发展的正确选择。坚持这个方针,既有利于促进以经济建设为中心的国家建设,也有利于促进国防和军队现代化建设。

(七)培养和造就大批高素质的新型军事人才

江泽民指出:"迎接新的军事发展的挑战关键在人才。"在未来的信息化战场上,敌我双方的较量将更加突出地表现为高素质人才的较量。因此,必须把培养和造就大批高素质新型军事人才作为军队现代化建设的根本大计来抓。军队现代化建设越发展,对高素质新型军事人才需求量就越大。培养高素质新型军事人才,正是抓住了我军现代化建设的关键环节,是解决当前我军建设主要矛盾的根本途径。新世纪我军突出质量建设、科技强军,更需要大批高素质军事人才。这是贯彻新时期军事战略方针的必然选择。江泽民明确指出,人才建设是我军质量建设的中心环节。实现科技强军的伟大战略,当务之急是培养多方面的人才。没有高素质的军事人才,难以形成强大的战斗力,军队现代化建设和军事斗争准备就是一句空话。江泽民关于培养和造就大批高素质新型军事人才的一系列重要思想,创造性地解决了新的历史条件下我军人才建设面临的一系列重大理论和实践问题。

(八)坚持依法、从严治军,探索新形势下军队建设的特点和规律

坚持依法从严治军,是我党实施依法治国方略在军事领域的必然要求。江泽民同志强调指出,全军同志要适应社会主义民主法制建设的发展,更加自觉地贯彻依法治军方针,把国防和军队建设事业纳入法制化的轨道,做到有法可依、有法必依、执法必严、违法必究。坚持依法从严治军,是按照军队现代化建设和现代战争规律确立科学的军事工作运行机制的必然要求。只有坚持依法从严治军,使广大官兵具有与现代条件下作战相适应的高度的政治观念、全局观念、纪律观念、时间观念和娴熟的作战技能,才能形成强大的战斗力,永远立于不败之地。

(九)贯彻全民建设国防的方针,不断推进国防现代化

国防关系到国家的兴衰、荣辱和存亡。江泽民指出:"国防现代化是我国社会主义现代化事业的重要组成部分,一个巩固的国防是经济发展与国家安全的基本保障。"在十六大报告中他强调:"建立巩固的国防是我国现代化建设的战略任务,是维护国家安全统一和全面建设小康社会的重要保障。"为适应现代社会经济和科技发展的要求,必须"完善国防动员体制,加强民兵和预备役部队建设,发展高技术条件下人民战争的战略战术"。他还十分明确地指出:"坚持国防建设与经济建设协调发展的方针,在经济发展的基础上推进国防和军队现代化。各级党组织和政府、广大人民群众要关心、支持国防和军队建设。军队要积极支持和参加国家建设。加强国防教育,增强全民国防观念。"

四、胡锦涛国防和军队建设思想

胡锦涛同志主持军委工作以后来，坚持运用科学发展观蕴含的马克思主义立场观点方法，着眼于时代条件发展变化，紧紧围绕新的历史条件下军队履行什么样的使命、怎样履行使命，实现什么样的发展、怎样发展，未来打什么样的仗、怎样打仗等重大问题深入思考探索，提出一系列紧密联系、相互贯通的新思想新观点新论断，形成了胡锦涛国防和军队建设思想。

（一）正确认识时代特征和国家安全形势的发展变化

胡锦涛同志指出，国际战略形势保持总体和平、缓和、稳定的基本态势，同时影响世界和平与发展的不确定因素在增加。这是我们党对国际大势和时代特征作出的基本判断。和平、发展、合作仍是时代潮流。我们要始终坚定走和平发展道路的决心和信心。

我们面临的机遇前所未有，挑战也前所未有，机遇大于挑战。我国安全形势总体上是好的，但影响我国安全和发展的现实挑战和潜在威胁仍十分严峻。作为一个快速发展的社会主义大国，我国将长期面对发达国家在经济科技军事等方面占优势的压力，长期面对西方敌对势力对我国实施西化、分化战略的压力，长期面对一些大国对我国进行战略防范和遏制的压力。这是影响和制约我国和平发展的主要外部因素。我国周边是大国利益交汇、各种热点问题集中的地区，地缘战略竞争错综复杂，领土主权争端、能源资源争执和发展空间竞争以及民族宗教矛盾等因素重叠交织，一些国家同我国领土主权和海洋权益争端不时显现。台海局势走向仍有较大不确定性，“台独”分裂势力及其活动对国家安全构成严重威胁，同时“藏独”、“东突”分裂势力猖獗，维护国家主权和领土完整面临艰巨任务。我国正处于发展关键期、改革攻坚期、矛盾凸显期，许多经济社会问题相互叠加，人民内部矛盾和其他矛盾相互交织，国内问题和国际问题相互传导，境内外敌对势力加紧对我国进行意识形态渗透，攻击我国政治制度和发展模式，我国面临的反渗透、反分裂、反颠覆斗争尖锐复杂。总起来看，随着国际国内两个大局联系日益紧密，我国安全问题的内外关联度、互动性日益增强，面临的生存安全问题和发展安全问题、传统安全威胁和非传统安全威胁相互交织，维护国家安全和发展利益的任务更加艰巨。

（二）履行新世纪新阶段军队历史使命

军队的历史使命历来同党的历史任务紧密相连，同国家安全和发展利益紧密相关。新世纪新阶段，我们党要团结带领全国各族人民全面建设小康社会，实现继续推进现代化建设、完成祖国统一、维护世界和平与促进共同发展三大历史任务，在中国特色社会主义道路上实现中华民族的伟大复兴。在这一伟大历史进程中，军队建设如何与党的历史任务和国家发展历史进程相适应，军队应该肩负起什么样的历史使命，这一重大课题历史地摆在我们面前。胡锦涛同志全面分析时代条件、国家安全形势和我军所处历史方位的变化，着眼实现党的三大历史任务、维护国家和民族的根本利益，提出军队要为党巩固执政地位提供重要力量保证，为维护国家发展的重要战略机遇期提供坚强安全保障，为维护国家利益提供有力战略支撑，为维护世界和平与促进共同发展发挥重要作用。新世纪新阶段军队历史使命，反映了国家安全和发展战略全局的新需要，顺应了世界军事发展的新趋势，体现了党的历史任务对军队的新要求。

（三）坚持在国防和军队建设中贯彻落实科学发展观

国防和军队建设贯彻落实科学发展观，必须全面准确地把握科学发展观的深刻内涵和基本要求，把科学发展观贯彻落实到国防和军队建设的各个领域和全过程。科学发展观的本质和核心是坚持以人为本。胡锦涛同志指出，军队要把以人为本作为重要的建军治军理念。这一重要思想，适应了时代进步要求和部队科学发展需要，回答了军队建设为了谁、依靠谁的根本问题，赋予人民军队性质宗旨和优良传统以新的内涵，是我军建军治军理念的重大发展。军队讲以人为本，最重要的是必须始终坚持人民军队的根本性质，坚持全心全意为人民服务的根本宗旨，坚决维护人民群众的根本利益。

（四）坚持不懈地拓展和深化军事斗争准备

军事斗争准备是我军长期的主要战略任务，军事斗争准备水平既关系到战争时期能否打赢战争，也关系到和平时期能否遏制战争，无论国家安全形势紧张还是缓和，军事斗争准备任何时候都不能有丝毫放松，军事斗争准备做得越充分，国家的安全和发展利益就越有保障。

以军事斗争准备为龙头，抓住发展重点，统筹发展全局，通过局部跃升促进整体提高，不仅适应了国家安全形势的需要，而且也适应了我军现代化建设的需要。从我国的国情和军情出发，我军现代化建设不能盲目铺摊子，也不能同发达国家搞军备竞赛，只能根据维护国家安全统一需要和军事斗争任务的轻重缓急，逐步加以推进。军事斗争任务，为我军现代化建设提供了紧迫的作战需求，提供了明确具体的要求，也提供了实实在在的抓手，形成了巨大的牵引力量。

（五）加快转变战斗力生成模式

胡锦涛同志指出，要依靠科技进步加快转变战斗力生成模式，充分发挥科技进步和创新对战斗力提高的巨大推动作用。这体现了信息化条件下战斗力建设的内在规律，是对我军科技强军、质量建军思想的重大发展。推进国防和军队建设科学发展，解决我军建设两个“不相适应”的主要矛盾，就必须牢牢抓住加快转变战斗力生成模式这条主线。胡锦涛同志强调，要切实增强加快转变战斗力生成模式的主动性和责任感、紧迫感，把战斗力生成模式切实转到以信息为主导、以新型作战力量建设为增长点、提高基于信息系统的体系作战能力上来，转到依靠科技进步、官兵素质提高、管理创新上来，转到走军民融合式发展路子上来。

（六）加紧培养大批高素质新型军事人才

胡锦涛同志强调，要深入实施人才战略工程，加强信息化人才队伍建设，优化人才结构，进一步抓好联合作战指挥人才、信息化建设管理人才、信息技术专业人才、新装备操作和维护人才“四个方面人才”培养，为形成体系作战能力提供人才和智力支持。要以“五支队伍”、“四个方面人才”为牵引，突出高层次人才这个重点，把培养造就青年人才作为一项长期战略任务来抓，统筹推进各类人才队伍建设，提高军队人才培养质量。着眼于履行新世纪新阶段军队历史使命对人才素质的要求，把大规模培养人才、大幅度提高人才素质作为军队人才建设的战略抓手，健全培养体系，拓宽培养渠道，完善培养机制，培养和造就大批高素质新型军事人才。

（七）把依法治军、从严治军作为全局性基础性长期性工作紧抓不放

依法治军、从严治军是军队建设的铁律，是战斗力生成的重要源泉，是推进国防和军队建设科学发展的重要保证。特别是随着高新科技在军事领域的广泛应用和世界新军事变革的迅猛发展，战争形态和作战样式发生了根本变化，武器装备更加精密，组织结构更加复杂，协同配合更加密切，作战进程更加迅速，这就要求不断提高依法治军、从严治军水平。要高度重视军事法制建设，自觉按照依法治军的要求，把革命化、现代化建设和部队管理中创造的成功治军经验及时用法规的形式确定下来，进一步完善具有我军特色的军事法规体系，使军队各项建设和工作都有章可循、有法可依。

（八）提高军队党的建设科学化水平

在新的历史条件下提高军队党的建设科学化水平，必须坚持以能力建设、先进性和纯洁性建设为主线，认真贯彻党要管党、从严治党方针，紧紧围绕中心任务全面推进思想建设、组织建

设、作风建设、反腐倡廉建设和制度建设，坚持把保证党对军队绝对领导作为根本任务，坚持把推进军队建设科学发展、提高履行使命任务能力作为出发点和落脚点，坚持把建设坚强的党委班子和高素质干部队伍作为关键环节，坚持把加强党性修养、弘扬优良作风作为重要课题，增强各级党组织的创造力、凝聚力、战斗力，把党的政治优势和组织优势转化为推动军队建设科学发展的强大力量。胡锦涛同志强调，军队要以理论武装为根本加强学习型党组织建设。这是从思想上加强军队党的建设的重要举措。要完善学习制度，丰富学习内容，创新学习方法，使各级党组织既成为党员增强党性修养、提高思想觉悟的大熔炉，又成为党员学习新知识、增长新本领的大学校。

(九)紧紧依靠人民办国防

坚持全民办国防的方针。我们的军队是人民的军队，我们的国防是全民的国防，建立强大的人民军队和巩固的国防是全国各族人民的共同事业。必须充分调动人民建设国防的积极性主动性，在全社会形成关心国防、热爱国防、建设国防、保卫国防的生动局面。军政军民团结是加强国防和军队建设的重要政治保证，也是社会和谐稳定的坚实基础。在全面建设小康社会、加快推进社会主义现代化的历史进程中，必须发扬光大依靠人民建设军队、建设国防的优良传统，进一步巩固和发展军爱民、民拥军的生动局面。

五、习近平强军思想

党的十九大精辟概括习近平主席领航强军兴军的伟大成就和理论创造，鲜明提出习近平强军思想，为实现党在新时代的强军目标、把人民军队全面建成世界一流军队提供了根本引领和科学指南。牢固确立习近平强军思想在国防和军队建设中的指导地位，对于坚定不移走好中国特色强军之路，全面推进国防和军队现代化，具有重大现实意义和深远历史意义。

(一)习近平强军思想的时代背景

当前，我国进入由大向强发展的关键阶段，国防和军队建设处在新的历史起点上，必须以更大的智慧和勇气深化国防和军队改革。这是实现中国梦、强军梦的时代要求，是强军兴军的必由之路，也是决定军队未来的关键一招。

1. 当今世界发生了前所未有之大变局

当前国际格局和国际体系正发生深刻调整，国际力量对比正在发生近代以来最具革命性的变化，各种可以预料和难以预料的风险挑战明显增多。维护和用好我国发展的重要战略机遇期，实现“两个一百年”奋斗目标、实现中华民族伟大复兴的中国梦，军事力量是保底的手段。世界新军事革命深入发展，本质上是争夺战略主动权。只有抓住有利契机，全面实施改革强军战略，更好地设计和塑造军队未来，才能缩小与世界强国军事实力上的差距，在世界新军事革命中赶上潮流、走在前列，有效维护国家主权、安全、发展利益。

2. 我国安全形势正在发生新的深刻变化

随着我国快速发展壮大，一些西方国家的焦虑感不断上升。不论是从国际战略格局上还是从意识形态上，西方国家绝对不愿意看到强大的社会主义中国，阻滞我国发展的图谋也一刻未停止，对中国的戒备和防范心理越来越重，特别是敌对势力加大对我国实施西化、分化战略的力度，加紧对我国进行意识形态攻势。

我国地缘战略环境日趋复杂，存在多重不稳定因素，面对多方安全压力。美国为强化对亚太地区战略控制，插手介入地区热点问题，对华遏制和强硬的一面更加突出；一些国家安全战略和军事战略的外向性和进攻明显增强；我国周边一些热点地区局势充满变数，恐怖主义、分裂主义、极端主义活动猖獗，地区军事安全因素趋于突出，给我国周边安全稳定带来不利影响。

我国海上安全环境更趋复杂，对我国安全战略全局的影响更加突出。当前，我国已经进入从陆权国家向陆权海权兼备国家迈进的关键阶段，海上方向对国家安全和发展战略全局的影响愈发凸显。随着国家推进全方位对外开放，"一带一路"建设深入实施，走出去的深度、广度前所未有，我国国家利益快速向海外扩展和延伸，国际市场、海外能源资源、战略通道和资产安全以及海外机构、人员面临的恐怖袭击风险明显上升，维护国家安全和发展利益的压力增大。

3. 军事技术和战争形态已经发生革命性变化

在当今前所未有的大变局中，军事领域发展变化广泛而深刻，是世界大发展、大变革、大调整的重要内容之一。这场军事领域发展变化，以信息化为核心，以军事战略、军事技术、作战思想、作战力量、组织体制和军事管理创新为基本内容，以重塑军事体系为主要目标，正在推动新军事革命深入发展，其速度之快、范围之广、程度之深、影响之大，为第二次世界大战结束以来所罕见。随着军事电子信息技术快速发展，纳米技术、临近空间技术、高超声速技术不断突破，新概念武器向实战化方向发展，武器装备远程精确化、智能化、隐身化、无人化趋势明显，战场不断从传统空间向新兴领域拓展，高超声速武器将从根本上改变传统的战争时空观念，战争形态加速由机械化向信息化演变。

面对风起云涌的军事革命浪潮，世界各主要国家纷纷调整安全战略、军事战略，调整军队组织形态，抢占军事战略制高点。围绕谋取军事优势地位、争夺军事战略主动权的国际竞争进一步加剧。世界新军事革命加速发展的趋势，对我国加强国防和军队建设提供了难得的历史机遇，同时也提出了严峻挑战。

4. 贯彻落实强军目标和军事战略方针的必然要求

党在新形势下的强军目标，是我们党建军治军的总方略，体现了新的形势和任务对我军建设的新要求，为在新的起点上推进国防和军队建设指明了方向。新形势下军事战略方针，以党在新形势下的强军目标为总纲，以能打仗、打胜仗为核心，适应军队建设发展和军事斗争准备的战略需要，明确了军事力量建设和运用的新要求。深入贯彻落实强军目标和新形势下军事战略方针，必须深化国防和军队改革。同时，解决军队内部暴露出来的一些突出矛盾和问题特别是腐败问题，解决领导管理体制不够科学、联合作战指挥体制不够健全、力量结构不够合理、政策制度相对滞后等深层次矛盾和问题，提高我军能打仗、打胜仗的能力，归根结底要靠改革。

(二)习近平强军思想的主要内容

习近平强军思想内涵丰富、思想深邃，涵盖新时代国防和军队建设方方面面，构成一个系统完整、逻辑严密、相互贯通的科学军事理论体系。其主要内容主要包括以下十个方面。

1. 建设巩固国防和强大军队，为实现中华民族伟大复兴提供战略支撑

实现中华民族伟大复兴，是中华民族近代以来最伟大的梦想。实现中国梦对军队来说就要强军梦。我们要实现中华民族伟大复兴，必须坚持富国和强军相统一，努力建设巩固国防和强大军队。习近平总书记指出：国防和军队建设，必须放在实现中华民族伟大复兴这个大目标下来认识和推进，服从和服务于这个国家和民族最高利益。

中国特色社会主义是实现中国梦的必由之路，把国防和军队建设搞上去，是坚持和发展中国特色社会主义的内在要求。我们必须着眼坚持和发展中国特色社会主义，在新的历史起点上加快推进国防和军队现代化，努力建设同我国国际地位相称、同国家安全和发展利益相适应的巩固国防和强大军队，为在中国特色社会主义道路上实现中国梦提供重要力量支撑和坚强安全保证。

中华民族伟大复兴绝不是轻轻松松、顺顺当当就能实现的，国防和军队建设是国家安全的坚强后盾。现阶段我国发生大规模外敌入侵的战争可能性始终存在。军队要增强忧患意识、危机意识、使命意识，充分认识我国安全和发展面临的新形势新挑战，充分认识国防和军队建设的重要地位和作用，搞清楚国家安全和发展大势，把握好我军使命任务，以只争朝夕的精神推进国防和军队现代化，把军队搞得更强大，担当起维护国家主权、安全、发展利益的重大责任。

2. 建设一支听党指挥、能打胜仗、作风优良的人民军队

习近平总书记深入把握国际战略形势和国家安全环境发展变化趋势、总结我们党建军治军经验，鲜明提出“建设一支听党指挥、能打胜仗、作风优良的人民军队”这一党在新形势下的强军目标，明确了加强国防和军队建设的聚焦点和着力点，指明了建设巩固国防和强大军队的前进方向，力争到2035年基本实现国防和军队现代化，到本世纪中叶把人民军队全面建成世界一流军队。这是适应世界新军事革命发展趋势和国家安全需求，对我军建设目标作出的新概括新定位，内在要求建设强大的现代化陆军、海军、空军、火箭军、战略支援部队、联勤保障部队和武装警察部队，建设绝对忠诚、善谋打仗、指挥高效、敢打必胜的联合作战指挥机构，不断提高我军现代化水平和实战能力。

听党指挥是灵魂，决定军队建设的政治方向；能打胜仗是核心，反映军队的根本职能和军队建设的根本指向；作风优良是保证，关系军队的性质、宗旨、本色。强军目标，是对人民军队发展方向的战略定位，是对军队建设全局的顶层谋划，拎起了国防和军队建设的总纲。听党指挥、能打胜仗、作风优良，三者相互联系、密不可分，与我们党一以贯之的建军治军指导思想和方针原则是一致的，与革命化现代化正规化建设相统一的全面建设思想是一致的，统一于建设强大人民军队的实践。

3. 党对军队绝对领导是人民军队建军之本、强军之魂

习近平总书记强调：人民军队必须牢牢坚持党对军队的绝对领导，把这一条当作人民军队永远不能变的军魂、永远不能丢的命根子。坚持党对军队绝对领导，是人民军队的命脉所在，关系党和国家长治久安。我军是党领导的人民军队，必须牢牢掌握在党的手中，必须做到绝对忠诚、绝对纯洁、绝对可靠。所谓“绝对”，就是强调坚持党的领导的唯一性、彻底性和无条件性。不论思想上还是行动上，都必须与党中央、中央军委始终保持高度一致；不论平时还是战时，都必须一切行动听指挥；不论党和军队重大方针政策还是具体工作部署，都必须不折不扣贯彻落实。在这个根本政治原则问题上，我们要头脑特别清醒、态度特别鲜明、行动特别坚决，决不能有任何动摇、任何迟疑、任何含糊。

4. 深入贯彻新形势下军事战略方针

军事战略指导的生命力在于应时而变、应势而动。要着眼实现“两个一百年”奋斗目标、实现中华民族伟大复兴的中国梦，着眼实现党在新形势下的强军目标，探索形成与时代发展同步、同国家安全需求相适应的军事战略指导。积极防御战略思想是我们党军事战略思想的基本点，是我军一贯坚持的总方针和克敌制胜的法宝。当前，随着国家安全问题范围和领域不断扩大，军队担负的职能任务不断拓展，军事力量运用日益常态化，运用方式越来越多样化。习近平总书记强调：“人民军队永远是战斗队，人民军队的生命力在于战斗力。”这就要求我们贯彻新形势下军事战略方针，把备战与止战、威慑与实战、战争行动与和平时期军事力量运用作为一个整体加以运筹，牢固树立战斗力这个唯一的根本的标准，提高军事训练实战化水平，以军事斗争准备为龙头聚力打造精锐作战力量，加快构建适应信息化战争和履行使命要求的武

器装备体系,加快建设高素质新型军事人才队伍,发扬一不怕苦、二不怕死的战斗精神,锻造召之即来、来之能战、战之必胜的精兵劲旅。

5. 作风优良是我军鲜明特色和政治优势

"作风优良才能塑造英雄部队,作风松散可以搞垮常胜之师",这是习近平总书记反复强调的一个重要观点。人民军队要恪守全心全意为人民服务的宗旨,牢记为人民扛枪、为人民打仗的神圣职责,始终做人民信赖、人民拥护、人民热爱的子弟兵,不断发展坚如磐石的军政军民关系。把理想信念的火种、红色传统的基因一茬茬、一代代传下去,加强党史军史和光荣传统教育,永葆老红军的政治本色。军中绝不能有腐败分子藏身之地,要锲而不舍、驰而不息地把作风建设和反腐败斗争引向深入,努力铲除腐败现象滋生蔓延的土壤,积极培育风清气正的政治生态。严肃各项纪律,坚持严字当头、一严到底,下大气力治松、治散、治虚、治软,用铁的纪律凝聚铁的意志、锤炼铁的作风、锻造铁的队伍。各级领导干部要以钉钉子精神抓落实,以行动作无声的命令,以身教作执行的榜样,带动形成崇尚实干、敢于担当、主动作为的良好氛围。

6. 坚持政治建军、改革强军、科技兴军、依法治军

贯彻习近平强军思想必须坚持政治建军、改革强军、科技兴军、依法治军。政治建军是我军的立军之本。实行革命的政治工作,保证了我军始终是党的绝对领导下的革命军队,为我军战胜强大的敌人和艰难险阻提供了不竭的动力,使我军始终保持了人民军队的本色和作风。改革是决定我军发展壮大、制胜未来的关键一招。习近平总书记指出,深化国防和军队改革,是实现中国梦、强军梦的时代要求,是强军兴军的必由之路,也是决定军队未来的关键一招。深刻阐明了深化国防和军队改革是为了设计和塑造军队未来,着眼的是今后二十年、三十年国防和军队发展,谋的是民族复兴伟业,布的是富国强军大局,立的是安全与发展之基。国防科技发展事关国家前途命运,事关民族复兴前程。习近平总书记指出,真正的核心关键技术是花钱买不来的,靠进口武器是靠不住的,走引进仿制的路子是走不远的。我们要在激烈的国际军事竞争中掌握主动,必须牢牢扭住国防科技自主创新这个战略基点,必须下更大气力推进科技兴军、赢得军事竞争主动。依法洁军从严治军是我们党建军治军的基本方略,一个现代化国家必然是法治国家,一支现代化军队必然是法治军队。习近平总书记指出,深入推进依法治军、从严治军,是全面推进依法治国总体布局的重要组成部分,是实现强军目标的必然要求。军队越是现代化越要法治化,必须厉行法治、从严治军。

7. 改革是强军的必由之路

习近平总书记指出:"深化国防和军队改革,是为了设计和塑造军队未来。"领导管理和作战指挥体制改革,以重塑军委机关和战区为重点,强化中央军委集中统一领导和战略指挥、战略管理功能,形成决策权、执行权、监督权既相互制约又相互协调的运行体系,构建平战一体、常态运行、专司主营、精干高效的战略战役指挥体系。规模结构和作战力量体系改革,按照调整优化结构、发展新型力量、理顺重大比例关系、压减数量规模的要求,推动我军由数量规模型向质量效能型、由人力密集型向科技密集型转变,部队编成向充实、合成、多能、灵活方向发展。军队政策制度调整改革,立起打仗的鲜明导向,营造公平公正的制度环境,使军事人力资源配置达到最佳状态,让军人成为全社会尊崇的职业,把军队战斗力和活力充分激发出来。

8. 创新是引领发展的第一动力

创新是引领发展的第一动力,必须坚持向科技创新要战斗力,统筹推进军事理论、技术、组织、管理、文化等各方面创新,建设创新型人民军队。习近平总书记指出:"创新能力是一支军队的核心竞争力,也是生成和提高战斗力的加速器。"我们这支军队,靠改革创新走到现在,也

要靠改革创新赢得未来。必须把创新驱动发展的引擎全速发动起来，善于运用新理念、新思路、新方法推进我军各项建设。要加快形成具有时代性、引领性、独特性的军事理论体系，依靠科技进步和创新把我军建设模式和战斗力生成模式转到创新驱动发展的轨道上来，下大气力推进军事管理革命，努力培养造就宏大的高素质创新型军事人才队伍，大力弘扬创新文化，激励官兵争当创新的推动者和实践者，使谋划创新、推动创新、落实创新成为全军的自觉行动。

9. 构建中国特色军事法治体系

军队现代化建设必须构建中国特色军事法治体系，推动治军方式根本性转变，提高国防和军队建设法治化水平。习近平总书记指出："一支现代化军队必然是法治军队。"强化法治信仰和法治思维，坚持依法治官、依法治权，领导干部带头尊法学法守法用法，引导官兵把法治内化为政治信念和道德修养，外化为行为准则和自觉行动。构建系统完备、严密高效的军事法规制度体系、军事法治实施体系、军事法治监督体系、军事法治保障体系，坚决维护法规制度权威性，强化法规制度执行力。推动实现从单纯依靠行政命令的做法向依法行政的根本性转变，从单纯靠习惯和经验开展工作的方式向依靠法规和制度开展工作的根本性转变，从突击式、运动式抓工作的方式向按条令条例办事的根本性转变，形成党委依法决策、机关依法指导、部队依法行动、官兵依法履职的良好局面。

10. 实施军民融合战略，构建一体化的国家战略体系和能力

军民融合发展作为一项国家战略，关乎国家安全和发展全局，既是兴国之举，又是强军之策。实施军民融合发展战略必须坚持发展和安全兼顾、富国和强军的统一，形成全要素、多领域、高效益军民融合深度发展格局，构建一体化的国家战略体系和能力。富国才能兵强，强兵才能卫国。推进军民融合发展战略，必须着眼经济实力和国防实力同步增长，强化统一领导、顶层设计、改革创新和重大项目落实，在更广范围、更高层次、更深程度上推进军民融合，逐步实现国家各领域战略布局一体融合、战略资源一体整合、战略力量一体运用，努力开创经济建设和国防建设协调发展、平衡发展、兼容发展新局面。

(三)习近平强军思想的地位和作用

习近平强军思想，植根强国复兴新时代，指引强军兴军新征程，在马克思主义军事理论中国化进程中，在党的军事指导理论创新发展中，在我们党治国理政的实践中，具有重大政治意义、理论意义、实践意义和指导意义。

1. 习近平新时代中国特色社会主义思想的"军事篇"

习近平强军思想与毛泽东军事思想、邓小平新时期军队建设思想、江泽民国防和军队建设思想、胡锦涛国防和军队建设思想，既一脉相承又与时俱进，是习近平新时代中国特色社会主义思想的"军事篇"，是人民军队的强军之道、制胜之道，升华了我们党对军事指导规律的认识，把马克思主义军事理论和当代中国军事实践提升到新境界，为我军实现强军目标、迈向世界一流提供了科学指南和行动纲领，点亮了照耀强军征程的时代灯塔。

2. 马克思主义军事理论中国化时代化新飞跃

面对世情、国情、军情的深刻变化，面对强国强军的时代要求，习近平强军思想作出一系列新判断、新概括，指出世界正发生前所未有之大变局、我国正处于由大向强发展的关键阶段、我军正经历着一场革命性变革，强调国防和军队建设进入了新时代；阐明新时代军队使命任务和强军的奋斗目标、战略指导、必由之路、强大动力、治军方式、发展路径等重大问题，把我们党对军事力量建设和运用规律的认识提高到新水平。习近平强军思想把全面推进国防和军队现代化纳入强国复兴大战略、大布局，擘画了未来几十年我军建设发展的蓝图，为我们走好新的长

征路确立了行动纲领。习近平强军思想对丰富和发展马克思主义军事理论作出原创性贡献，开拓了当代中国马克思主义军事理论和军事实践发展新境界。

3. 中国特色强军之路的根本遵循

党的十八大以来强军事业之所以取得历史性成就、发生历史性变革，根本在于习近平强军思想的科学指引。习近平强军思想深刻回答了新时代"人民军队听谁指挥、怎样铸牢军魂"、"为什么强军、怎样强军"、"打什么仗、怎样打胜仗"等基本问题，丰富发展了我们党建军治军思想和方针原则，指引了人民军队的强军新征程。提出建设一支听党指挥、能打胜仗、作风优良的人民军队，是实现"两个一百年"奋斗目标、实现中华民族伟大复兴的战略支撑，强调坚持总体国家安全观，人民军队要坚决维护中国共产党领导和我国社会主义制度，维护国家主权、安全、发展利益，维护地区和世界和平，进一步明确了国防和军队建设在全面建设社会主义现代化强国中的地位作用，拓展和规定了我军新时代使命任务。

复习思考题：

1. 毛泽东军事思想的历史地位和现实意义体现在哪些方面？
2. 毛泽东人民战争的战略战术思想有哪些重要内容？
3. 我党领导下的人民军队的性质、宗旨和任务的具体内容是什么？
4. 邓小平新时期军队建设思想的主要内容是什么？
5. 江泽民国防和军队建设思想的主要内容是什么？
6. 胡锦涛国防和军队建设思想的主要内容是什么？
7. 习近平强军思想的时代背景是什么？
8. 习近平强军思想的主要内容主要包括哪些方面？
9. 习近平强军思想的地位和作用如何？

第四章　现代战争

教学内容

- 战争概述
- 新军事革命
- 机械化战争
- 信息化战争

教学目标

教学目标 了解战争内涵、特点、发展历程，理解新军事革命的内涵和发展演变，掌握机械化战争、信息化战争的基本内涵、发展阶段及主要特点，使学生树立打赢信息化战争的信心。

第一节　战争概述

战争是人类社会发展中的一种社会现象，伴随着人类社会的发生发展一直至今。历经几千年的发展变化，战争呈现出了多种多样的战争类型。战争在社会历史上的作用既有积极的一面，又有消极的一面。但我们必须看到，战争的作用不管是积极的还是消极的，从整体上看，都只是人类历史上"不可避免的不幸"。当前，和平与发展是时代的主题，在此历史条件下，人们力争通过各种途径和方法维护和平、制止战争，以使人类能在和平中求得历史的进步和发展。

一、战争的内涵与本质

(一)战争的概念

马克思主义战争观认为，战争是人类社会生产力和生产关系这对基本矛盾发展到一定阶段的产物。战争是国家或政治集团之间为了一定的政治、经济等目的，使用武装力量进行的大规模激烈交战的军事斗争，是解决国家、政治集团、阶级、民族、宗教之间矛盾冲突的最高形式(2011 版《中国人民解放军军语》)。这种军事斗争是由采用一定体制编制的军队，运用一定的武器装备，按照一定作战方式所进行的。武器装备、体制编制和作战方式等方面的发展变化，会使人们观察到不一样的战争。人们通常用战争形态这一概念来描述所看到的不同的战争。

毛泽东指出战争是阶级斗争的最高形式。他认为:“战争从有私有财产和有阶级以来就开始有了,用以解决阶级和阶级、民族和民族、国家和国家、政治集团和政治集团之间,在一定发展阶段上的矛盾的一种最高的斗争形式。” 在阶级社会中,阶级矛盾时时存在,但人们并不时时都进行战争,只有阶级矛盾发展到极端尖锐的程度,才采取战争这种最高的斗争形式。

(二)战争的本质

战争的本质是政治的继续。战争出现的早期,人们把战争现象看作是“上天”的安排,是“上天”的旨意。如在《左传》中记述了不少国兴国亡的战争,把战争胜负归于“天命”和“天祸”,均系于神灵。在荷马史诗《奥德修记》中记载:“强暴的人侵略了别人的土地,上天让他们俘获财物,满载而归……”认为战争是由“上天”决定的。宗教出现后,把战争现象又归于“神的旨意”和“上帝的安排”,认为战争是上帝对人的罪孽的“惩罚”,是对异教徒的“惩戒”,等等。

随着社会的发展进步,人们对战争有了更进一步的认识。我国古代《司马法》表述,“古者,以仁为本,以义治为正。正不获意则权。权出于战”,开始觉察出战争是正常的“义治”方法行不通时不得不采取的特殊手段。《尉缭子》记载:“兵者,以武为植,以文为种。武为表,文为里。”它把武力(战争)比作植物的躯干,把文德(政治)比作植物的种子,认为武力是表象,文德是实质,这就进一步判断了战争与政治是次与主、表与里的关系。

近代西方的一些军事理论家对战争与政治的认识则更进一步,普鲁士的比洛则把战略划分为政治战略和军事战略,并提出“政治战略与军事战略的关系,就如军事战略和战术的关系一样。而政治战略是最高一级的”。

在历史上第一明确提出“战争是政治的继续”是西方军事家克劳塞维茨。他认为,政治越是宏伟有力,战争也就越宏伟有力;现实战争并非战争的概念所规定的那样是一种趋于极端的努力,而是一种本身有矛盾的不彻底的东西……必须把它看作是另一个整体的一部分,而这个整体就是政治;政治是头脑,战争只不过是工具;战争就其主要方面来说就是政治本身,政治在这里是以剑代笔。所以克劳塞维茨认为,战争是政治交往的继续,是政治交往通过另一种手段的实现。毛泽东说:“‘战争是政治的继续’,在这点上说,战争就是政治,战争本身就是政治性质的行动,从古以来没有不带政治性的战争。”在这种一致性中,一方面,政治决定战争,主要表现在:政治决定战争的目的和性质,影响战争的前途和结局;政治规定战争的指导路线和战略,影响战争的计划和进程;政治决定军队的性质和素质,影响军队战斗力的发挥。另一方面,战争又反作用于政治,主要表现在:战争的结局可以影响或决定政治的进程和前途;战争有可能导致政治力量的重新组合;战争可以教育、锻炼人民,促进社会变革。

综上所述,政治与战争是母与子、整体与部分、头脑与工具的关系。政治是母体,政治孕育战争、产生战争;政治是整体,战争是整体的一部分;政治是头脑,政治支配着战争。

历史和现实中的战争始终都是“战争是政治的继续”。萌芽形态的战争是与萌芽形态的政治相适应,典型形态的战争都是政治的继续;核时代,战争包括核战争仍然是政治的继续。

二、战争的分类与特点

(一)战争的分类

战争的类型就是按照一定标准对战争所做的分类。从根本上讲,战争的不同类型取决于与战争相关的各种条件和因素的不同。由于任何战争都是在一定的时空中进行的,都受着一定历史条件的制约,随着人类社会历史的发展,决定和制约战争的各种因素和条件也在不断发展变化，从而造成了战争类型的多样化。

按照战争性质，分为正义战争和非正义战争。正义战争是指符合人民根本利益、推动社会进步的战争。包括为抵抗反动阶级压迫、争取民族解放、抵御外来侵略、维护国家统一和世界和平等而进行的战争。非正义战争是指违背人民根本利益、阻碍人民革命、侵略他国、制造国家分裂和争夺世界与地区霸权等而进行的战争。这两种类型的战争之间没有不可逾越的鸿沟，它们相互依存、相互渗透、相互联结，在一定条件下还可以相互转化。但从历史发展的趋势看，正义战争必然要战胜非正义战争，直至最后消灭一切战争，这是不以任何人的意志为转移的客观规律。

按照战争规模，分为全面战争和局部战争。全面战争是指全面动员、全力实施的战争。包括世界大战、国家间的全面战争和国家内部的全面战争。局部战争是指在局部地区进行的目的、手段、规模等有限的战争。相对于世界大战、全面战争而言。

按照使用的武器，分为常规战争和核战争。所谓常规战争，是指使用常规武器所进行的战争。从武器发展的历史看，常规武器大体经历了金属兵器、火药兵器、机械兵器三个发展阶段，因此历史上的常规战争又可以分为金属化条件下的常规战争、火药化条件下的常规战争和机械化条件下的常规战争。所谓核战争，是指使用核武器所进行的战争。它以核武器为主要毁伤手段，其特点是战争的规模、战争的突然性和破坏性都比常规战争空前增大。有些国家又将核战争区分为核大战和有限核战争。

按照战争形态，还分为冷兵器战争、热兵器战争、机械化战争和信息化战争。

(二)战争的基本特点

不同时期、不同地域、不同性质的战争均有其特殊性，当然也表现出一些共同的特点。

1. 社会性

战争是人类社会特有的活动。在人类社会产生以前，动物之间虽然也存在生死搏斗，但这只是生存竞争、优胜劣汰的自然法则的表现。它没有严密的组织性和明确的目的性，也不会制造与使用武器，因此，这种冲突不具有社会性，所以也不能称之为战争。

战争是人类社会交往手段扩大的产物。人类之间没有交往就谈不上利益冲突，战争也就无从发生。原始社会初期的很长一段时间之所以没有真正意义上的战争，就是因为当时地广人稀、生产力水平低下，人们“老死不相往来”，交往甚少。后期之所以产生了战争，主要是因为随着生产力水平的提高，人口数量增加，相互间交往增多，摩擦和冲突相应增多的缘故。

战争是在一定的社会形态中、一定的社会历史条件下进行的，它不能离开一定的社会历史条件而存在。并且，战争随着人类社会历史的发展而发展，不同的历史时期的战争具有不同的特点。

2. 暴烈性

战争的基本标志是武装斗争，因而暴烈性是战争的显著特点。人类社会发展中，相比于社会上存在的凶杀、暴戾，人世间再没有比战争更为暴烈的社会活动了。古往今来，人们对战争的暴烈性有过众多描述和论述。例如，在中国古代，人们把战争看作是“凶器”和“不祥之物”。孙武在谈到战争是国之大事时，把战争称为“死生之地、存亡之道”。“生与死、存与亡”已经成为人们在战争面前自然产生的一种想法。在国外，有些人把战争看成是食人的“魔鬼”，更是人间的“灾难”、“悲剧”和“不幸”。比如，法国的福煦说战争是“恐怖而激动人心的悲剧”。英国的富勒说战争是“国际身上的疾病”。日本的小山内宏说战争是一种“惨无人道的竞赛”。美国的巴顿将军说得更直接，战争就是杀人的买卖，你不放他的血，他就会宰了你。毛泽东把战争形容为“人类互相残杀的怪物”。总之,流血的暴烈性如果不是人们对战争的第一印象,那么至少也是最深刻的印象。

战争主要表现为两军相杀,流血的暴烈性则无法避免,是一个必然的结果。毛泽东深刻地揭示了暴烈性之所以存在的原因。他说,敌对双方各种相互对立的基本因素展开于战争行动中,就变成互相为了保存自己消灭敌人而斗争;保存自己消灭敌人这个战争目的,就是本质,就是一切战争行动的根据。所以,战争是流血的政治,是要付出代价的,有时是要付出极大的代价。

3. 对抗性

众所周知,战争是由敌对双方构成的一种对抗行为。没有敌对双方的对抗行为就不会构成战争矛盾,也就形不成战争状态。战争的对抗性包括相对和平时期的对抗性和战争时期的对抗性。

(1)平时的对抗性。敌我双方的对抗关系一般在平时就大量存在,并以各种方式或明或暗、或紧张或缓和地进行着斗争。当然,相对和平时期的对抗性是酿成现实战争的根源和原因,和平时期敌对双方彼此之间的关系和冲突是通过非暴力手段来解决的,是因为这种利害关系还没有达到尖锐的地步,也就无须诉诸武力。

(2)战时的对抗性。武装斗争开始后,敌对双方都组织和使用武装力量,相互展开武装斗争和较量,才真正拉开战争的帷幕,构成了典型的战争状态。因此,自古以来,不存在没有武装斗争的战争。克劳塞维茨认为,“一方绝对的忍受就不成为战争”,“双方的企图如果都是防守,那就不会发生战争”。毛泽东明确指出:“如果两方面都不要打,就打不起来。”“两个想不开,合在一起,就要打仗。”

斯大林格勒战役

4. 破坏性

战争作为人类社会有组织的暴烈性对抗活动,必然给社会生产力带来种种破坏。比如物质财富的大量损失、人员的大量伤亡、文化古迹及生态环境破坏等。

(1)战争造成人口的大量伤亡

有战争就有伤亡,战争的暴烈性对抗性对人口具有直接杀伤力。在冷兵器时代,战争造成的人口伤亡很大,比如中国古代战国时期秦统一六国的战争,其直接损耗人口数大约有 300 万左右,占战国时期总人口的 15%。仅长平之战,秦将白起就坑杀赵国俘虏 40 万人;唐代的“安史之乱”,甚至造成了“人烟断绝”、“千里萧条”,人口下降了 30%;而明末清初延续 40 年的战乱造成了人口的大量消耗,“一望极目,田地荒凉,四顾郊原,社灶烟冷”,竟比 100 多年前的明嘉靖三十一年(1552 年)的人数减少了 1/3。到了现代社会,武器装备的破坏力日益增大,战争造成的伤亡也随之增大。据史料记载,第一次世界大战,卷入战争的人口达 15 亿之多,伤亡达到 3 000 余万。第二次世界大战更是把全球 80%的人口卷入战争之中,战争双方军地伤亡总数超过 9 000 万人,其中中国军队伤亡 3 500 万人,占整个伤亡的 40%。而且,战争中直接伤亡的人口,一般都是青壮年。人口的减少必然给社会经济带来巨大的破坏。

长平之战

(2)战争造成社会财富的巨大损失

通过人类的辛勤生产和劳动,社会积累了一定的物质财富,而战争发生后这些财富则会遭到不同程度的流失和破坏。管子说,“故一期之师,十年之蓄积殚;一战之费,累代之功尽”。古代战争尚且如此,现代战争的财富花费就更为惊人了。历时 42 天的海湾战争,以美国为首的多国部队投入的武器装备总价值就达到 1 020 亿美元,比第一次世界大战和第二次世界大战各国投入的武器装备价值总和还多(第一次世界大战为 20 亿美元,第二次世界大战为 400 亿美元)。而战争的实际消耗,美国及多国部队达到 610 亿美元,平均日均耗资 14.5 亿美元。

(3)战争影响社会经济的发展

人是社会生产和劳动的主体,是首要的劳动者和生产力。战争需要大量的青壮年,且又会造成千百万人的伤亡,不仅不能去投入生产,而且会伴随着劳动成果和生产资料遭到极大的破坏,必然会对社会经济造成破坏,甚至造成经济发展的停滞。比如中国古代经济重心为什么自南宋开始逐渐由黄河流域移向长江流域,并发展成“南盛北衰”的经济局面呢?除了地理条件之外,主要的原因就在于北方连年混战,人口锐减,经济发展遭到破坏。再比如第二次世界大战后,除美国崛起外,战后 1945~1946 年,德国的国民收入和国民生产总值竟不到战前的 1/3,日本也只相当于战前的 57%,意大利则直接倒退到了 1911 年的水平。英国和法国虽是战胜国,但也在战争中耗尽了国家的力量。某种程度上,第二次世界大战成了“欧洲时代的结束”。第二次世界大战后,美国与苏联为了争夺军事优势,苏联一直保持高额的国防开支,每年的国防花费约占社会总产值的 8%~9%,占国家财政开支的 31%~35%。巨额国防开支极大地影响了苏联的国民经济发展,导致其经济长期停滞不前。苏联的解体,在一定程度上也是被军备竞赛“压垮”的。正如美国保罗·肯尼迪所说,如果一个国家把它的很大一部分资源不是用于创造财富,而是用于军事目的,那么,从长远来看,这很可能将导致该国国力的削弱。

(4)战争的其他破坏作用

战争不仅造成了人口、财富、经济的巨大损失，还对社会的方方面面都产生了破坏作用。战争影响着科学技术全面、持续、正常发展；战争破坏了人们的和平安宁生活，每场战争都有人要背井离乡、流离失所、妻离子散、家破人亡，还要经受亲人因战争牺牲的巨大悲痛；带来了饥荒、疾病的流行，甚至有很多人患上了“战争综合症”；另外，战争对人类历史文明也产生了巨大的破坏作用。

世界文化遗产帕米尔拉古城

三、战争的起源与根源

战争并不是人类社会一开始就有的，也不是永恒存在的，而是人类社会在一定历史发展阶段上的合乎规律的现象。

(一)战争的起源

关于战争的起源与发展过程，人们至今仍未取得一致的认识。实际上，战争的起源不仅与人类的起源密切相关，尤其与人类的社会进化紧密联系着。在我国春秋时期《吕氏春秋·荡兵》中说：“兵之所自来者上矣，与始有民俱……黄、炎故用水火矣，共工氏固次作难矣，五帝固相与争矣……人曰‘蚩尤作兵’。蚩尤非作兵也，利其械矣。未有蚩尤之时，民固剥林木以战矣……”认为战争的由来已经相当久远了，它是和人类一起产生的。而韩非则认为(《韩非子·五蠹》)：“古者，丈夫不耕，草木之实足食也；妇人不织，禽兽之皮足衣也；不事力而养足，人民少而财有余，故民不争……今人有五子不为多，子又有五子，大父未死而有二十五孙。是以人民众而货寡，事力劳而供养薄，故民争。”告诉我们，古时的人们是没有争夺的，而随着人口不断增多，社会财富不断减少，这才有了争斗。也就是说，战争并非与生俱来，而是社会发展到一定阶段的产物。

实际上，作为成熟的、典型形态的战争不是突然出现的，而是有一个萌芽、生成的过程。在此意义上，原始社会存在过的暴力冲突，虽然并不就是“现代意义上的战争”，但却是现代战争的源头！那么，人类社会集团间的最初战争行为是何时产生，又是因何产生？

一般来说，原始社会分原始群、母系氏族社会和父系氏族社会。随着母氏氏族社会的发展和繁荣，战争这一现象便发生了。马克思、恩格斯曾多次谈到原始社会的“古老战争”。恩格斯认为，弓箭对于蒙昧时代，正如铁剑对于野蛮时代和火器对于文明时代一样，乃是决定的武器。马克思认为，由于武器的改良和更为残酷，野蛮人进行的战争比蒙昧人更能毁灭大量人的生命……这种“古老战争”的起因和目的，主要在于生产力的发展并由此引起的氏族或部落的人口的增多和迁徙。而这种迁徙纯粹是为了寻求新的猎场、渔场等生存条件。母系氏族、父系氏族社会发生的“古老战争”，无论从性质、规模和组织上等看都不是“现代意义上的战争”。它没有专门的武器，更没有专门的组织力量，更没有奴役、压迫、剥削的目的。而且这种战争也仅局限于氏族或部落以外。当然，这种“古老战争”虽不同于现代意义上的战争，但却是现代战争的起源。

（二）战争的根源

战争随着社会发展而发展。随着人类社会由无阶级社会向有阶级社会的发展、过渡，氏族社会发生的“古老战争”开始逐渐蜕变为阶级社会典型的“现代意义上的战争”，并在阶级社会里不断发展、演变。

战争在原始社会向阶级社会的发展中蜕变为一种“正常的营生”。恩格斯指出：以前进行战争，只是为了对侵犯进行报复，或者为了扩大已经感到不够的领土；现在进行战争，则纯粹是为了掠夺（家畜、奴隶和财宝），战争成为经常的职业了。而使战争发生质变的分水岭，正是人类社会出现了私有制和阶级。

历史上对战争及其产生根源有各种不同观点。战争自然主义论者认为，战争的根源在于自然环境和人类的生物本性，并认为战争是自然的和永恒的现象。战争宗教论者则认为战争是上帝对人的惩罚，并用超自然力量解释战争起因。战争种族主义论者则认为，战争的起因是优劣民族之间的差别。近现代地缘主义政治学者则认为战争是基于地理环境，即为争夺一定的生存空间和自然资源引起的。战争人口论者（马尔萨斯主义者）则认为，人口过剩和饥饿是战争的真正原因。战争历史唯物论者认为，战争既非从来就有，也非永恒的，战争是社会生产力和生产关系发展到一定阶段的产物，是在私有制产生以后，随着阶级和国家的形成，出现压迫和被压迫时才出现的。历史上有各种类型的战争，包括侵略战争和自卫战争、正义战争和非正义战争。有传统战争和现代战争、局部战争和世界战争等多种类型。

战争起因与战争根源不同，战争起因是引发战争的直接因素，如政权争夺、领土争端、经济冲突、民族矛盾、宗教纠纷、价值观推广等。

阶级社会的战争根源产生于私有制和阶级。一般来讲，阶级社会的战争形式，主要有阶级间的战争、民族间的战争、国家间的战争和政治集团之间的战争。而导致战争发生的根源，都源于私有制和剥削阶级。利益冲突并不能说明战争根源，引起只是剥削阶级、统治阶级的利益或不正当的、损人利己的国家民族利益。而这些引起战争利益的背后都有一个共同的动机——贪欲，其社会基础正是因为私有制和阶级的存在。

战争在阶级社会随着社会形态、生产力和科学技术的发展而发展。私有制的确立、阶级的形成、国家的产生，标志着人类社会脱离了原始社会的脐带。战争也发展到了它的典型形态，成为解放民族和民族、国家和国家、阶级和阶级、政治集团和政治集团之间矛盾的最高斗争形式。几千年来，由于社会的政治、经济、科技、文化等不断发展，致使战争也随之向前发展。

在不同的历史发展阶段，战争的一般根源往往会有不同的内容、表现和特点。比如，帝国主义是现代战争的根源，霸权主义和强权政治是当代战争的主要根源等。

四、战争的发展与作用

战争不是从人类一开始就有的，也不是永恒存在的。战争是人类社会发展到一定阶段的产物，是敌我之间矛盾的最高表现形式，也是解决政治、经济等利益冲突的最极端的手段。在人类社会的一定历史阶段中，战争起着重要作用。

(一)战争的发展历程

在世界军事发展史上，发生过多次断代性飞跃的军事变革，产生了多个不同的战争形态。由于人们对军事变革的理解不同、考察问题的角度不一样、关注的重点有别，因而对世界军事变革的阶段划分不尽一致，出现了关于军事变革和战争形态的认定有多种不同次数的种种说法。俄罗斯军事理论家斯里普琴科少将认为有6次军事变革，即步兵和骑兵出现后的第一次变革，火药和滑膛枪出现后的第二次变革，线膛炮和来复枪出现后的第三次变革，坦克、飞机出现后的第四次变革，核武器出现后的第五次变革，以及现在正在进行的第六次变革。由此可见，从不同的角度、不同的层面观察，对于军事革命和战争形态的认识是不一样的。美国著名未来学家托夫勒认为人类社会有3次军事变革：第一次是由农业革命引起的第一次浪潮战争变革；第二次是由工业革命引起的第二次浪潮战争变革；第三次是现在正发生的由工业社会向信息社会过渡的第三次浪潮战争变革。

以整个军事形态是否发生质变来衡量和判断，通常可以把迄今为止的军事革命分为4次，与此相对应产生了4种典型的战争形态：第一次是金属兵器取代木石兵器，建立农牧时代军事体系的金属化军事革命，也称为冷兵器军事革命，产生了冷兵器战争；第二次是火药兵器取代金属兵器，建立工场手工业时代军事体系的火药化军事变革，也称为热兵器军事革命，产生了热兵器战争；第三次是机械化武器装备取代火药兵器，建立大工业时代军事体系的机械化军事革命，产生了机械化战争；第四次是信息化武器逐渐主宰战场，建立信息时代军事体系的新军事革命，也就是信息化军事变革，将导致信息化战争形态的出现。

1. 冷兵器军事革命产生冷兵器战争

公元前3000年前后，随着金属的发现及其在军事领域的运用，金属化军事变革开始萌芽，在公元前后得到较大发展，到中国汉、唐时期被推向高峰，历时2 000年左右。金属化军事变革的基本标志是，金属兵器取代木石兵器，职业化军队正式建立和发展，主要进行阵式作战，朴素的军事理论诞生，最后形成了崭新的金属化军事形态。

金属化生产工具的出现以及由此带来的生产力的提高，为金属化军事变革提供了物质技术基础。在漫长的原始社会，人类逐渐学会了制造和使用石器工具。公元前3500年前后，金属开始出现。先是铜，然后是青铜和铁被用于制造生产工具。随着铁制锄、斧、犁等生产工具的广泛运用，人类的耕作技术大幅提高。农业成为主要的经济活动，畜牧业退居从属地位，出现了第一次社会大分工。铁制工具的使用提高了农业耕作技术，使农作物产品有了剩余。剩余产品的交换促进了商业的繁荣，导致冶金、制陶、纺织、榨油、酿酒等行业日趋专业化，于是出现了第二次社会大分工——手工业和农业的分离。两次社会大分工，极大地促进了生产力的发展和经济的繁荣，为金属化军事变革创造了充分的物质技术条件和社会经济基础。

生产工具不断进步带动农业生产力的提高和商品经济的繁荣，社会大分工出现，阶级、国家随之产生，从而为金属化军事变革提供了政治基础。阶级、国家出现以后，统治阶级为维护其统治地位，不断加强国家的暴力手段，开始建设正规的军队，并致力于提升其军事能力，这些因素都为金属化军事变革提供了必要的前提条件。

冷兵器战争

频繁的战争为金属化军事变革提供了孕育的土壤。原始社会后期，战争逐渐成为一种经常性职业。随着奴隶制国家的建立，民族与民族、阶级与阶级、国家与国家之间的战争日趋频繁和残酷，规模也进一步扩大。在尼罗河流域、黄河流域、中东地区、爱琴海等地区出现的世界上第一批奴隶制国家进行了激烈的争霸战争。这些激烈、残酷和大规模的战争，直接推动了金属化冷兵器战争形态的发展。

2. 热兵器军事革命产生热兵器战争

热兵器军事革命源于火药的发明。这一变革从公元10世纪前后在中国萌芽，到19世纪后半叶普法战争时期达到高峰，历经800多年。火药化军事变革是人类社会从农牧时代向工场手工业演进过程中，政治、经济、文化、科技与军事发展的必然结果。火药化军事变革的主要标志是火药逐渐成为主战兵器，出现炮兵、工兵、海军等新兵种，线式与散兵作战先后成为主要作战方式，军事理论开始形成体系，最后以火药化军事形态取代金属化军事形态。

火药等科学技术的发展为火药化军事变革的发生提供了必要的物质技术条件。中国北宋初年制成具有焚烧和杀伤作用的火药。14世纪初，火药与火器经阿拉伯传入欧洲。经过火器研制者近两个世纪的仿制和改进，并与近代科学技术相结合，燧发枪、线膛枪、线膛炮等枪械被源源不断地制造出来。18世纪后半期开始于英国的工业革命极大地促进了生产力的发展，同时为军事领域的变革准备了前所未有的技术条件。在这一时期发展起来的冶金学、机械学、工程学、化学、弹道学等，把火器制造技术提高到一个新的阶段，枪炮制造技术得到了迅速发展，为火药化军事变革的进一步发展奠定了技术基础。

在封建社会漫长的历史长河中，东西方的社会生产力都随着历史的发展不断提高。14至15世纪，在意大利、法国南部的一些大城市出现了资本主义萌芽。从16世纪起，欧洲开始资本原始积累，确立了自由资本主义市场经济制度。随着欧美各国资本主义生产方式的确立，社会生产力获得了空前发展。“资产阶级在争得自己的统治地位还不到一百年，它所造成的生产力却比过去世世代代总共造成的生产力还要大、还要多。”上升时期繁荣的资本主义经济为火药化军事变革提供了充分的物质条件。资本主义先进的信贷制度和股份制度，则为火药化兵器的发展提供了经济支持，逐步形成了世界范围的军火生产基地和军火市场。

热兵器战争

人类社会进入资本主义时代以后，资产阶级的争霸战争更加频繁剧烈，对火药化军事变革的蓬勃开展起到了巨大的推动作用。15 世纪末至 16 世纪初，西欧各国生产力的进步，促使商品经济迅速发展，从而引起对开辟新航路和殖民地的需求。15 世纪末，葡萄牙开辟了通往印度的新航道，紧接着哥伦布到达美洲，拉开了西欧诸国对亚、非、美洲进行殖民侵略的序幕。16 世纪，西班牙、葡萄牙控制了殖民霸权，到 17 世纪初又被荷兰取代。17 世纪中叶，英国在经过三次殖民战争打败荷兰后，开始与法国争取世界霸权。七年战争后，英国打败法国，一跃成为世界上最大的殖民强国。欧洲在 18 世纪末到 19 世纪初爆发了拿破仑战争，在 19 世纪中后期又先后爆发了克里米亚战争和普法战争。在殖民者扩张争霸的同时，殖民地人民反对殖民主义的战争也此起彼伏。继北美独立战争后，法国大革命狂飙突起，海地人民揭竿而起，其他拉丁美洲的民族独立运动也迅速兴起。欧洲大陆内部农民战争和宗教战争也接连不断。进入 19 世纪，美国又爆发了南北战争。这些战争不仅促进了火器技术的发展和军队结构的改变，也推动着作战方式的变革和军事理论的创新，从而推动了热兵器战争形态的发展。

3. 机械化军事革命产生机械化战争

机械化军事变革开始于 19 世纪末，经过两次世界大战，到 20 世纪中叶基本实现，历时近 100 年。机械化军事变革的主要标志是火力、动力机械与电子技术等相结合，军队由陆、海、空部队构成，合同作战方式与各种新军事理论体系问世，最后由机械化军事形态取代火药化军事形态。

19 世纪末 20 世纪初，人类社会开始了一场以电力能源和内燃机等的发明及广泛应用为主要标志的第二次产业革命，将工场手工业发展为机械化大生产。机器制造业、汽车工业、交通运输业等各主要工业部门的迅猛发展，电机工业、化学工业、通信技术等新兴工业部门如雨后春笋不断涌现。由于新兴企业规模扩大、资本力量雄厚，使生产和资本出现了不断集中的趋势，垄断组织应运而生。垄断不但带来了生产社会化的飞跃发展，而且使技术的发明和改良过程社会化，促进了生产力的发展，从而为军事变革提供了经济和社会条件。

机械化战争

19世纪后半叶至20世纪，自然科学在许多领域取得了重大进展，以电力能源和内燃机的发明与运用为主要标志的技术革命在19世纪末轰轰烈烈地展开。电能和内燃机的推广和运用，以及电磁学、航空学等新兴学科的兴起，将人类社会带入大机器时代、铁路时代、航空时代和电磁时代。动力机械等科学技术的发明和运用为机械化军事变革提供了直接的技术条件，导致速射机枪、坦克、飞机、潜水艇、航空母舰、无线电设备等一大批自动化、机械化武器装备相继问世，深刻改变着战争的面貌。

随着资本主义过渡到帝国主义阶段，资本主义国家之间的争霸斗争不断加剧。围绕殖民地的瓜分，新老帝国主义不可避免地产生矛盾和冲突，从而推动着新一轮军事变革的加速发展。20世纪的两场世界大战，把最新科技成果运用于战争，有力地推动了机械化军事变革的发展。第二次世界大战期间，世界上一些有影响的大国基本完成机械化军事变革。第二次世界大战结束后，随着核技术的发展和核战略的形成，机械化战争在核阴影的笼罩下进一步发展和完善。

4. 信息化军事革命产生信息化战争

从20世纪中叶以来，由于科学技术的飞速发展和生产力水平的大幅度提高，以计算机技术和信息技术为龙头的高新技术群不断涌现，人类开始进入信息时代。信息时代的到来，军事体系便有了信息社会的技术基础做支撑，加之军地间广泛的互通互用和互联互依，使得包括战争在内的军事体系开始全面向信息化迈进。附着信息技术在军事领域的广泛运用，大量信息化武器装备投入战场，为新一轮战争形态的变革提供了物质基础。一个以使用信息化武器装备为主导，使战争基本方式发生根本变化的信息化战争开始登上战争舞台。与农业时代的冷兵器战争、工业时代的机械化战争一样，信息化战争将是信息时代的基本战争形态。

(二)战争的社会作用

战争在社会历史上的作用有积极的一面，也有消极的一面。人们由于所处的环境和观察角度不同，对战争的社会作用往往各执一端。一些人只抓住其积极的一面，并把它无限度夸大；另一些人却又只看到其消极的一面，以偏概全，说战争是绝对坏的。这两种观点都是片面的。

1. 战争对社会发展有一定的客观作用

战争促进了国家的形成、发展与民族的融合。纵观人类历史,可以看到国家、民族与战争的紧密联系。国家第一次出现在人类历史舞台上,就有战争推波助澜的作用。恩格斯在《家庭、私有制和国家的起源》一书中指出,国家是阶级矛盾不可调和的产物,是在私有制的盛行和阶级对立的基础上产生的。国家在人类历史上的出现,虽然对于不同的地区和文明来讲,在时间上有早有晚,在起因上也不尽相同,但战争在其中总起着这样或那样的作用。战争也有力地促进了国家的发展变化。无论是在国家由小到大的统一过程中,还是在近代封建社会的国家先后被资产阶级国家所取代的进程中,战争都起了巨大的推动作用,正如马克思所说,“火器的采用不仅对作战方法本身,而且对统治和奴役的政治关系起了变革的作用”。“火器一开始就是城市和以城市为依靠的新兴君主政体反对封建贵族的武器。以前一直攻不破的贵族城堡的石墙抵不住市民的大炮;市民的枪弹射穿了骑士的盔甲”。在现代,战争仍然促进了新型国家——无产阶级国家的建立。如世界上第一个社会主义国家是在十月革命的隆隆炮火声中诞生的,而新中国的建立则更经历了漫长的武装斗争的革命道路。在社会发展进程中,民族的形成和融合,也总是伴随着民族间的战争。另外,战争在特定的时空下,对经济和科学技术的发展有一定的促进作用,并在长期的战争实践和军事活动中创造出了丰富的军事文化,这些军事文化塑造和影响着民族精神,对社会道德和社会风尚等精神文明建设起着重要的作用。

恩格斯:《家庭、私有制和国家的起源》

2. 战争不可避免地对社会发展进步产生破坏阻碍作用

战争作为人类社会有组织的大规模搏杀,必然会给社会生产力带来种种破坏。如人员的大量伤亡,物质财富的大量损失,历史文化遗产以及生态环境的破坏,瘟疫、疾病的流行等。另外,和平时期的战争准备、军备竞赛等都会消耗社会的巨额财富,迟滞社会经济的发展,等等。

战争不仅会造成人口、财富、经济的巨大损失,还会影响着科学技术的全面、持续、正常发展,破坏人们的和平生活与幸福。比如,海湾战争结束后,美国人发现,参战美军回到国内后许多人患上了一种“海湾战争综合症”,其症状包括经常性疲劳、皮肤疹块、注意力无法集中、肌肉和关节疼痛、记忆力丧失、呼吸节奏加快、头痛,有时导致短暂性失明等。

复习思考题:

1. 战争的基本含义和本质是什么?

2. 战争的基本特点主要有哪些?

3. 战争经历了怎样的发展历程?

第二节 新军事革命

当今世界,在以信息技术为核心的高技术推动下,军事领域兴起了一场新的深刻革命——新军事革命。这场新军事革命实质是以信息化为主要特征的军事信息化革命,具有划时代的特征。随着以信息技术为核心的高新技术的迅猛发展,对武器装备的发展、军事理论的创新和战争形态的变化,以及军队建设和编制体制的调整等,都产生了重大而深远的影响。

一、新军事革命的内涵

(一)新军事革命的概念

新军事革命的概念是由一个英文词缩写叫 RMA 翻译而来的,全文叫 Revolution in Military Affairs,在 20 世纪 90 年代初海湾战争结束以后,美国及世界一些战略学界开始大量出现关于 RMA 的论述。1994 年 1 月,当时的美国国防部长佩里批准在国防部成立一个高级指导委员会,负责指导美国有关 RMA 的研究工作。关于对新军事革命理解和认识:

第一种观点(狭义):军事革命即军事技术革命。是可以导致战场发生根本性变化的技术进步。军事技术革命是一个过程的结果,在这个过程中,不断变化的技术对作战样式、国家需求和军事结构带来了影响,并综合形成新的军事艺术。当前正在到来的军事革命是"西方社会对技术机遇的成功利用"。

第二种观点(广义):许多技术和军事思想的发展,可以广义地理解为革命。而真正意义上的革命是技术、军队组织编制和军事思想发展相结合的产物。军事革命是军事技术进步、军事思想革新和编制体制改变,并将三者结合起来,导致军队作战能力提高几个数量级的重大质变。

第三种观点(托夫勒):军事革命是"当新的文明开始兴起,向旧的文明发起挑战,整个社会开始转型,军队在各个层面(从技术、文化到编制体制、战略、战术、训练和后勤)同时发生深刻的变革"。目前人们所指的军事革命或战争革命,范围太宽泛。有人把战争、编制、技术上的某种变革,如火药、飞机、潜艇的发明都说成是革命,这种看法未必正确。它们只能称为"次革命",原因是它们没有改变原有的战争框架。真正的军事革命应该满足三个条件:第一,应当改变战争的一切方面,包括作战方式、武器装备、编制体制、教育训练等,从而改变战争本身;第二,这些变化应当同时发生在许多国家军队,而不是一个国家军队;第三,应当改变战争同社会本身的关系,即军事革命一旦发生,军事同经济与社会的关系就会改变,世界军事力量平衡就会被打破。这是最重要的标准。按这个标准,历史上的军事革命只发生过两次:第一次是农业革命的产物,第二次是工业革命的产物,这次是第三次。

1997 年《美国国防报告》:军事革命是采用新技术的军事系统同新的作战理论和组织体制改革相结合,从根本上改变军事行动特点和进行方式的过程。远程精确打击和信息战,可能是未来战争的主要变化和军事革命的发展方向。代表着军事革命特点的四项要素是:技术的变化,军事系统的发展,作战理论的创新,组织结构的调整。

第四种观点(1982 年《苏联军事百科全书》):军事上的革命是第二次世界大战后被人们广

泛使用关于因科学技术进步和生产力发展而使武器、军队、军队训练、进行战争和实施战斗行动的方法发生根本变革的一种概念。

2011年《中国人民解放军语》关于军事变革的定义：军事领域内发生的全局性、系统性的改变和革新。主要表现为军事技术、作战方式、军队结构、军事理论等方面的变革。

综上所述，所谓新军事革命，是特指在工业社会走向信息社会的时代，以信息技术为核心并得以广泛应用，从而引起军事领域的武器装备、作战方式、组织体制和军事理论等一系列的根本变革，导致彻底改变战争形态和军队建设模式的一场革命。

(二)新军事革命的特点

军事革命是一种特殊的社会现象，它的本质特征与基本特点一般是通过战争形态和作战方式的变化而表现出来的。当前正在发生的这场新军事革命在广度、深度上超过了以往任何一次，是对旧的军事形态进行脱胎换骨的改造。与以往军事革命相比，新军事革命有以下几个显著特点：

1. 深刻性

正在发生的新军事革命，既不同于一般的军事改革，也不同于军事领域某个方面的局部变革，而是彻底改变工业时代的军事形态，创造为以信息化军队为核心的信息时代的军事形态，也就是使机械化军事形态转变为信息化军事形态。它涉及军事领域的深层次问题，引发人们对战争、军队和国防建设问题进行适应时代的深层次思考。在信息时代，传统的战争观念落后于时代，传统的战略思维已难以指导军队建设，传统的战役战术原则不再适用军事训练，传统的军队建设方针已经落伍。先后出现的信息战、网络中心战、非对称作战、一体化联合作战、精确战等新理论层出不穷，在这些新理论、新思维的指导下，军队建设模式、作战方式和军队体制编制都要发生根本性改变。随着信息时代的深入发展，军队将不断出现新的军种和兵种，比如数字化部队、空天部队、网络战部队等，相对于机械化战争的军队建设模式，这些变化都是革命性的。

2. 广泛性

这次新军事革命不仅仅局限于几个发达国家，许多发展中国家也在积极推进。新军事革命的领域不仅仅局限于某些方面或主要方面，而是触及军事领域的方方面面，如安全战略、军事战略、武器装备、编制体制、教育训练、后勤保障、兵役制度、人才培养和战争动员等。正因如此，这次新军事革命表现出整体联动、系统推进的特性，如武器装备向信息化方向发展，指挥控制体系向网络化方向发展，军事训练向一体化方向发展，编制体制向精干化方向发展，军事理论向创新化方向发展。

3. 快速性

以信息技术为核心的高技术群的突飞猛进使得新军事革命较以往历次军事革命都为迅速。这次世界性新军事革命从酝酿到目前，已经取得了显著进展。根据当前发展趋势，在未来几十年内，中等以上国家将陆续实现军队信息化，这种速度和周期是以往军事革命所无法比拟的。

4. 不平衡性

当前这次新军事革命的发展具有不平衡性：一方面，各军事要素的变革不平衡，军事技术、武器装备及其教育训练的变革领先，作战思想和军队建设理论的创新随之进行，编制体制和军事制度的变迁进展较慢；另一方面，新军事革命的进展具有不平衡性，发达国家变革最早，进展最迅速，发展中国家进展迟缓，这也进一步加大了世界军事力量的失衡。目前，美国始终处于领先地位；英、法等其他发达国家紧随其后，积极跟进，加快推进军事转型；俄罗斯开展“新面貌”军事改革，现已完成军事组织形态的转型；印度、巴西等新兴国家以改善武器装备为重点，正在进行有选择的军事改革。

二、新军事革命的动因

20世纪七八十年代，人类社会由工业时代向信息时代转变，新一轮军事革命开始酝酿。以信息技术为核心的高技术群的发展促进了武器装备的更新，为新军事革命奠定了物质基础；美苏两个超级大国为了谋求世界霸权的战略需求，从内部推动新军事革命的萌芽；新军事理论的产生，对新军事革命的发生起到了理论牵引作用；现代局部战争和武装冲突的实践，则对新的作战方式作了探索，并初步检验了军事改革成果，促使战争形态和建军模式开始发生变革，直接催生了新军事革命。

(一)社会变革是新军事革命的基本前提

军事革命的根本动力是社会或时代的根本性变革，即人类技术社会形态的转型。这是因为，社会是军事的“母体”，军事既是社会的“产儿”，也是社会的重要组成部分。社会生产力水平与生产方式的变化，决定了社会形态的变迁和人类文明的转型。社会形态决定军事形态，有什么样的社会形态，就会有什么样的军事形态。军队的组织形式和进行战争的过程是社会生产主体组织方式和社会生产流程的“缩影”。这就是说，社会的经济技术水平决定了军事形态，经济技术水平发展了，军事形态也要随之改变，经济技术水平发生革命性变化，军事领域也要发生全面军事变革。

一是从技术发展来看，信息技术快速发展，信息网络逐步成为最重要的战略资源。自人类社会出现以来，信息就一直存在并对社会的进步起着促进作用，但在人类社会发展的不同阶段所起的作用和所处的地位不同。在工业时代，资金、能源在社会生产和生活中占据了支配地位，信息处于从属地位。但20世纪70年代以后，电子计算机和网络的发展为信息的交流、传播和利用提供了有效的手段，具有识别、转换、存贮、处理、扩充、压缩、替代、传递、扩散、分享等功能的信息，日益成为社会生产和生活必不可少的手段和工具，成为重要的战略资源。

二是从产业结构来看，信息产业日益成为基础性产业。从20世纪70年代末开始，美国等发达国家每年新增的公司中，大部分公司生产信息产品而不是传统的汽车、机床等。到20世纪80年代，发达国家信息产业占国民生产总值的比重已经达到40%～60%，信息产业已经成为社会的基础性产业。

三是从劳动力结构来看，劳动力结构发生了转折型变化。历史上劳动力结构有过两次大变化，第一次是从事农业的劳动人口超过从事畜牧业的劳动人口，第二次是从事工业的劳动人口超过了从事农业的劳动人口。而20世纪70年代以后，劳动力结构开始发生第三次深刻变化，从事信息产业的人口猛增。1950年，美国只有17%的劳动者从事与信息有关的工作，到20世纪80年代，计算机编程人员、教员、职员、秘书、会计、证券经纪人、经理、保险行业人员、律师、银行和技术人员等从事信息工作或与之有关的工作人员，已经超过社会总劳动力的60%。到了21世纪初，发达国家中约有70%～75%的工人从事“服务行业”。高科技公司的增长速度远超其他行业的公司，而且从1980年开始就一直推动着世界经济的增长。

上述变化表明了世界正处于由工业社会向信息社会的过渡时期。尽管世界各国向信息社会转变的起步时间有早有晚，起点有高有低，速度有快有慢，但都处于这一转变过程中。这一社会变化进程，必然会引发军事领域新的革命性变化。

(二)科技进步是新军事革命的直接动因

科学技术是军事发展和变革的直接动力,对军事革命起支撑作用。军事领域是最少保守性的领域,国家安全的特殊性决定了许多先进科技首先产生并应用于军事。直接应用于军事领域的技术称为军事技术,它是社会生产力的重要标志,有力地推动了武器装备、编制体制、作战方式、军事思想的变革。

以信息技术为核心的高新技术群的产生和发展,是信息时代来临最典型的标志和最直接的动力。高新技术群指的是20世纪下半叶陆续涌现的一批高新技术群,主要包括以计算机、微电子、光电子等技术为基础的信息技术群,以人造卫星和航天飞机为代表的航天技术群,以核能技术为代表的新能源技术群,以复合材料和耐高温材料为代表的新材料技术群,以遗传工程为代表的生物技术群,以海洋工程为代表的海洋开发应用技术群等。信息技术处于高新技术群的核心地位。信息技术是指一切有关信息的获取、检测、变换、显示、存储、处理、传递、识别、提取、控制和利用的技术。

信息技术群主要由信息基础技术和信息系统技术两部分组成。信息基础技术包括微电子、光电子、激光、光纤、超导等技术,它们是信息技术设备和系统所需元件的制造技术。信息系统技术主要由传感、通信和计算机三个技术组成。传感技术的作用是精确、高效、可靠地获取各种形式的信息;通信技术的作用是安全、准确、迅速地交换和传递信息;计算机技术的作用则是对信息进行储存、分析、处理和控制。这三者融为一体,结合成具有智能化特征的信息网络和各种智能信息系统,就能有效地发挥信息的作用并产生新的效能。

俄罗斯战斗机器人系统

(三)战略需求是新军事革命的内在动因

军事力量是综合国力的重要组成部分,是维护国家安全的有效手段;国家安全战略的调整与变化驱动军事力量的增强;军事革命是敌对矛盾双方对抗、特别是战略对抗所驱动的,是战略主体军事需求和军事选择的必然结果;主体要实现自己的军事需求,特别是战争需求,不断提高对抗手段和能力,就必然要进行军事革命。

冷战后各国新的安全战略态势导致了新的军事需求,它使军事斗争形式、手段发生新变化。主要表现在:一是局部战争和地区冲突成为军事斗争的主要形式;二是高技术武器取代大规模杀伤性武器成为军事斗争的主要工具;三是精确、有限地使用军事力量取代“不加限制地使用军事力量”，成为军事斗争的重要方式。要满足安全战略需求和战争需求，立于不败之地，就必须对军事领域进行革命。美国提出“全面变革，率先转型，谋求绝对优势”，俄罗斯提出“自主应对，重点突破，谋求独特优势”，印度提出“急起直追，有限发展，谋求局部优势”。

（四）相对和平是新军事革命的有利时机

在和平时期，由于需要更有效地使用紧缺的资源和适应安全环境的重大变化，或者由于认识到当时的新发明和新技术可能对军事产生的影响，各国军队都致力于革新。长期的和平能为试验提供实践和资源。同样重要的是，和平时期如果做出错误选择，其风险也最小。所以，没有大规模战争的长期和平时期通常会发生最伟大的军事革命。

（五）局部战争是新军事革命的推动因素

战争永远是政治的继续，信息化战争同样也是为了迎合政治上的需要而形成和发展起来的。二次世界大战结束以后，以美、苏为首的两极化政治格局形成，美、苏两个超级大国为争夺对其他国家的控制权，推行霸权主义，争先恐后地发展自己的军事实力。为超越对方，两国都在寻求更先进的武器装备和作战方式，这在一定程度上刺激了信息化战争形态的形成。苏联解体后，世界格局发生了变化。欧盟、日本、中国迅速发展壮大，国际战略格局呈现多极化趋势。发达国家对自身的政治利益越来越重视，他们为争夺各自的势力范围和维护既得利益，大力发展自己的军事力量。他们认为只有具备强大的军事实力，才能在国际舞台上挺直腰板说话。为此，他们通过发展高新技术、创新作战理念、调整部队体制编制来增强各自的军事实力，并在国际上形成了一股攀比的势头，这些都加速了信息化战争的发展和形成。

第二次世界大战后，各种作战力量的物理能达到了一定极限，美国军队的机械化水平处于世界领先地位。然而朝鲜战争和越南战争的失败，却使美国陷入了一种尴尬的境地。为什么会出现这种结果呢？战争的失败促使了美国开始寻求一种更加行之有效的作战方式。从1976年越战结束到1991年海湾战争爆发，这15年的时间是美国不断探索和研究的过程。为了更进一步提高武器装备的作战能力，美军开始把信息技术融入武器装备中，各种信息化武器装备开始诞生，战争形态也开始随之发生转变。1991年爆发的海湾战争虽然从总体上说还是机械化战争，但是已初见信息化战争的元素。1998年，美国更是利用科索沃战争大量试验了其在信息化战争方面的研究成果，到了伊拉克战争，信息化战争已经初见雏形。可见，只要战争还在继续爆发，信息化战争形态就会继续发展下去，并且会越来越成熟，直到被别的更新的战争形态所替代。

这些局部战争对新军事革命的发展有巨大推动作用：一是使人们的军事观念发生了变化；二是使人们看到了进行新军事革命的巨大军事效益；三是使人们看到了军事发展的大方向。

三、新军事革命的发展阶段

人类社会转型必然促使军事形态的转化，并引发一场新的军事革命，新军事革命又称信息化军事革命，它是以人类社会由工业时代向信息时代转型的根本动因，以高技术特别是信息技术的飞速发展为直接动力，以信息为“基因”，以“系统集成”和网络化为主要手段，把工业时代的机械化军队改造成信息时代的信息化军队，最终建成信息化军事形态的过程。其核心内容是信息化建设和联合作战能力铸造，即以信息网络技术为基础，提高军队信息获取、传递、处理和利用能力，使之成为各种作战要素、各类作战行动高度融合的一体化联合军队，构建适应信息时代要求的信息化战争体系。

20世纪70年代初到80年代末是新军事革命的酝酿阶段。受现代高新技术的发展、美苏争霸和局部战争等因素的促动，美苏等国开始自发地探讨新的军事理论和进行军事改革：越南战争失败后，美军吸取越南战争和第四次中东战争的经验教训，在杜普伊和斯塔利等人的主持下，开始进行全面的军事改革，重点发展信息化武器装备、进行“第一次训练革命”，并提出了“体系战争”、“第三次浪潮战争”、“空地一体战”、信息战等新的军事理论；苏军总参谋长奥加尔科夫等人敏锐地看到军事领域悄然发生的变化，预见并提出了“军事技术革命”的概念，被称为“奥加尔科夫革命”。

20 世纪 90 年代是新军事革命的启动和探索阶段。1991 年的海湾战争初步展示了美军在 20 世纪 80 年代军事改革的成果，既坚定了美国继续变革的信念和决心，同时又使其他国家受到强烈震撼，从而纷纷启动军事革命。新军事革命不仅受到军事专家们的关注，而且成了政府行为，各国不断提升新军事革命的战略地位，高度重视军事理论的牵引作用，加快发展信息化武器装备，并开始着手改革军队组织体制，在全球形成了军事革命的热潮。

进入 21 世纪，新军事革命进入稳步发展阶段。新世纪伊始尤其是“9·11”事件后，面临新的形势和威胁，美国先后发动了阿富汗战争和伊拉克战争，并以此推动美军全面转型，欧洲国家和日本积极跟进，俄罗斯、中国和印度加快变革步伐。各国在总结前一阶段军事革命经验教训的基础上，以全新的理念设计军队信息化建设的目标，更加全面、理性、稳健地推进新军事革命，使新军事革命逐步从自发到自觉、从局部到全局、从边缘到核心进行演变，进入了有组织、有计划、全面推进、协调发展的新阶段。

尽管如此，世界新军事革命总体上仍处于初级阶段。军事形态构成的各个要素发展极不平衡且存在不少问题：军事技术和武器装备领域的变革相对成熟，但仍面临一些“瓶颈”；军事理论得到了较快的发展但还有待实践的检验；军事组织体制方面的变革严重滞后。新军事革命的成果还没有在信息化战争体系之间的大规模、高强度的对抗中得以检验，还很难全面、深入地把握未来信息化战争的特点和发展趋势，许多问题有待进一步观察和研究。

四、新军事革命的主要内容

对于新军事革命的主要内容到底包括几个方面，世界各国的军事理论家有着不同的看法。综合重要的观点，新军事革命主要有三项内容，即军事技术和武器装备的发展、作战理论的创新以及体制编制的调整。

(一)军事技术与武器装备的飞跃

自从第二次世界大战以来，军事技术革命已经经历了三个阶段，即军事工程革命、军事传感革命和军事通信革命阶段。

军事工程技术是军事科学技术的一部分。军事科学技术的发展可导致全新武器类型的问世，而军事工程技术的进步则只能促使同类武器更新换代，使其性能一代比一代提高。近一轮军事工程革命始于第二次世界大战期间，止于 20 世纪 80 年代。它通过采用新的工程工艺技术而非新的科学技术，使各种武器和作战平台的大部分性能指标达到或接近达到物理极限。

军事传感革命不仅使各种武器形成一个系统，使武器的命中精度基本达到物理极限，还极大地提高了各种传感器材的探测效能。近几场局部战争中，人造卫星已可携带照相、雷达和红外传感器材等诸多传感器，对目标的探测不再受距离的限制。军事传感革命导致的最重要成果就是侦察与监视能力的极大提高。弹道导弹一离开发射井就会被发现，停在机场或港口的飞机和舰船也可被看得一清二楚，这就是军事传感革命带来的变化。无论是侦察的时域、空域还是频域，都大大地扩展了。不仅能在地面上进行侦察，还能在空中、海上、水下、太空实施侦察；不仅能在白天侦察，也能在夜间及不良天候条件下进行侦察；不仅能用目视和光学器材进行侦察，还能用声频、微波、红外等各个频段进行侦察。战场指挥官凭借军事传感革命提供的“千里眼、顺风耳”，便能迅速、准确、全面地掌握敌情、我情，跟踪和预测敌军的未来行动，为克敌制胜创造有利条件。

军事通信革命始于20世纪70年代末，可能要到21世纪中叶才结束，其主要表现是，出现了可处理大量信息的指挥、控制、通信、计算机与情报(C4I)系统，从而产生了“一体化”这一新概念。进入20世纪80年代后，传感器材便可搜集超视距信息，卫星可搜集全球信息。但是，如果这些信息只能供单个作战平台使用，目标识别问题就无法解决。要解决这一问题，就必须提高通信能力，确保各种兵力兵器、各作战单元之间在探测、侦察、跟踪、火控、指挥等方面信息畅通，实现“一体化”。

以信息技术为核心的军事高技术在军事领域的广泛应用，导致武器装备系统的性质和效能发生了根本性甚至断代性飞跃，使武器性质和效能发生了根本变化。传统武器是由物质和能量两大要素构成，而信息化武器系统的一个显著特点，是追求物质、能量、信息三大要素的结合。正是这种结合，改变或部分改变了传统武器那种纯粹的实体物质的机械性质，增加了除杀伤力和机动力之外更为重要的崭新能力——智力和结构力。武器系统的硬件指标达到或接近了物理极限和人的体能极限所导致的实际作战效能的低增长局面，必然孕育对它作出反应的全新革命。以信息技术为主导的武器系统便是这一革命的物质基础。它依靠智力和结构力两大崭新的性能轻而易举地突破了上述的极限，使作战效能获得了空前的提高。

（二）军事理论的创新

武器装备的发展与军事理论的创新之间，存在着一种相互依存的互动关系，即武器装备的发展推动着军事理论的创新，前瞻性军事理论又牵引着武器装备的发展。辩证唯物主义认为，没有独立于物质之外的意识。同样，新军事理论的创建也必须有相应的新式武器装备这一物质条件作基础。考察历史上军事理论的几次突破性发展，从马汉的海权论到富勒的机械化战争论，再到杜黑的制空权理论，无一不基于武器装备变革这一客观物质因素。另一方面，意识对物质也具有能动的反作用，前瞻性军事理论对武器装备的发展也具有很大的导引作用。而且，随着作战仿真、虚拟现实等高技术的进步，军事理论的导引作用将越来越大。这主要表现在军事理论对武器装备的战术技术性能、发展方向和重点、合理构成与规模数量提出科学的判断和需求。武器装备与军事理论的这种“你追我赶”的推拉式的互动关系，将使两者不断进行自我否定，将导致两者螺旋式交替发展。

在当前新军事革命大潮的冲击下，各国军事理论家对信息时代军事理论的探索，既基于当前军事技术装备的现状与发展，又着眼于创立前瞻性军事理论，以使其起到牵引与指导作用。军事理论创新的实质是：使军事理论信息化，把以机械化战争理论为核心的工业时代的军事理论发展到以信息化战争理论为核心的信息时代的军事理论。在信息时代，战争的概念将发生变化，可能是流血的政治，也可能是不流血的政治。当使用杀伤性兵器时，战争就是前者；当使用“黑客”、计算机病毒等非杀伤性手段时，战争就是后者。在构成新军事革命的各项要素中，军事理论的创新是核心要素，其核心作用主要体现在三个方面：一是军事技术的发展、武器装备的研制、军事组织体制的调整，都围绕军事理论进行，都以军事理论作指导；二是军事理论是武器装备、军事人员、体制编制的“软件”，它决定着这三者的运行效率；三是军事理论的内核是作战理论，创造出信息时代的作战理论，从而导致取代机械化战争的一种全新战争形态的出现，是新军事革命完成的最终标志。

（三）体制编制的变革

军事组织体制是联结军事技术、军事人员、军事理论的纽带和桥梁，是发挥军队整体效能的“倍增器”。改革军事组织体制，实际上是在追求一种具有“新质的力量”，并使这种力量物化于一种固定的机制内，以使其总是能在最短的时间内被最有效地释放出来。

军事技术的进步，武器装备的发展，军事理论特别是作战理论的创新，必然导致军事组织体制的根本变革。正如马克思所说：“随着新作战工具即射击火器的发明，军队的整个内部组织就必然改变了，各个人借以组成军队并能作为军队行动的那些关系就改变了，各个军队相互间的关系也发生了变化。”从古至今，军事技术和武器装备的发展史完全证明了上述论断的正确性。

只有军事组织体制实现了革命性变革，一场军事革命才能获得完整的形态，才能最后胜利完成，才能达成最终目的。军事革命的最终目的是要形成最佳军事效能，并使其最大限度地发挥出来。技术是构成军事效能的物质基础，但只靠技术并不能使军队战斗力发生质的飞跃。技术上的优势只有通过制度化的军事组织体制，再加上创新的军事理论，才能转化为军事上的战略优势。战争史表明：在具备技术和武器装备优势的条件下，如果不能实现军事组织体制的变革，这种技术优势和装备优势就不可能获得充分发挥，至少也会大大减弱。没有体制优势，先进的技术和武器系统只能带来局部的、战术上的优势，而无法转变为战略上的军事优势。在工业时代，世界各国军队的规模一般都很庞大，兵力数量很多，这是由机械化战争的性质、作战力量的强弱主要取决于兵力兵器数量等因素决定的。在信息时代，各国武装力量的规模，特别是现役兵力，将大大压缩。

各国在裁减军队员额的时候，不只是单纯地缩编减员，而是非常强调通过裁军优化军事力量的内部结构，使其各部分的比例关系更加合理，各部分的结合更加紧密，以达到提高整体作战效能的目的。在工业时代，提高军队的整体作战效能，主要表现在最大限度地发挥兵力兵器的杀伤力和机动力上。在信息时代，由于由信息控制的火力打击兵器和数字化部队追求物质、能量、信息三大要素的结合，而不只是物质和能量两大要素的结合，优化军队结构的目的，除了谋求最大限度地释放杀伤力和机动力之外，还为了充分发挥“结构力”的作用。即要把过去由几件单独的装备来遂行的作战职能，如目标探测、跟踪识别、火力控制、作战指挥、火力打击、战场防护、战场机动、毁伤评估等，由一个武器系统来完成，使作战功能一体化。

从目前情况看，世界主要国家的军队为了形成或提高“结构力”，正在通过多方面的结构调整，使军队在总体结构上的联系更加紧密，以明显地增强军队结构的整体性。它们普遍采取的措施：一是坚持统一计划。外军在进行体制编制的调整中，大多是针对高技术战争或信息战的特点，结合本国军队的实际情况，根据预先制订的计划，全面考虑对军队结构的调整，十分注意使军队基本构成中的各个组成部分都得到协调发展。二是加强薄弱环节。搞好军队系统的配套建设，对于确保军队整体作战效能的提高具有重要的作用。军队的整体功能犹如盛水的木桶，必须使构成桶壁的各块木板等高，才能盛满一桶水，而其中任何一块木板的高度不够，都必然会降低这只木桶的盛水能力。三是完善“软件”建设。所谓“软件”，是指能够使军队基本结构中各个组成部分紧密结合在一起的各种相关因素，比如军事思想、军事理论、各种法规制度等。只有在统一认识和明确军队基本构成中各个组成部分的地位、作用和相互关系的基础上，才能保证整个军队系统在平时和战时的有效运行，从而可靠地发挥出军队的整体功能。目前，世界主要国家都在采取各种措施，调整、优化军事力量结构。它们的最终目标是构建信息时代的军队，即信息化军队。

复习思考题：

1. 什么是新军事革命？
2. 新军事革命的动因有哪些？
3. 简述新军事革命的主要内容。

第三节 机械化战争

一、机械化战争的基本内涵

所谓机械化战争，即大量运用机械化武器和技术装备及相应作战方法进行的战争。机械化战争起源于20世纪初，贯穿于整个20世纪。机械化战争的形成和发展，是与特定的历史条件和鲜明的时代特征相联系的。

人类的生产工具发展水平始终决定着战争工具的发展水平，而且表现在人类的生产方式也在一定意义上决定着进行战争的方式上。人类社会技术与经济形态的每一次变革性发展，特别是生产工具和生产方式的每一次革命性变化，必然对人类的战争工具和战争方式产生革命性影响，进而导致军事领域整体性的革命。只不过在不同的社会发展时期，社会技术与经济变革对军事革命影响的形式和方式是不同的。19世纪末20世纪初，西方社会陆续进入机械化大工业时代，机器化、电气化生产形式，日益增多的工业门类与迅速发展的机械制造技术，快速地推动着社会发展，促进着军事领域一系列革命性的变化。坦克、飞机、自行火炮等机械化装备的研制与使用，以及相应的军队结构与作战方式的重大变革，就是现代社会技术与经济形态孕育的结果。

机械化战争是机械化大工业时代政治的继续。帝国主义初期世界基本矛盾和国际政治是促进机械化战争的内在动因。按照马克思主义的观点，任何时代的军事竞争都是由那个时代的基本矛盾决定的。19世纪末20世纪初，自由资本主义开始向垄断资本主义过渡，欧美一些强国逐渐成为帝国主义国家，它们疯狂地向外扩张侵略，掀起了新一轮瓜分世界的狂潮。由于帝国主义经济、政治发展的不平衡性，出现了一些帝国主义新贵，新老列强在瓜分世界的过程中积累的矛盾越来越深。由此导致帝国主义必然运用大工业造就的庞大的战争机器，为争夺、扩大统治权或殖民地而展开激烈的厮杀，使战争手段在解决国际争端和地区冲突中的地位和作用越来越高，从而在内在动因上推动了与 20 世纪工业化相关联的机械化战争的形成和发展。

与以往的战争一样，机械化战争也是在当时新的军事需求牵引下和新的战争需要推动下形成和发展起来的。20 世纪初，人类历史上第一次爆发了世界范围的大规模战争——第一次世界大战。大战初期，由机枪掩体、铁丝网障碍物和堑壕构成的坚固防御阵地，使进攻一方单纯依靠步兵突破已很难取胜。战争往往形成胶着的僵局状态，或打成伤亡巨大的消耗战。为打破阵地战僵局，迫使人们探索和研制一系列攻防兼备的新型武器。坦克、飞机等机械化平台以及与之相配套的体制编制和军事理论相继出现。

二、机械化战争的主要特征

两次工业革命对战争形态变革的影响是巨大的，当人类社会由“蒸汽时代”步入“电气时代”、“大机器工业时代”时，机械化军队逐渐形成，机械化战争初见端倪。在武器装备上，机械化武器装备开始逐步发展，进而成为军队的主战装备。速射机枪、坦克、飞机、潜艇、航母等一大批自动化、机械化武器装备相继问世，不仅使战场面貌发生了彻底变化，也使军事领域开始了一次新的革命，人类真正步入机械化战争时代。

（一）机械化武器装备成为主战兵器

所谓机械化武器装备，就是在军事领域广泛利用材料技术、动力技术、机械技术，建成的具备快速机动力、高度防护力、超强打击力的武器系统。第一次世界大战期间，机关枪和火炮大规模集中使用，地面火力空前提高。英国首先创造了将火力、装甲防护和机动能力结合为一体的坦克，使战车以全新的面貌出现于战场。铁路车辆、汽车被运用于军事运输，使几千年来沿用的畜力、人力降低到次要地位，军队运动的速度和后方补给能力大大提高。飞机被用于配合陆军作战，出现了侦察机、轰炸机、歼击机和强击机。海军采用螺旋桨、蒸汽机和装甲技术装备战舰，作战中推出了战列舰、巡洋舰、布雷舰、扫雷舰等水面舰艇，同时，还出现了潜艇和水上飞机。第二次世界大战期间，欧美军事强国的陆、海、空作战装备开始实现了机械化和摩托化，古老的步兵、骑兵和其他兵种开始悄然隐退。现代化的陆军、海军、空军武器装备大量地涌现在战场上。有人曾做过概略统计，美国在第二次世界大战中拥有坦克 86 500 辆、飞机 296 100 架；英国拥有坦克 25 100 辆、飞机 102 600 架；德国拥有坦克 65 100 辆、飞机 104 000 架。诺曼底战役中，仅盟军的船舶数量就达 9 000 多艘，飞机 14 000 多架。不难想象，成千上万各式各样的机械化武器装备在同一个战场上共同发威，那可是一派战机满天、装甲遍地、舰船驰骋、炮火蔽日的景象。

（二）机械化大兵团成为主要作战力量

随着机械化武器装备的大量运用，军队在编制体制上发生了重大变化，进而形成以机械化大兵团为特征的机械化军队。随着机械化技术的发展运用，航空兵、装甲兵、防化兵逐步进入军队战斗序列。飞机由第一次世界大战初期只能执行航空侦察任务，发展到第二次世界大战中后期争夺制空权、在战术地幅内对地面部队实施航空火力支援，并出现了战场轰炸等作战样式，空中战术初步形成。装甲兵引导步兵突破取得巨大成功，从此开创了步、坦、炮协同作战的先河。但由于机械化部队尚处于初创阶段，力量比较薄弱，除大战后期英国陆军航空兵改编为独立空军外，其他国家的空军还没有形成独立的军种；装甲兵也未成为独立的战术单位，只是配合步兵作战的辅助兵种。作战运用的局限性也较明显，飞机基本上是在战术范围内执行作战任务，装甲兵也是以连或营为单位配属支援步兵作战，仅担负战术突破任务。第一次世界大战后，各国军队大量装备新式武器，机械化程度迅速提高。第二次世界大战爆发，大规模机械化战争得到实践。各主要军事强国将现代化的陆、海、空军及其具有高度机动力、突击力的机械化作战平台大量运用于战争。在地面上，装甲兵成为陆军的主要突击力量，步兵也发展为机械（摩托）化部队，并组建了强大的战役机械化军团。德军1941年就建立了35个坦克和摩托化师，苏军在战争期间建立了24个坦克集团军。海军大量装备了航空母舰，由战前的30艘发展到大战期间的140余艘，潜艇由350艘发展到1 500余艘；舰载航空兵和潜艇在大战中显示出强大的突击威力，使海军成为能在水下、水面、空中进行立体作战的合成军种。空军是这一时期发展最快的军种。从20世纪30年代开始，许多国家陆续建立了空军联队、师、军和集团军，在数量上，战前欧洲主要国家和美、日的作战飞机都有几千架，最多的苏联多达8 000架。欧美等军事强国的陆、海、空作战装备多数实现了机械化和摩托化，古老的步兵、骑兵和其他兵种开始悄然隐退。

（三）大纵深联合作战成为基本作战样式

机械化的陆、海、空军武器装备大量出现于战场，军队成为陆军、海军、空军（陆军航空兵）、空降兵、防化兵等多军种合成的较为复杂的系统组织。这个庞大组织系统的整体结构有点像一棵大树。从战区到基本作战单位之间，纵向上排列着方面军（集团军群）、集团军（军）、师、旅（团）四个层次；为适应宽正面、大纵深、连续攻防作战的需要，大量编组坦克集团军、机械化（合成）集团军、坦克（装甲）师等重型部队。横向上排列着陆、海、空军及核力量结构，并都具有相当规模。如此庞大规模的军队作战，使过去仅限于陆地、海上的平面战争，发展为陆海空一体、陆空一体、海空一体的大纵深立体战争；在作战方式上，也实现了由线式作战向纵深作战发展。机械化的陆军、海军、空军武器装备大量地涌现在战场上，使过去陆地、海上的平面战争，发展为陆海空一体、陆空一体、海空一体的大纵深立体战争。第二次世界大战中的诺曼底登陆战役，仅盟军开辟的登陆场就宽达100公里，纵深30～50公里，至于双方陆海空军交战的范围就更大了。由此可见，当工业时代的燃料和发动机取代农业时代的牛和犁作为社会活动的基础时，生存、竞争、冲突、斗争和战争就随之走向了地球为人类生存所提供的所有有形空间，人类战争的基本形态也开始由区域性、局部性、常规性向全球性、总体性、核威慑性转变。这是人类战争史的划时代发展和转变。

（四）机械化战争理论占据主导地位

在作战理论创新方面，出现了杜黑的“空中制胜论”、富勒的“坦克制胜论”和“机械化战争论”、鲁登道夫的“总体战”等著名的机械化战争理论，特别是古德里安的“闪击战”理论，提出了以装甲战车部队在飞机和空降兵的协同下远程奔袭敌后，实施高速进攻的新作战观念，成为第二次世界大战中德军作战的理论基础，并在战争初期取得显著战果。与之相对应的苏联“大纵深战役”理论，首次提出方面军、集团军战役观点，强调以杀伤兵器同时压制敌整个防御纵深，在选定方向上突破其战术地幅，尔后将扩张战果的梯队。包括坦克、摩托化兵等投入交战，并以空降兵实施空降，迅速将战术胜利发展为战役胜利，以尽快达成预定目的。这一理论在第二次世界大战中得到充分运用，并取得了举世瞩目的辉煌战绩。

三、机械化战争的典型战例

（一）日德兰海战

日德兰海战是英德双方在丹麦日德兰半岛附近北海海域爆发的一场海战。这是第一次世界大战中最大规模的海战，也是这场战争中交战双方唯一一次全面出动的舰队主力决战。最终，舍尔海军上将率领的德国公海舰队以相对较少吨位的舰只损失击沉了更多的英国舰只，取得了战术上的胜利；杰利科海军上将指挥的皇家海军本土舰队成功地将德国海军封锁在了德国港口，使得后者在战争后期几乎毫无作为，从而取得了战略上的胜利。最终，制海权仍掌握在英军手中。

日德兰海战发生在1916年5月31日至6月1日，是第一次世界大战期间英、德两国海军在丹麦日德兰半岛以西海域进行的一次规模最大的海战，也是世界海战史上最后一次战列舰大编队交战。因其战场在斯卡格拉克海峡附近，故又称为斯卡格拉克海战。

第一次世界大战爆发后，英国立即对德国进行海上封锁，使德国陷入困境。为了打破英国的封锁，德国新任公海舰队司令舍尔到职后，决定采取主动出击的作战方针。他计划逐步歼灭英国海军，夺取北海的制海权，并得到德皇威廉二世和海军部的批准。英国大舰队司令杰利科从无线电报中侦悉德国舰队准备出海作战的情报后，决心率舰队前往日德兰半岛海区，预期截击德国公海舰队，一举将其歼灭。双方参战兵力：英舰151艘，其中战列舰28艘、战列巡洋舰9艘、巡洋舰34艘、水上飞机母舰1艘、驱逐舰78艘、布雷舰1艘；德舰110艘，其中战列舰22艘、战列巡洋舰5艘、巡洋舰11艘、驱逐舰72艘。

1916年5月30日22时许，由贝蒂指挥的英国前卫舰队（战列巡洋舰6艘、战列舰4艘）从罗赛斯、斯卡帕湾出发，向东航行。次日凌晨2时，由希佩尔指挥的德国前卫舰队（战列巡洋舰5艘）也由亚德出航北上。5月30日，双方在斯卡格拉克海峡附近海域遭遇。15时20分，英前卫舰队首先开炮攻击，全速猛攻德舰队。德前卫舰队则边打边向东南方向撤退，企图将对方引入其主力舰队包围圈。英舰在追逐中发现德主力舰队后，一面向杰利科报告，一面高速撤退，终于同主力舰队会合。初次炮战，英军损失军舰4艘，德军损失2艘。为了便于进攻，杰利科将英主力舰队由6路纵队改为1路纵队向东南行驶，但在队形变换尚未完成时，即同舍尔的德国主力舰队相遇。德舰乘机开炮，先后击沉英战列舰1艘，击伤战列舰和巡洋舰3艘。德舰得手后，又猛攻英第3战斗巡洋分舰队旗舰“常胜”号。“常胜”号中弹沉没，分舰队司令赫德少将阵亡。与此同时，英主力舰队亦对德舰队进行猛烈还击，击沉德前卫舰队旗舰“吕佐夫”号和1艘驱逐舰，击伤德战列舰2艘。

日德兰海战

为避免与实力强大的英国主力舰队决战，舍尔于18时35分下令德国舰队撤退，并施放烟幕和鱼雷，阻止英舰追击。杰利科命令英舰队向南方挺进，企图切断德舰队的退路，迫其进行决战。但舍尔识破了杰利科的企图，立即改变航向，率舰队向东方行驶。19 时 10 分，德先头舰竟闯入英国舰队的中央部位，遭到英军二十余艘战舰的包围攻击。舍尔见情势危急，下令驱逐舰向英舰发射鱼雷，并施放烟幕，掩护舰队向西突围，终于摆脱了英舰的追击。6 月 1 日凌晨，双方舰队再次相遇。在相互进行鱼雷攻击之后，舍尔率德舰队突破英国舰队的阻拦，驶回了威廉港。杰利科追之莫及，率其舰队返回基地。历时 12 个小时的海战，英方损失战舰 14 艘，伤亡 6 800 余人；德方损失战舰 11 艘，伤亡 3 100 余人。

日德兰海战是海战史上交战双方使用战列舰大编队进行的最后一次大海战，但双方主力未能形成决战。在作战中，英军损失大大超过德军，而德军也未能打破封锁，制海权仍掌握在英军手中。

(二)闪击波兰

1939 年 9 月 1 日，德军突然向波兰发起“闪电”式进攻，德波战争爆发。这是人类战争史上空前规模的机械化部队大进军，波兰人进行了顽强抵抗，战马与坦克搏斗，步枪与火炮对抗，上演了一场实力悬殊的大屠杀。德军凭借充分的准备、先进的战略指导思想和灵活的指挥，一个月灭亡波兰，拉开了一场人类战争史上规模之巨、前所未有的世界大战的帷幕。

为德意志夺取“新的生存空间”是纳粹政府的既定政策，到 1937 年，德国的军备重整已基本完成，希特勒认为解决“生存空间”的问题应提上日程，在慕尼黑会议上英法两大国采取绥靖政策，使得希特勒的侵略野心变本加厉，下一个目标就是波兰了。

1939 年 3 月，德国占领波希米亚和摩拉维亚建立斯洛伐克保护国之后，德国便从三面包围了波兰，为征服波兰创造了条件。但直到这时为止，希特勒本来仍想把波兰拉入到自己一边来，这样的话，东进苏联，波兰可作为德国的前进基地；西攻法国，波兰可作为德国的背后屏障，避免德国陷入两线作战。为此德国向波兰提出了一些“温和的合理的”条件。但是波兰却是有苦难言，它既害怕苏联，又害怕德国；它不能联苏反德，也不愿联德反苏。而这两者之间的第三条道路只能是和英法结盟。波兰的举动使希特勒认识到“不流血再也不能取得新的成功”，决定要用武力消灭波兰，并给军队下达了对波兰作战的指令——“白色方案”。

为了阻止英法同苏联结成反侵略阵线，最大限度孤立波兰，希特勒从春天起就一直在寻求接近苏联，并趁双方谈判破裂之机，出大价钱同苏联签订了互不侵犯条约。此举不但破坏了英法对苏建立反侵略阵线的努力，而且也解决了从俾斯麦以来德国一直担心的两线作战问题。避免了两线作战，除去了希特勒的一块心病。在希特勒看来，进攻波兰，此其时矣。于是，他便冒天下之大不韪，决定发动侵波战争。

德国陆军此时已基本完成了改装计划，其中有 5 个重装甲师、4 个轻装甲师、一支任何其他国家都没有的“现代化骑兵”——摩托化部队，成为当时所有资本主义国家中装备精良、组织最完善、训练最充分的军队；空军是英法空军力量加在一起的 2 倍，而且拥有最新式的作战飞机，其数量超过英法波三国的总和。虽然德国军队建设远非尽善尽美，并没有做好同西方国家进行一场全面战争的准备，但从许多方面衡量，德国军队与西方国家军队相比，在军事上已略占优势。

随着德国战争威胁的不断增长，特别是 1939 年 3 月德国吞并捷克斯洛伐克之后，西方国家开始加紧重整军备。这不能不使希特勒担心他辛辛苦苦得来的暂时的军事优势会很快化为乌有。在希特勒看来，时间是站在敌人一边的，长期等待下去，自己在实力方面的相对优势很可能不是增大，而是缩小，在武器装备方面的优势也难以长期保持，因为“世界各国都预期我们会出击，每年都在强化对付我们的措施”。现在发动战争虽然是一种冒险行动，但以后也未必会更有把握，而德国的生存空间问题迟早都要解决。而且“任何空间的扩张只能在打破抵抗和承担风险的情况下进行”。在这种情况下，与其以后冒险，不如利用现在已明显到手的军事上的相对优势，“不顾一切地采取冒险行动”。对于英法会不会出兵，希特勒断言，尽管双方签订了互助协定，英法在战争爆发时也只会做做姿态，他们既无决心，又没有手段来履行这些义务，因为英法实在“没有什么杰出人物”；另一强国美国虽对德国不是很友好，但远离欧洲大陆，又奉行孤立主义政策，没有卷入战争的可能性。

1939 年 8 月 31 日晚，一支身穿波兰军装的德国党卫军冒充波军袭击了德国边境的格莱维茨电台，在广播里用波兰语辱骂德国，并丢下几具身穿波兰军服的尸体。接着，全德各电台都广播了“德国遭到波兰突然袭击”的消息。1939 年 9 月 1 日凌晨 4 时 45 分，德军轰炸机群呼啸着向波兰境内飞去，目标是波兰的部队、军火库、机场、铁路、公路和桥梁。几分钟后，波兰人尝到了人类历史上规模最大的空中打击。波兰城市和港口遭到德国战机的轰炸，首都华沙也未能幸免。约 1 小时后，德军地面部队从北、西、西南三面发起了全线进攻。空中和地面的紧密配合使波兰乃至整个世界第一次领教到了“闪电战”的厉害。波兰军队猝不及防，不到 48 小时，波兰空军就被摧毁。

9 月 3 日上午 9 时，英国向德国发出最后通牒，要求德国在上午 11 时之前提供停战保证，否则英国将向德国宣战。正午时，法国也向德国发出了类似的最后通牒，其期限为下午 5 时，但希特勒对英、法两国的最后通牒置之不理。于是，英、法两国相继对德国正式宣战，第二次世界大战全面爆发。德军突破波军防线后，以每天 50～60 公里的速度向波兰腹地突进，波兰人进行了顽强抵抗，战马与坦克搏斗，步枪与火炮对抗，在一次又一次的绝望挣扎中，上演了一场实力悬殊的大屠杀。而另一边，英、法两国虽然在西线陈兵百万，却始终在工事背后按兵不动，宣而不战。9 月 6 日，波兰政府仓皇撤离华沙，迁往卢布林。9 月 8 日，德国装甲师到达华沙外围。9 月 17 日，大局已定，波兰彻底陷落。

（三）库尔斯克战役

库尔斯克战役是第二次世界大战期间苏德战场的决定性战役之一，也被称为世界上最大的坦克战。会战使纳粹德国永久性地丧失了苏德战场主动权，再也没有在欧洲战场的东线发起有威胁的攻势。苏军也为会战付出了惨重代价，但从此获得了战场的主动权。

法西斯德军在斯大林格勒会战惨败后，被迫停止进攻，使得 1943 年初的苏德战场出现了一个“宁静的春天”，可是在这表面的宁静背后，一场更残酷的大战正在酝酿。希特勒并不甘心失败，现在可怕的严冬即将过去，气候对德军的进攻有利，希特勒统帅部决定利用德军在库尔斯克突出部地域的有利态势发动一次大规模夏季进攻，以夺取战略主动权、改善帝国内部困境并防止法西斯集团分崩离析。为此，德军统帅部制订了代号为“堡垒”的战役计划，希特勒倾其所有，将苏德战场全部坦克的 70％左右、作战飞机 65％以上都调往库尔斯克方面，总兵力达 90 万人以上，火炮和迫击炮约 1 万门，坦克和强击火炮 2 700 辆，飞机 2 050 架。希特勒希望德军新装备的“虎”式和“豹”式坦克能重现第三帝国装甲铁流的昔日雄风。

但希特勒做梦也没有想到，他的“堡垒”战役所要进攻的是一座真正攻不破的堡垒，苏军早就严阵以待，共有兵力 133.5 万人，火炮和迫击炮 1.9 万余门，坦克和自行火炮 3 444 辆，飞机 2 172 架。越战越勇的苏联红军这次同样不会让德国人讨到便宜。

7 月 5 日凌晨，德军的“堡垒”作战一切准备就绪。突然苏军阵地上万炮齐鸣，“喀秋莎”火箭炮喷出的复仇之火让正在集结的德军措手不及，苏军出敌不意的炮火反准备，使德军尚未进攻就损失惨重，整个计划也被迫迟延了两个多小时。

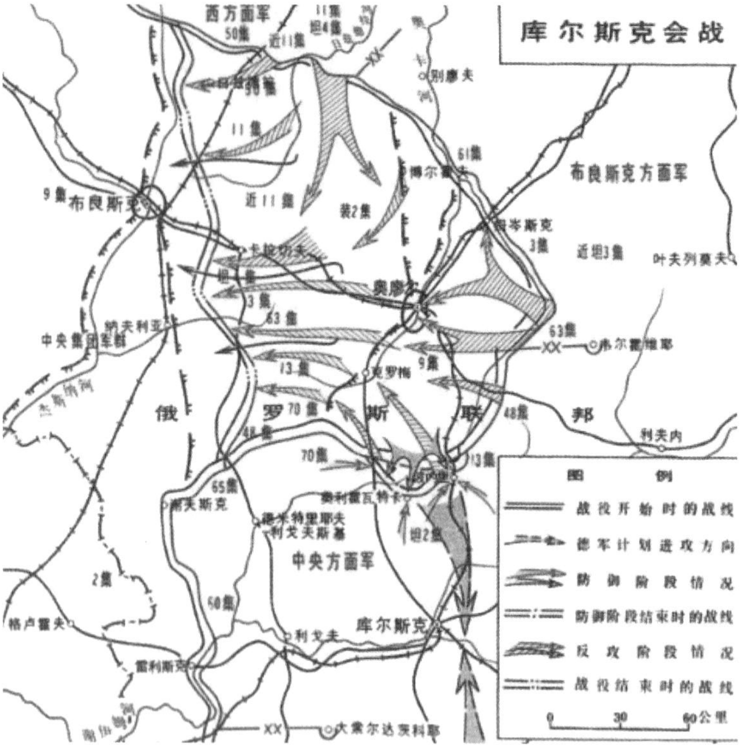

库尔斯克战役

7月7日，南路德军向奥博扬发起强大的坦克冲击。德军900辆坦克在40公里的正面上，呈楔形队形滚滚向前。德军企图用"虎"式、"豹"式坦克厚厚的钢甲和猛烈的火力，撞开苏军的防线，然后直扑库尔斯克。近千辆坦克自北向南，像一群草原上发疯的野牛，挺着尖尖的利角一头撞向"堡垒"。苏军死守奥博扬，挡住去库尔斯克最近的道路，德国受阻后转头冲向普罗霍罗夫卡。7月12日，第二次世界大战中规模最大的坦克决战在普罗霍罗夫卡爆发。决战的一方是德军的老牌劲旅，拥有400多辆坦克和自行火炮，其中100辆是世界第一流的"虎"式坦克，德军虽疲惫不堪，但威风不减；决战的另一方是苏军坦克新秀近卫坦克第5集团军，刚刚荣获近卫军称号，斗志正旺，共有800辆坦克和自行火炮。从实力上看优越于德军，但德军新投入战场的"虎"式重型坦克性能优越，火力猛、防护力强。在远距离，"虎"式坦克的火炮可以轻而易举地击毁T-34型坦克，对苏军坦克造成了严重威胁。仇人相见，分外眼红，狭路相逢勇者胜。苏军抓住德军坦克速度慢的致命弱点，充分发挥T-34型坦克机动性好的特点，冲入德军坦克群，展开了坦克的肉搏战。坦克大战整整持续了10个小时，地面上坦克相互对射、撞击，空中飞机相互追逐，激烈交火。苏近卫坦克第5集团军最后成为"战场上的主宰"。德军终于支撑不住了，扔下熊熊燃烧的300多辆坦克，狼狈不堪，仓促退去。

这场空前的坦克大战决定了德军在这次战役中的命运，苏军抓住战机立即全线反攻。恰在此时，又传来英美盟军在西西里岛登陆成功的消息，这对已溃不成军的德军来说无疑是雪上加霜，希特勒只好下令全线撤退。

库尔斯克一战，双方参加这一会战的兵力庞大，计有400余万人，火炮和迫击炮69万余门，坦克和自行火炮1.3万余辆，作战飞机约1.2万架。苏军共击溃德国30个精锐师，其中包括7个坦克师。德军损失官兵50多万人、坦克1 500辆、飞机3 700余架、火炮3 000门。希特勒的进攻战略彻底破产，德国及其盟国被迫在第二次世界大战各个战区转入了防御，这对战争的以后进程产生了巨大影响。斯大林在战后给予此战高度评价：“如果说斯大林格勒会战预告了德国法西斯军队的覆灭，那么库尔斯克会战就把它推向了覆灭的边缘。”

（四）冲绳岛战役

美、日之间的冲绳岛战役是陆海空军联合作战的典型战例。这场战役发生于 1945 年 3 月～6 月，是美、日两军在太平洋战争中规模最大、损失最重同时也是最后一次战役。冲绳岛为琉球群岛第一大岛，位于日本本土和中国台湾之间，北距九州约 340 海里，南北长 105 公里，宽 3～31 公里，面积约 1 176 平方公里；北部多山，地势险峻；南部多丘陵和天然洞窟，是日本本土的南部屏障。1945 年春美军占领硫黄岛后，为掌握琉球群岛附近海域的制海、制空权，建立进攻日本本土的基地，决定攻占冲绳岛。日军决心集中使用海空力量，摧毁美国太平洋舰队主力于冲绳岛附近海域，同时以陆军部队坚守冲绳岛，为本土决战争取时间。守岛日军总兵力为 10 万余人，其中包括第 32 集团军的 2 个师和 1 个混成旅约 8.6 万余人，以及海军基地部队和由岛上居民编成的特编团等，由牛岛满陆军中将统一指挥。防御重点在该岛南部，并构筑有三道防线，每道防线都依托丘陵地组成多层坚固防御阵地。由伊藤整一海军中将率领联合舰队第 2 舰队和潜艇部队，以及驻九州、台湾的航空部队担负抗登陆支援与掩护任务。冲绳岛及其邻近岛屿还有 1 个鱼雷艇中队和 600 余艘特攻艇。美军参战兵力为 45.2 万人、舰艇 1 500 余艘、飞机约 2 500 架，由第 5 舰队司令斯普鲁恩斯海军上将统一指挥。第 10 集团军担任登陆任务，美英联合航母机动部队和美军战略轰炸部队负责掩护和支援。

冲绳岛战役

3 月 18 日，美军开始空袭九州、四国和台湾。同时，第 10 集团军各突击梯队进行海上航渡。23 日起，舰载机和舰炮对庆良间列岛和冲绳岛实施预先火力准备，摧毁岛上部分机场和暴露的防御设施,消灭日军近海攻击艇队。4 月 1 日晨,开始对冲绳岛实施直接舰炮和航空火力准备。当天,美军共 4 个师约 6 万人及大批坦克、火炮在羽具岐南北登陆,建立正面 14 公里、纵深 5 公里的登陆场。4 日,美军占领冲绳岛中部地区,将该岛拦腰切断,并开始向北部和南部主阵地发动进攻。至此,登陆任务基本完成。6 日,日海军第 2 舰队由日本向冲绳航进,企图与美海军舰队决战。翌日,美军快速航母编队驶往九州西南海域迎战,其舰载机击沉日军"大和"号战列舰及 1 艘巡洋舰、4 艘驱逐舰,从而解除了海上威胁。日潜艇 8 艘到冲绳附近海域活动,除 1 艘返航外,其余均被击沉。4 月 6 日～6 月 22 日,日本陆、海军航空兵对美军舰船进行 10 次大规模攻击,虽取得一定战果,但对整个战局未产生重大影响。美第 3 陆战军向冲绳北部顺利推进,至 4 月 21 日占领该岛北半部和伊江岛。第 24 军向南进攻,遭日军顽强抵抗,进展缓慢,24 日突破牧港防线。尔后,美军调整部署,第 1 陆战师、第 77 步兵师投入南线作战。5 月 4 日,日军发动总反击失利,被迫收缩阵地,在美军两翼包围态势下于 29 日放弃首里防线向南转移。6 月 4 日,美第 6 陆战师由牧港海岸向小禄半岛登陆。17 日,第 2 陆战师第 8 团在喜屋武登陆。18 日,第 10 集团军司令巴克纳中将阵亡,第 3 陆战军司令 R.S. 盖格少将接替其职务。22 日,美军突破日军南部防线。次日凌晨,日军第 32 集团军司令牛岛满及其参谋长剖腹自杀,战役结束。这次战役长达四个月之久,双方都付出了惨重的代价,日军战死 9 万余人,被俘 7 400 人,损失飞机 7 830 架,被击沉舰艇 16 艘、伤 4 艘;岛上居民亡约 10 万人。美军伤亡 7 万余人(含非战斗减员 2.6 万人),损失飞机 763 架,被击沉舰艇 36 艘、伤 368 艘。美军占领冲绳岛后,打开了通往日本的门户,达到了为尔后进军日本本土建立战略基地的目的。

复习思考题:

1. 什么是机械化战争?
2. 机械化战争的主要特征有哪些?

第四节 信息化战争

信息化战争,即交战双方或一方以信息化军队为主要作战力量,运用信息技术和信息化武器装备所进行的战争,是信息时代的基本战争形态。我国最早使用信息化战争概念的是著名科学家钱学森。1995 年,钱学森在国防科工委科技学术交流会上的书面发言中指出,现阶段和即将到来的战争形式是核威慑下的信息化战争。此后,这一概念开始在学术界广为使用。信息化战争是人类继冷兵器战争、热兵器战争和机械化战争形态之后的一种全新的战争形态,是信息时代社会特征在战争领域的全面和具体体现。

一、信息化战争的基本内涵

(一)信息化战争是新军事革命的必然结果

当前,正在进行人类历史上一场空前广泛、深刻的世界性军事变革,即新军事变革或信息化军事变革。新军事变革是以人类技术社会形态由工业社会向信息社会转型为根本动因,以高技术特别是信息技术的飞速发展为直接动力,把工业时代的机械化军事形态改造成信息时代的信息化军事形态的过程。其核心是,把工业时代适于打机械化战争的机械化军队建设成适于打信息化战争的信息化军队。最终结果是使工业时代的机械化战争经过高技术战争阶段转化为信息时代的信息化战争。

高技术战争是机械化战争向信息化战争过渡的混合型战争形态。高技术战争,是随着世界新军事变革的发生而问世、随着军队信息化建设的推进而发展的战争形态。从工业时代的机械化战争到信息时代的信息化战争,不能一蹴而就,要经过一个从量变到质变、从部分质变到整体质变的漫长过程,在这个过程中的战争形态一部分是机械化战争,另一部分是信息化战争。而且,随着时间的推移,其机械化战争的成分会越来越小,信息化战争的成分越来越大。对这种两者兼而有之的混合型战争形态,我们称之为高技术战争。高技术战争是,从工业社会向信息社会过渡时期产生的,既有工业时代机械化战争的性质又有信息时代信息化战争的特点的,大量使用信息化武器装备(即高技术兵器)的,在构成作战力量诸要素中信息的作用日益凸显的混合型或过渡性战争形态。

(二)信息化战争是信息时代的战争形态

信息化战争是一种充分利用信息资源并依赖于信息的战争形态,是指在信息技术高度发展以及信息时代核威慑条件下,交战双方以信息化军队为主要作战力量,在陆、海、空、天、电等全维空间展开的多军兵种一体化的战争,依托网络化信息系统,大量地运用具有信息技术、新材料技术、新能源技术、生物技术、航天技术、海洋技术等当代高新技术水平的常规的武器装备,并采取相应的作战方法,在局部地区进行的,目的手段规模均较有限的战争。

信息化战争指主要使用以信息技术为主导的武器装备系统、以信息为主要资源、以信息化军队为主体、以信息中心战为主要作战方式、以争夺信息资源为直接目标,并以相应的军事理论为指导的战争。信息实力包括信息高速公路、C4ISR 系统、精确制导弹药、太空兵器、智能部队,以及具有高技术、高知识、高素质的人员。

二、信息化战争的发展阶段

信息化战争的形成不是一蹴而就的,而是要经历一个漫长的孕育和发展过程。20 世纪 80 年代以来,战争形态就开始了由机械化向信息化的转变,至今这种演变也没有停止过。

(一)20 世纪 80 年代的几场局部战争使信息化战争初露端倪

20 世纪上半叶,世界范围的两次大规模战争结束后,世界局部范围的武装冲突和有限规模的战争一直没有间断过。某些军事强国,出于自身利益的考虑,把近期几场局部战争变成了发展尖端武器的试验场所。正因为如此,第二次世界大战后频繁发生的这些局部战争,客观上起到了推动战争形态不断发展的作用。人们正是通过这些局部战争的真实画面逐渐地感觉到,人类战争形态正逐渐步入一个新的历史阶段。尤其 20 世纪 80 年代以来,大量使用了高新技术武器装备的几场局部战争,更是程度不同地展现了不同于以往任何战争形态的战争新特征。

1981 年 6 月,以色列以 14 架当时最先进的 F-15、F-16 战机组成突击编队,从西奈岛齐翁空军基地起飞,沿沙特阿拉伯和约旦边境上空,超低空飞入伊拉克境内,只用了短短的 2 分钟,就将伊拉克的一座生产能力达数十兆瓦、价值 4 亿美元的原子核反应堆彻底毁坏。此次代号为“巴比伦行动”的军事行动,第一次让人们真切地感受到了带有信息处理功能的智能化武器在作战中发挥的巨大作用。

1982 年发生在叙利亚和以色列之间的贝卡谷地之战是电子战成功运用的典型范例。发动空袭之前,以色列多次派出无人驾驶飞机在贝卡谷地上空侦察,这些无人机加装了雷达回波增强器以模拟战斗机群的行动，目的是诱骗叙利亚的防空导弹搜索雷达和制导雷达开机，查明其工作频率，测定雷达参数和导弹阵地准确位置。以军在获得了大量电子情报之后，有针对性地对叙军的防空雷达实施了强烈干扰，并出动飞机对贝卡谷地导弹阵地进行猛烈轰炸。由于叙军的防空导弹雷达系统全部陷入瘫痪，以军仅用了6分多钟，就一举摧毁了叙利亚苦心经营多年的19个导弹阵地。

1982年的英阿马岛之战，交战双方尤其是英方，投入了现代化的海空军力量，大量使用精确制导武器，创造了现代海空作战的新模式。战争中，双方共有150多架飞机纷纷坠入大海，数十艘现代化的战舰或葬身海底，或受到重创。阿军"超级军旗"式战斗机以远距离低空奔袭的方式，在48千米外的距离上仅发射1枚"飞鱼"式导弹，就将英军造价2亿美元的"谢菲尔德"号巡洋舰击沉。整个战争过程中，双方电子战行动从未间断。在战争之前，英阿双方的电子侦察行动就已全面展开。英军利用舰载和机载电子侦察设备不断监视阿军动向，利用舰载"苏格兰天网"系统接收美国电子侦察卫星发射的数据。阿军也利用电子侦察机和侦察预警雷达以及苏联卫星提供的情报掌握英军行踪。在登陆和陆上作战中，英军使用电子干扰直升机对阿军的炮兵通信联络实施了有效的干扰，使得阿军炮兵无法进行有效的射击。相反，英军的地面炮兵由于装有先进的电子控制系统，射击效果得到了极大的提高。英军的电子战优势保证了其在作战过程中的全面主动。此次战争之后，一些军事家们惊呼：战争已进入"导弹时代"，电子战将成为未来战争的重要作战样式。

美军相继在对格林纳达、利比亚、巴拿马采取的军事行动中，都大量使用了带有信息处理功能的尖端高技术武器，在极短的时间内，迅速达成行动目的，开创了被人们誉为"外科手术式"的战争新模式。

20世纪80年代几场高技术局部战争，对人们的传统战争观念带来了有力冲击。人们发现，由于大量高技术武器的使用，战争正以一个新的面貌出现于世人面前。这些局部战争的共同特点是：战争目的有限，规模不大，持续时间短；战争突破了传统的时空观念，作战行动在一体化的陆、海、空、天、电多维空间同时展开；以电子战为基本表现形式的信息对抗贯穿于战争始终，并对战争进程产生巨大影响。人们逐渐形成共识，人类社会的战争正由机械化战争形态发展到一个新的历史阶段，并以"高技术局部战争"来概括这一新的战争形态。一时间，"高技术局部战争"成为军界关注的焦点。可以说，20世纪80年代以来的高技术局部战争初步显现了信息化战争的某些元素。

(二)20世纪90年代初的海湾战争是信息化战争的雏形

1990年8月，伊拉克大举入侵科威特从而引发了海湾战争。许多军事观察家把它列为信息化战争的开篇之战。伊拉克入侵科威特后，以美国为首的西方军事大国，经过五个半月的全方位战争准备，于1991年1月17日凌晨开始了代号为"沙漠风暴"的空袭行动。多国部队出动电子战飞机、预警机、侦察机、攻击机、轰炸机、空中加油机等各型飞机共9.4万架次，分四个阶段对伊拉克12个目标群进行了38天的高速度、高精度、全纵深、全天候的大规模持续空袭。通过"沙漠风暴"空袭行动，多国部队彻底破坏了伊拉克军队指挥中心和通信枢纽系统，使伊拉克空军和防空系统基本瘫痪，并摧毁了伊方的核、生、化武器生产能力，重创了其战争潜力和以"共和国卫队"为主的战略兵团。空袭之后，完全占据主动的多国部队立即实施了"沙漠军刀"地面作战行动，只用了短短的100个小时，就重创伊军40余个师，整个战争即告结束。

与20世纪80年代以来的几场局部战争相比，海湾战争的信息化特征更加明显：

一是精确制导武器成为战场火力摧毁的主要手段。在海湾战争中，多国部队和伊方都大量使用了精确制导弹药，极大地提高了火力摧毁效果，大大改变了传统的作战方式。“战斧”、“飞毛腿”、“爱国者”、“哈姆”、“海尔法”、“响尾蛇”、“霍克”等导弹，几乎将海湾战场变成了导弹的格斗场。

二是C4I系统将陆、海、空、天、电多维空间的作战行动凝聚为一体，开创了多维空间力量一体化联合作战的成功先例。在空袭阶段，多国部队平均每天出动飞机2 000多架次，这些飞机从不同的基地起飞，袭击不同的目标，而指挥控制非常协调，这归功于信息技术革命带来的强有力的战场自动化指挥控制系统。

三是以电子战为主要表现形式的战场信息对抗，成为战争中与物质摧毁和反摧毁同等重要的较量内容，直接关系战争的胜负。为确保夺取战场主动权，多国部队在“沙漠风暴”行动前5个小时，动用了EF-111A、EC-130、F-4G、EH-60等各型电子战飞机及其他电子战设备，进行了代号为“白雪”的作战行动，大面积、长时间地干扰伊方的指挥控制系统，致使伊方的指挥控制系统瘫痪，通信系统失灵，雷达屏幕一片雪花，广播电台也一度中断。空袭开始时，伊军不知空袭来自何方，飞机无法升空迎战，导弹、高炮找不到打击目标。在空袭过程中，多国部队还使用AGM-88A反辐射导弹准确地摧毁伊军防空雷达。多国部队以电子战为主要形式的战场信息对抗优势，是夺得战场主动权的关键。

正是因为海湾战争所表现出来的明显信息化战争特征，有些学者把它称作是世界战争史上的第一次“信息战争”。从全面的角度看，海湾战争绝不是单纯的战场信息对抗，双方战争力量相互间的物质实体摧毁仍然是决定这场战争胜负的最终因素，只不过对抗的过程中信息化程度之高是空前的。可以说，海湾战争是信息化战争的雏形。

（三）海湾战争之后的几场局部战争加速向信息化战争演变

与海湾战争相比，1999年发生的科索沃战争在信息化程度方面又有了新的提高。科索沃战争是北约在战区外指挥的规模较大的局部战争，以远距离非接触精确作战为主要交战方式。在78天的空袭过程中，美军凭借其强大的空中优势和电子战优势，频繁使用精确制导武器对南联盟几乎所有的战略目标实施毁灭性精确打击。据统计，整个战争期间，北约使用的精确制导弹药占总弹药量的35%，而战争初期高达98%。北约正是利用了他们的信息化优势，对南联盟实施了全程性的非接触精确作战，具体方法有：一是从1.2万千米外出动B-2A隐身战略轰炸机实施轰炸，从2 000千米出动B-52H和B-1B战略轰炸机实施临空轰炸，或在800千米外发射空射巡航导弹；二是在1 000千米外发射舰射巡航导弹；三是在200～1 600千米外出动战术飞机实施轰炸，或在30千米以外、4 000～5 000米高度发射空对地导弹。这些非接触精确作战方式不仅大大减少了北约一方的战损率，而且作战效果显著，直接达成了战争目的。南联盟尽管也积极抗争，采取了大量的伪装、隐藏、抗击等手段，也取得了击落F-117A隐形战斗机的重大战果，但是北约以信息化为核心的军事优势不可动摇，战争的结局不可逆转。

同时，科索沃战争交战双方在信息领域对抗的激烈程度空前增加。在每一次空袭行动中，北约军队都是先以EA-6B电子战飞机对南联盟预警雷达和火控雷达实施“致盲”干扰，再以EC-130电子干扰飞机对南联盟指挥通信系统实施“致聋”干扰，为空中突防提供掩护。担任空中掩护任务的F-15等战斗机，也使用了大量机载干扰器材，迷盲了南军雷达。整个战争期间，北约军队电子战飞机出动的架次占飞机出动总量的40%以上。此外，北约军队还广泛使用了许多新概念电子攻击武器对南联盟的信息系统和电力系统实施毁灭性打击，多次使用的常规电磁脉冲弹，导致南联盟的电子信息系统“大面积”瘫痪；首次使用的碳纤维石墨炸弹，大范围瘫痪了南联盟电力系统。在丧失制电磁权的情况下，南联盟军队仍然积极抗争，有效地保存了军力。其主要做法有：一是“伪装隐真”，充分利用地形、地物和简便器材伪装武器装备；二是“机动示假”，先设置大量假的重型装备，制造出假目标，然后频繁机动和变更部署，迷惑敌人，引诱敌人摧毁这些假目标；三是“烟幕盲敌”，利用红外、激光制导武器的弱点，施放人工烟幕，降低了北约精确制导武器的打击效果。南军在电磁领域实施的一系列对抗措施非常有效，据俄军专家估计，这些措施使北约空袭打击概率不超过30%。

计算机网络战在科索沃战争首次用于实战。战争一开始，北约就利用因特网进行大量宣传。与此同时，南联盟为了反击北约的宣传战，也利用互联网向全世界不断地传送着自己的声音。为了发挥己方的技术优势，北约利用信息重构技术，秘密地侵入南联盟信息系统窃取情报，同时虚构自己的战场信息实施网上欺骗。南联盟军方则充分利用北约丰富的信息资源，在网上搜集所有关于北约国家实施空袭作战武器装备的信息资料，为其反空袭作战提供了有力支援。尽管南联盟在硬打击手段方面处于绝对的劣势，但利用软打击手段也给北约造成了不小的麻烦。自从北约发动空袭以后，北约的官方网站就不断遭到黑客的攻击。

以非接触精确作战和信息作战为主要形式的科索沃战争，更加显现出信息化战争的诸多特征，标志着战争的信息化程度正在进一步提升。

发生在21世纪的首场战争——阿富汗战争，又在机械化战争向信息化战争的演变中向前跨进了一步，其精确制导炸弹运用已经超过了常规弹药，占总炸弹量的60%。一些特制的智能化的“延时炸弹”、“拉登炸弹”都广泛地运用在这次战争之中。美军的地面部队的数字化程度进一步增加，特种士兵和坦克装甲车辆上都装有大量的数字化设备，为他们了解战场态势、实现信息共享创造了条件。与海湾战争和科索沃战争相比，阿富汗战争交战双方的不对称性更大，交战地区的地理环境更为复杂，塔利班的作战方式也更为原始，但阿富汗战争一直在美军的控制和主导下进行，美军单方面把这场战争演绎成了一场极具信息化特色的局部战争。

阿富汗战争是一场力量差别极为悬殊的非对称战争。开战之前，人们普遍认为，这场战争将没有信息作战可言。然而战争进程及结局告诉我们，美军为了达成战场的完全透明，彻底摧毁对手的反击能力，不仅投入了大量的信息作战力量，而且自始至终运用了信息作战。大量的侦察设备长期不间断地监视塔利班及基地组织的通信联络，美军强大的电子进攻能力尽管没有在实战中发挥，但给了塔利班和基地组织强大威慑，造成他们不敢使用电子设备，也使得他们自身的作战能力大大下降。阿富汗战争中，塔利班武装没有太多计算机网络设备可供美军进行攻击，美国的黑客们主要采用拒绝服务式攻击方式对一些伊斯兰的网站实施了攻击，并在一些网页上发布对拉登的通缉令。同时，美军还把网络攻击的对象指向阿富汗以外的第三方，即对那些为拉登保管资金财产的银行、公司、财团和慈善机构，企图直接进入这些机构的账号，对属于拉登的账号要么进行冻结，要么永久删除。此外，美军还大量使用了心理战，6架EC-130心理战飞机不间断地对阿富汗实施空中广播，发动心理攻势。美军飞机在扔下大量炸弹的同时，还扔下了大量的传单和食品。扔下的传单上历数拉登及其基地组织的罪状，并许诺重金酬谢那些提供恐怖分子行踪的举报者。这些心理战行动，有效地促使了塔利班内部的分化和瓦解，配合了正面的军事行动，加快了战争的进程。

2003年的伊拉克战争，信息化程度又向前跨进了一大步。其信息化弹药已占总弹药数量的80%以上，空地一体化的非线式作战特征已非常明显，特别是数字化部队首次投入到地面作战中，标志着继海、空、天高度信息化之后，地面力量也在加快信息化进程，多维立体的信息化战场基本构成。

伊拉克战争开始之前，美军就有针对性地发射了多颗卫星，总共有包括70多颗军用卫星在内的100多颗卫星参与到伊拉克战争之中，这些卫星担负了大部分的信息侦察、信息传输和信息导航任务，成为信息化战场的主要节点。美军80%以上的情报是靠卫星获取的，90%以上的通信是靠卫星来完成的，80%以上的精确制导武器是靠卫星来制导的。伊拉克战争中，美英联军以太空卫星为依托，构成了一张覆盖全球的信息网络，一个适应信息化战争需要的信息化战场已初步形成。

由于伊拉克在海湾战争和“沙漠之狐”期间受到两次集中电子打击，在设置“禁飞区”的过程中长期受到零星的电子打击，加之受禁运的制约，伊军一方的信息化程度极其低下，战争中大规模、高强度的电磁压制没有出现。但信息作战仍然贯穿战争的始终，并由以攻击信息系统为主向攻击认识系统为主的方向转移，发挥的作用也越来越明显。伊拉克战争中的电子战主要表现为GPS干扰和电磁脉冲武器攻击。美军的许多常规炸弹，加上GPS引导设备后，就成为极为精确的智能炸弹，美军80%以上的精确制导武器都离不开GPS制导，伊军有限的GPS干扰手段，在一定程度上削弱了美英联军精确打击的效能。从这次战争情况看，GPS对抗将成为电子战中越来越重要的一个领域。另外，美军还使用了电磁脉冲武器攻击伊拉克电视台和其他电子设备。心理战是这场战争中信息战的重头戏，运用传媒对伊拉克高层及民众的心理实施攻击，确实起到了重要作用。美军在需要决战的区域几乎实现了不战而胜，与心理战的成功运用有很大关系。随着战争信息化进程的进一步加大，以攻击敌方的认识和信念系统来降低敌方的作战能力，瓦解敌方的作战意志的信息战行动将会越来越多地出现，并发挥更大的作用。

在信息技术不断融入军事领域的过程中，几种传统战争力量的发展是不平衡的。空中、海上力量进展较快，而地面力量相对缓慢。自铁甲战舰、飞机应用于军事以来，电子信息技术就一直就是海上、空中作战平台及其武器系统的重要技术组成部分。经过多年发展，现代空中、海上力量的电子信息技术成分所占的比重大幅度提高，促使空战、海战的信息化程度快速跃升。比如，在普通军用飞机中，电子技术成本已占50%，而先进的B-2隐形飞机中，机载计算机有200余台，电子技术成本已高达60%以上。现代局部战争表明，由于海空力量的信息化程度较高，空中、海上作战方式已经发生了很大的变化，电子战、导弹战等超视距的远距离多维力量联合攻击已成为基本的行动方式。也正是这些以信息化程度很高的空中、海上作战为主导的局部战争，让人们感受到了战争形态的变化，预感到信息化战争的即将到来。相对而言，地面作战力量的信息化步伐比较缓慢。一旦地面力量实现了数字化，那么，陆、海、空、天等多维战争力量就全面实现了信息化，这也就标志着全面信息化战争时代的到来。伊拉克战争中。全球唯一的数字化部队——美军第4机步师——开赴伊拉克战场，尽管没有进行大规模作战，但数字化地面部队投入实战的时代已经到来。美英联军的其他地面力量的信息化程度也非常高，第3机步师在开战的第二天就突飞猛进，孤军深入，在天气恶劣的情况下没有遇到较大规模的抵抗，重要原因之一是他们拥有很强的信息感知能力，一旦发现需要摧毁的目标，就可以在10秒钟之内引导空中火力实施摧毁。地面部队的高度信息化，使得他们能够很好地与空中及太空的信息化作战行动协调一致，密切协调的空地一体非线式作战模式已明显地显现出来，“发现就意味着摧毁”已成为现实。

从海湾战争之后的几场高技术局部战争的实践看，战争的信息化程度正在不断提高，战争形态由机械化向信息化的发展进程一刻也没有停止过。

三、信息化战争的主要特征

伴随着新军事变革的滚滚浪潮，信息化战争正加速登上人类的战争舞台。与以往的战争特别是机械化战争相比，这一笼罩着信息光环的战争形态将显现出许多新的、独有的特征。

（一）武器装备：信息支撑

武器装备作为军事科学技术的物化成果和主要标志，反映着一种战争形态的基本技术水平和科技含量。坦克、飞机、大炮之类的机械化兵器，可以代表机械化战争的主要作战技术水平和科技含量，因而必然成为机械化战争中的主导兵器。而信息化战争作为一种新型战争形态，反映其作战技术水平和科技含量的则是信息化兵器。

所谓信息化兵器，主要是由信息化弹药和信息化作战平台构成的。信息化弹药主要指各类精确制导武器，而信息化作战平台主要指利用信息技术使作战平台的控制、制导、打击等功能形成自动化、精确化和一体化水平的各种武器装备系统。它主要包括太空中的各种侦察、预警、通信卫星；空战场上各类先进的战斗机、轰炸机、预警机等；海战场上的各种高技术战舰以及地面战场上各种先进的坦克、装甲战车等。从近几场带有高技术特别是信息化战争特征的局部战争来看，信息化兵器已经成为战场的“主力军”，在战场上发挥着机械化兵器所不能替代的主导作用。海湾战争中，多国部队使用的信息化弹药在其总弹药量中虽然只占 800，但却完成了 80%～90%的战略战役目标打击任务。而伊拉克战争中，信息化弹药已经占到总弹药量的 80%左右，充分反映了信息化兵器的战场主导作用。

信息技术被应用于武器装备之中，使其战术技术性能和作战效能获得空前提高，我们讲这一个总的趋势成为信息化。而随着信息化建设的深入发展，各种平台和系统的信息化不断提高，出现了一个重要的特点就是智能化，智能化在军事各个领域都有表现，比如，智能化弹药实现精确杀伤。不同于以往常见的精确制导弹药，智能化弹药具有自动自寻找、识别、选择、跟踪目标的能力，大大缩短发现目标到打击目标的时间，毁伤效能和精确程度极大提高。为了提高作战平台在极端环境下的作战能力，具有高智能等级的自主作战平台相继涌现。指挥决策实现“人机交融”。当前，指挥决策系统正在由第 2 代向第 3 代升级，人机交互、数据融合、任务规划等智能化技术应用不断拓展，战场指挥决策的协同控制、精确实时能力大幅提升。现代后勤进入智慧时代。智能化管理系统和作业技术在故障检测、状态监控、物资搬运装卸、补给运输、物资空投、供油加油、生化侦测等领域得到广泛应用，从而增强现代后勤的精确化、定制化和高效化，推动现代后勤进入智能化时代。

（二）能量释放：信息主导

战争是力量的竞赛，这种力量的竞赛首先表现在武器装备的质量和数量的较量上，但最终表现在战场能量释放的较量上。正如人们已知的，机械化战争中，战场释放的能量主要是机械能，即机械运动产生的动能和势能。这些能量增加了机械化兵器的机动速度、杀伤能力和防护水平，使战争呈现出高度机械化的特征。

信息化战争作为机械化战争的高级发展阶段，其战场能量的释放则不仅是机械能，更主要的是深刻体现人的智能活动的信息能，即各种信息化武器装备的战场探测预警、情报侦察、精确制导、指挥控制、通信联络等软能力。这种新的战场能量支配和主导着信息化战场上的全部作战活动，具有战争制胜的巨大作用。据资料统计，海湾战争中，多国部队参战的大型主战兵器只有 1 万多件，而参战的“附属保障兵器”——计算机却达到 4 万～5 万台。参战的“附属保障兵器”超过主战兵器的 4～5 倍。这一方面说明多国部队的主战兵器信息化含量高，另一方面也说明了信息能已经成为决定战争成败的重要因素。

（三）作战目标：三大系统

信息化战争作为一种新的战争形态，在战场较量方式上，改变了机械化战争的那种陆海空单元战场、单一军兵种、单一作战领域的单元式战场较量方式，而是以信息化战场为依托，以战场认知系统、通联系统、指挥控制系统、打击系统（包括兵力、火力）、支援保障系统等五大分系统构成的作战体系间的整体较量。其中，战场认知系统、战场通联系统、指挥控制系统这三大系统，则是构成信息化战场的“眼睛”、“神经”和“大脑”，主导和支配着战场所有力量和打击行动。因而，围绕着破坏、瘫痪敌人的“三大系统”和有效地保护己方的“三大系统”而进行的系统对系统的整体较量，将成为交战双方战场制胜的关键。只有把敌人的战场认知系统“打瞎”，把敌人的战场通联系统“打聋”，把敌人的战场指挥控制系统“打瘫”，才有可能破坏敌人作战体系的整体构成，夺取和把握战场主动权，创造战场歼敌的有利战机。从近期几场具有信息化战争性质的战争实践看，这种不把作战部队作为主要的打击目标，而把“三大系统”作为主要打击目标的方式，已成为发达国家军队的首要选择。

（四）作战方式：信息攻防

作战形式是个特有的军事概念，它作为战争形态的直属概念，是作战行动整体的或基本的表现形态。作战形式的选择与运用，关系到战争的成败和作战力量的整体发挥。比如运动战、阵地战、游击战曾是中国革命战争的三种基本作战形式，也是我军克敌制胜的重要法宝之一。信息化战争作为一种新的战争形态，必然会产生与其他战争形态不同的、居主导地位的作战形式，而信息攻防或称信息战，正是这一战争形态中主要和基本的作战形式。

信息战作为一种新的作战形式，与以往作战形式相比，主要有三个方面不同：一是对抗的主要关节点不同。信息战作为敌对双方在信息领域的对抗活动，一个是决策对抗。就是作战双方都是竭尽全力地要遏制敌方决策者和指挥机关，使之难以在战场认知系统、决策系统辅助下定下正确的决心，从而使战争或战役失去正确的作战指导，因此，有人也把信息战称为决策控制战。另一个则是指挥对抗。就是作战双方通过各种信息攻击行动，使敌方已经形成的决策难以实施，不能进行实时、有效的正确指挥，难以形成战场现实战斗力。因而也有人把信息战称为指挥控制战。二是信息战的作战目标不同。它不是以歼灭敌人有生力量和重兵集团为主，也不是单纯地只为信息的获取、处理与利用而进行的技术较量，而是以破坏、摧毁对方的战场支柱——“三大系统”，即战场认知系统、通联系统、指挥控制系统为主。信息战的作战行动广泛，如围绕信息源争夺的侦察与反侦察、伪装与反伪装；围绕信息通道争夺的干扰与反干扰、摧毁与反摧毁；围绕指挥而展开争夺的欺骗与反欺骗、威慑与反威慑、决策与反决策、指挥与反指挥等作战行动，这些都是信息战作战行动。三是作战目的不同。信息战不是以争夺战场兵力兵器数量优势为目的，而是以夺取战场信息优势为目的。即争取实时有效感知战场情况的能力、能够及时有效使用部队和打击兵器的能力、通畅可靠的网络通信能力。

在海湾战争中，由于信息系统之间无法直接连通，空军通过侦查获取目标信息以后，不能把目标信息直接传送给在红海和波斯湾军舰上的海军飞机，只得通过人工中转，因为数据不兼容；缺乏信息融合的手段；而这个人工转换往往需要花上 3 天时间，然后才能发射一枚“战斧”巡航导弹或者派飞机去打击伊军目标；由于传感器与打击武器分别属于不同的指挥系统控制，经常是发现了目标却无法立即调动打击武器，只能让伊军的目标从眼皮底下溜走。海湾战争之后，美国干的很重要的一件事就是，整合、统一规划各种信息系统。进入新世纪，美军在“网络中心战”理论的指导下，开始建设“全球信息栅格”（GIG）。

(五)作战焦点:制信息权

制信息权是指运用以信息技术为核心的战场认知系统、通联系统和指挥控制系统等,在能够有效地阻止敌方了解、掌握己方主要情况的同时,实时准确地掌握敌方情况,具有战场上信息的获取权、使用权和控制权。制信息权是信息化战场争夺的“第一制高点”,它主导和支配着制空权、制陆权、制海权、制天权等主动权的争夺。因为信息化战场已经打破了机械化战争那种陆战场、海战场、空战场等单一战场的构成格局,使作战成为陆、海、空、天、电五维一体化战场的整体较量。在这种五维一体化战场的整体较量中,任何单一空间战场的主动权都不能完全左右整个战场局势,无论是陆战场、空战场还是海战场都必须依靠作战体系这个大系统进行整体协调和运作。因此,制信息权作为主导和沟通陆、海、空、天、电战场的上一层位的战场主动权,具有制空、制地、制海、制天、制电的系统功能。而深刻体现机械化战争特点的制空权、制陆权、制海权等战场主动权的单一争夺,将完全融入制信息权的整体争夺中。

延伸阅读

网电一体战

2007 年 9 月 6 日,以色列空军运用非隐身的 F-16I 战斗机深入叙利亚境内,摧毁了位于叙利亚南部的一处被怀疑为核设施的建筑。定点清除行动对于以色列来讲是家常便饭,但这次行动有一个非常突出的看点,就是以色列运用非隐身的 F-16I 战斗机,成功骗过了叙利亚的俄制防空导弹系统的雷达,包括最先进的道尔 M-1。俄制道尔 M-1 是当今世界上最先进的防空系统之一,信息化水平比较高,然而这次却没能奏效。令人诧异的是,以色列既没有对它进行传统的电子干扰,也没有对其进行火力摧毁,没有精确制导炸弹,也没有反辐射导弹,什么情况呢?在无声无息、无人察觉的情况下,叙利亚还算比较先进的防空网络却上演了“集体被罢工”,不是一两套系统失效,而是整个网络失效。这一效果以色列人是如何实现的?虽然具体的作战细节属于高度机密,外界不得而知,但是军事专家们一致将矛头指向了美国正在研发的一种新型电子战系统——舒特系统。与以往电子战装备不同的是,舒特系统不再是发射强大的噪声信号去压制敌方的信号,不再是让敌方雷达荧光屏一片雪花,而是通过敌方设备的天线植入特殊的信号,这种信号经过敌方设备解调之后,就会编成一段恶意程序代码,渗入到敌方防空系统的计算机网络当中,妨碍系统的正常工作,甚至夺取系统的后台控制权。电子战和网络战结合以后,可以通过信息技术手段,通过网络,去夺取对方武器系统网络的控制权。这个太可怕了,这也就是说,这是我的武器装备,但是某天它可能完全不听使唤,不光不听使唤,甚至还有可能掉过头来打我自己。这是一种可怕的、我们不得不关注的发展趋势。这与我们在以往局部战争中看到的电子战有很大不同。我军许多专家将其称为网电一体战。

复习思考题:

1. 什么是信息化战争?
2. 信息化战争的主要特征有哪些?

第五章　信息化装备

教学内容

- 信息化装备概述
- 信息化作战平台
- 综合电子信息系统
- 信息化杀伤武器

教学目标

了解信息化装备的内涵、分类、发展及对现代作战的影响，熟悉世界主要国家信息化装备的发展情况，激发学生学习高科技的积极性，为国防科研奠定人才基础。

随着信息技术的迅猛发展，以信息化为标志的新技术革命蓬勃兴起，信息化和全球化已成为当今世界发展的两大趋势。其中，以信息化为核心的新军事变革更是首当其冲。新军事变革的实质是信息化在军事领域的反映，集中表现为战争形态的信息化和军队建设的信息化。为了在新军事变革潮流中把握主动，抢占未来战争的制高点，世界各国军队纷纷加快以信息化建设为主要内容的发展步伐，形成了以加速发展信息化武器装备为核心的竞争态势。从 20 世纪 90 年代初以来发生的几场局部战争来看，信息化武器装备的运用，正在对战争的进程与结局产生越来越重大的影响。同时，战争也向人们昭示，信息化武器装备的发展及其运用，使战争机器的整体结构和作战效能产生了质的飞跃，从而推动着军队体系作战能力的提升。

第一节　信息化装备概述

一、信息化装备的内涵

一般意义上的装备，即是军事装备的简称。尽管军事装备与武器装备的范围或外延有所不同，但二者的本质特征或内涵是相同的，即军事装备的主体是武器装备，没有武器装备就没有军事装备可言。因此，在很多情况下，军事装备往往等同于武器装备。信息化装备，是信息化武器装备的简称，并包括信息化武器。

从历史上看，信息化武器装备作为装备发展的一个重要历史时期，它是在电子技术产生以后、建立在电子技术基础之上的信息装备的发展过程。这一历史过程大体上经历了两个重要的发展阶段：

第一阶段是在19世纪中叶电磁电报机出现以后直到20世纪70年代中期，这一时期的突出特点是信息装备功能的单一化，集中表现于一种装备只能完成信息工作的某一特殊任务。如第二次世界大战（以下简称“二战”）期间的各种型号的干扰机、发射机、干扰箔条，以及越南战争期间美军装备的各种干扰吊舱等。

第二阶段的发展过程大体是进入20世纪70年代中期以后，具有一定综合功能的信息装备系统的产生。尤其是20世纪80年代末以来，信息装备发展的一个突出特点，是由信息装备的单项装备、分立系统逐步转向综合集成和一体化的新阶段，其重要标志是C4ISR系统和综合电子系统等概念的确立和相应装备的产生与发展。

尤其是自海湾战争以来，以美国为代表的西方发达国家所推进的军队转型的实践活动，使信息化武器装备系统比较完整地呈现出来。美军认为，信息化战争主要包括两个重要方面：一是经常性军事信息活动；二是信息战（攻击与防御）。在经常性军事信息活动中，其主要任务是情报、监视与侦察，精确导航和定位，气象行动，公共事物行动。在信息战中，一方面是进攻性信息对抗活动，主要进行心理战、电子战、军事欺骗、物理攻击、计算机网络攻击和公共事务行动；另一方面是防御性信息对抗行动，主要包括作战安全、信息保障、计算机网络防御、反欺骗、反情报、公共事务、反宣传行动和电子防护。在这个意义上，有利于实现上述任务的装备，都可看作是信息化武器装备的组成部分。

信息化武器装备是一个历史发展的概念，不仅包括信息化阶段的信息战装备，而且包括了机械化阶段的电子战装备；不仅包括现阶段的信息作战装备，也应包括未来发展的信息作战装备。信息化武器装备是与信息化战争紧密相关的，从一定意义上说，提出信息化武器装备的概念，只是为了适应信息化战争的需要。从信息化武器装备的关系属性来看，发展信息化武器装备的核心在于造成“于一方有利的不平衡状态”，使得己方具有收集、处理和传送不间断信息流的能力，同时利用或阻止敌方实施相同的能力。信息化武器装备，不仅包括电子信息装备，也包括传统意义上的机械化装备（只不过更需要大量运用电子信息技术）。其中，物理摧毁常被理解成“利用作战力量摧毁或削弱敌方部队、信息源及指挥与控制系统和设施，它包括来自地面部队、海军和空军的直接与间接火力，以及特种作战部队的直接行动”。

综上所述，信息化武器装备概念的界定：信息化武器装备，是指信息技术在装备技术构成中占主导地位，信息要素在作战行动中支配物质、能量要素的效能发挥，具有较高信息获取、传输、处理、存储、共享、管理、分发、对抗能力及数字化、智能化、网络化和一体化水平的武器、武器系统和军事技术器材的统称。

对信息化武器装备内涵的理解应把握以下两个问题：

第一，信息化武器装备是复杂技术系统，是当前装备发展的最高级装备形态。它着眼于装备系统的整体功能而言，本身暗含着体系之意。体系中的个体是信息化武器装备的子系统，不能称其为信息化武器装备，只有系统整体才能称为信息化武器装备。这样可以避免评价现代坦克、飞机等装备是否是机械化或信息化武器装备的尴尬。

第二，信息化武器装备体系结构的核心是军事信息系统，信息化武器装备的各个子系统在信息网络系统的协调下有效运行。信息化武器装备的主战力量是各种信息化作战平台、精确制导弹药、信息战装备、一部分新概念新机理武器等软、硬杀伤力量，用于保障作战行动的各种信息化军事技术器材也是信息化武器装备的重要组成部分。由此，可将信息化武器装备分为信息化主战装备、军事信息系统和信息化保障装备三大系统。

二、信息化装备的分类

推行武器装备信息化建设，首先要发展各类各种信息化武器装备，进而建成信息化武器装备体系。总的来看，我国军事学者对信息化武器装备体系主要组成部分的认识还不尽一致。有的认为，信息化武器装备体系包括信息化平台、信息化弹药、信息战装备、综合军事信息系统和国防信息基础设施。有的认为，信息化武器装备体系由信息化弹药，信息化作战平台，专用侦察、探测、干扰装备，单兵数字化装备以及军队指挥自动化系统组成。有的认为，信息化武器装备是大量采用信息技术、严重依赖信息、装有各种微观信息系统的军事技术装备。组成信息化武器装备体系的信息化装备大致可以分为六类，即信息化装置、信息化弹药、信息化平台、军事信息系统、信息化战场和信息化网络。有的则认为信息化武器装备体系是以综合军事信息系统为核心的各种信息化武器系统和技术装备之和的总称，它主要由七大类武器、装备或系统构成：一是包括制导炸弹、制导导弹、制导子母弹、制导地雷、巡航导弹、末端制导导弹、反辐射导弹等在内的精确制导弹药；二是装有大量电子设备并与军事信息系统联网的装甲车辆、作战飞机、作战舰艇等信息化作战平台；三是主要包括战场突击机器人、战场侦察机器人、战场三防机器人、扫雷机器人、无人飞机等在内的军用智能无人系统；四是由一体化头盔、单兵计算机和无线电系统、武器接口系统、防护服和微气候冷却系统等组成的单兵数字化系统；五是装有各种微观信息系统，主要包括定向能武器和动能武器的新概念武器系统；六是作为军队“神经和大脑”的，能把军事力量各要素、战场上各作战单元及各种各类武器系统和保障装备充分融合为一个整体的军事信息系统，特别是一体化综合军事信息系统；七是作为整个信息化武器装备体系，特别是综合军事信息系统的基础或依托的，能够提供语音、数据、视频、图像和增值业务的国防信息基础设施。

一般来看，信息化装备大致可分为作战平台、武器负载和信息系统三大部分。信息化武器装备体系可以分为三大类：一是综合军事信息系统，其在功能上可分成信息获取、信息处理、信息传输和指挥控制 4 个分系统，或者按照作战运用分为侦察监视系统、指挥控制系统、导航系统等；二是信息化打击武器，主要有精确制导武器、信息战武器装备和新概念武器系统，其功能集软硬杀伤于一体；三是信息化作战平台，主要是具有自动操纵能力和信息互联能力，分布于陆、海、空、天各种类型的主战平台。信息化武器装备是一个由诸多要素构成的一体化的复杂系统，不是一个个子系统的简单组合，而是各子系统之间通过信息网络实现的功能性融合。每一个子系统都具有双重性，即相对于系统整体而言，它是侧重于某一功能的分系统，在大系统中主要实现特定的功能；对于分系统本身而言，它又是一个有相对完整功能的信息网络系统。

军事信息系统

三、信息化装备的特点

信息技术的飞速发展和广泛应用，已经并正在军事领域引起一系列革命性的变化，其中最直接、最突出的变化，是大量信息化武器装备登上了现代战争舞台，与传统武器装备相比，信息化装备具有许多新的特点，主要表现在侦察立体化、打击精确化、反应高速化、防护综合化、控制智能化等几个方面。

（一）侦察立体化

在传统战争中，由于受科技与装备发展水平的限制，“眼观六路观不远，耳听八方听不全”。随着信息技术的飞速发展和广泛应用，情况发生了本质的变化。现在，从大洋深处到茫茫太空，布满了天罗地网式的侦察监视系统：水下的声呐，能够偷偷地寻觅军舰和潜艇的踪迹；地面的传感器，能够警惕地注视人员与车辆的动静。至于空中的侦察飞机、天上的间谍卫星，由于“站得高，看得远”，就更是南来北往、川流不息。侦察是打击的前提。从一定意义上讲，高水平的侦察监视技术本身就是一种威慑力。为了对毁伤效果进行有效的评估，美军要求每隔 72 小时把战区照片更新一遍。从一定意义上讲，侦察能力的差异性决定了交战双方的不平等性，美国参联会原副主席欧文斯说：如果交战的一方“可以一天 24 小时，仅以 30 秒的延迟、在各种气象条件下、透过云层、在 10 厘米的误差以内非常精确地看到另一方，而他的对手则不能，他一定会赢”。

（二）打击精确化

衡量武器装备的优劣，打击力是首要的因素。传统的武器装备，由于对能量的释放缺乏有效的控制，准确度不高，往往片面追求唯大、唯多和大规模杀伤破坏。信息化武器装备，强调在“精”字上做文章。所谓“精”，就是要能够“攻其一点，不及其余”，尽量不引起不必要的附带毁伤。因为精确制导武器作战效能非常高，所以世界各国竞相研制和发展。20 世纪 70 年代，时任美军防务计划与工程项目领导的前国防部长佩里曾经提出过著名的“三能力”：看的能力——发现战场上所有高价值目标；打的能力——能直接攻击每个所看到的目标；毁的能力——“打就能中”，毁伤所攻击的每个目标。今天美军的武器装备已经基本达到了上述要求，而其他国家也正在向这个方向努力。

（三）反应高速化

虽然历来“兵贵神速”，但因为受技术条件的限制，传统武器装备常常“欲速不达”。在现代战争中，由于充分利用了信息技术的成果，真正做到了机动快、反应快、打击快、转移快。1986 年的锡德拉湾之战，美国飞机从英国基地起飞，往返 1 万多公里，空中加油 4 次，飞抵利比亚上空，同时向的黎波里市和班加西城的机场、兵营、港口、雷达阵地倾泻了大批精确制导弹药，甚至直接把导弹投进卡扎菲总统住所，炸弹从窗户飞进卧室。这次空袭总共只有 17 分钟，却在世界上开创了“外科手术式打击”的先河。难怪美国前国防部长科恩宣称：“以往的哲学是大吃小，今天的哲学是快吃慢。”

（四）防护综合化

“保存自己，消灭敌人”是一切战争的共同原则。由于现代侦察、监视和探测手段具有全方位、全频谱、全天候、全时辰的特点，进攻一方如果不能有效地保护自己，就可能出现“发难者先遭难”的结局。当一架战斗机在重要地区 300 米以上高度飞行时，可能受到 800～900 部雷达的照射，其中可能有 300～400 部雷达以 600～700 个不同频率的波束进行搜索，有 30～40 部雷达跟踪飞机。如果再加上光电探测设备的威胁，战场环境必将更加复杂。这对飞机、导弹等进攻性武器是一个严峻的挑战。在这种情况下，防护的地位显得特别重要。海湾战争中，F-117A飞机大出风头，出动1 600多架次，仅占战斗机攻击架次的1.77%，却完成了对40%战略目标的攻击任务，而且无一损伤，因而被评为这次战争中唯一获得满分的最佳作战飞机。其奥妙之处是借助于外形设计和表面涂料，有效地实现了隐身要求，其雷达反射面只有0.1平方米，同一顶钢盔差不多。战争本来就“好比是一个未经航行过的、充满暗礁的大海，统帅可以凭智力感觉到这些暗礁，但是不能亲眼看到，并且要在漆黑的夜里绕过它们”，而信息技术的广泛应用，又使现代战场环境变得更加复杂。为了赢得胜利，交战双方总是力图通过各种手段获取对方的情报。现代先进的探测技术为侦察提供了“科学的千里眼、顺风耳”，而隐身与反隐身技术又可使被探测一方采用“障眼法”金蝉脱壳。以信息技术为基础发展起来的信息化武器装备，将使未来战争更加有声有色。

F-117隐形战斗机

(五)控制智能化

现代高技术的发展，使武器装备的射程、威力、精度都几乎达到了各自的极限。交战双方的差别，在很大程度上取决于它们对部队指挥和武器控制的水平上。而要想驾驭信息化战争，单靠传统的指挥手段已经远远不够，必须借助于信息技术。美国海军之所以在1998年提出“网络中心战”的概念，就是考虑到在未来战争中，海军要打击从海上、空中到岸边直至内陆纵深数千公里范围内的目标，还要海军陆战队和陆军提供火力支援。传统的平台中心战难以适应，必须利用信息技术，把作战部队及其作战平台、作战支援部队以及轨道上的军用卫星联系起来，实时提供完整的战场空间态势信息，以便先敌采取行动，实施精确打击、联合作战。

近年来，美军不惜耗费巨资，加紧建设“全球信息栅格”，其主要目的就是要把世界各地的美军官兵连接起来，在未来的信息化战争中，及时提供联合作战所必需的数据、应用软件和通信能力，以获取信息优势和决策优势。按照美军参联会下属联合参谋部向国会正式提交的报告，“全球信息栅格”将同时具备4种基本功能：计算能力、通信能力、信息表示能力和网络操作能力，实现在全球范围内，把涉及信息收集、处理、存储、分发的各种军用信息系统联结成一个公共的“诸网之网”，使信息得以畅通，及时地流向任何需要它的用户，以至于“一名野战士兵”通过全球信息栅格就可以获得“以前连高级指挥官都难以获得的态势信息”，从而实现指挥的智能化。

四、信息化装备对现代作战的影响

信息化武器装备的发展应用催生了新的作战理念，使远程精确打击成为现实。战争领域出现了许多新的作战样式，如精确作战、非接触作战和非对称作战等。信息化条件下的一体化联合作战、体系破击战、目标中心战等作战理念的提出也是建立在信息化武器装备发展应用基础上的。

（一）信息化装备减小了空间范围的影响，改变了作战的空间观念

从机械化战争到信息化战争，这种转变主要是由武器装备的发展应用引起的。信息化武器装备的发展应用把战争从机械化带入信息化，使作战受地域的影响逐步淡化。传统的武器装备由于在情报获取、信息传输以及指挥控制等方面能力有限，打击距离近，快速机动能力弱等都为战场空间产生了隐性的限制。当前由于信息化武器装备的发展应用，部队的作战能力大幅度提升，作战地域和空间扩大。

信息化武器装备的广泛运用，逐步出现了“非线式、非接触”等作战样式。这些作战样式产生全域作战的现象，即便在己方战略纵深内也同样可能遭受敌方火力打击。这些跨越前沿直接对敌纵深内目标实施攻击能力的提升模糊了战场前后方。

（二）信息化装备使作战时间大大缩短，改变了作战的时间观念

通过近期的几场战争可以看出，信息化条件下作战与机械化时代作战相比作战持续的时间大大缩短。导致现代战争作战时间缩短的主要原因有以下几个方面：

（1）指挥控制方便快捷。近年来，指挥信息系统的发展应用使得各级指挥员进行作战指挥控制更加方便快捷。能够通过侦察设备对战场情况实施不间断侦察，将获取的战场信息通过指挥信息系统及时传输给指挥员，为指挥员分析判断战场情况、及时把握战场变化、正确定下和修改作战决心提供了及时有效的依据。

（2）火力反应快速准确。信息化武器装备的发展应用，体现在火力方面主要是火力平台反应速度加快以及火力打击精度提高。由于信息化水平不断提高，火力系统自动化程度提升，从发现目标到决定诸元实施火力打击可以缩短在几十秒、几秒甚至更短的时间内完成，火力平台反应速度的提升大大缩短了火力反应时间。

（3）作战节奏明显加快。指挥控制的方便快捷、火力反应速度的不断提升加快了作战节奏，以往要实现从情报的获取传输、处理到指挥员决策以及对火力单位实施指挥并对目标实施火力打击这一系列行动需要相当长时间，而现在需要的时间将大大缩短，加上信息化武器装备机动能力显著增强，实现了快速部署和机动打击，无形之中加快了作战的节奏。

（三）信息化装备优化了打击方式，改变了作战的毁伤观念

信息化武器装备的发展应用把战争带入了信息化战争时代，体现在火力打击中主要有以下几点：

（1）打击由伤亡型变为毁灭型。传统作战中火力打击主要是作战双方利用有限的火力兵器进行正面大规模的对抗和相互打击。当己方遭受敌方火力打击时，通过疏散隐蔽或利用提前构筑的工事进行躲避火力来减少伤亡。随着信息化武器装备运用于战场，战争不再单一追求打死打伤对方多少人，而是为达成一定的作战目的直接利用信息化武器装备进行打击，这种打击对于具体的目标几乎没有生存的可能。传统的枪弹可能实现临时躲避，而遭受信息化武器装备的攻击几乎无法逃脱，对于被打击的目标来说是毁灭性的。

（2）打击由全面覆盖变为精确毁伤。随着信息化武器装备的发展应用，为精确打击提供了

作战平台，火力打击逐渐走向精确化，作战过程中为达成一定的作战目的，可以利用信息化武器装备对相关目标实施针对性精确打击，采取以目标为中心的火力打击行动，必要时还可以实施斩首行动等直接达成作战目的的行动。

(3)打击由单一毁伤变为多法并举。传统作战由于受到武器装备的影响，作战过程中攻击方式是以火力毁伤为主，以摧毁人员、工事、装备等来达成作战目的。随着信息化武器装备的广泛运用，有些时候不需要进行实体的火力摧毁，而是通过舆论宣传、心理攻击等方式就可以达成作战目的，如利用信息化武器装备实施心理攻击、照明侦察、干扰破坏等一系列作战行动就能瓦解敌方的作战企图，以达成作战目的。

复习思考题：

1. 什么是信息化装备？
2. 信息化装备有什么特点？
3. 信息化装备对现代战争有什么影响？

第二节　信息化作战平台

信息化作战平台是信息化武器及其载体的总称。它包括信息化的坦克与装甲车、火炮与导弹发射装置、飞机以及直升机、舰艇等作战平台。信息化作战平台具有相互之间以及与指挥系统进行通信联络的数据链，以便于相互沟通信息，反映战场态势，接受作战命令；具有雷达、光电等传感器，用以探测敌方目标，为及时、精确的火力打击提供目标信息；具有侦察、干扰和敌我识别设备，用以增强平台的自卫能力和识别能力；具有导航定位设备，为平台提供位置和时间信息。

信息化作战平台是综合运用现代高新科技成果，尤其是信息技术研制和改进的作战平台。在信息化战争中，信息化作战平台与各种先进的打击系统结合在一起，可以极大地提高武器系统的综合作战效能，对取得战争的胜利具有举足轻重的作用。

一、典型的信息化作战平台

（一）陆上作战平台

陆上作战平台是地面武器系统的基础，其数量和质量状况决定着陆上作战能力。信息化陆上作战平台是陆军装备信息化的重要标志。当前，世界主要国家的陆上作战平台以信息化水平不断提高的第三代为主，构成了多代并存、高中低档相结合的陆上主战装备体系。

信息化陆上作战平台主要包括坦克、步兵战车、装甲输送车、自行火炮车、导弹输送和发射车及指挥控制车辆等。陆上作战平台是陆上武器系统的基础，其数量和质量状况决定着陆上作战能力。在陆上武器中，主战坦克是主要的战斗兵器，可完成多种作战任务。

20 世纪 70 年代以来，战车电子系统经历了一个迅速发展的过程。战车综合电子信息系统中主要包括战车火控系统、战车指控系统、战车定位导航系统和战车威胁预警与对抗系统等。

20 世纪 90 年代中期以来，发达国家陆战平台仍以坦克为主，大体可分为四代。从现役坦克分布状况来看，除美国有部分第四代坦克开始服役外，其他国家均没有第四代坦克服役。当前,美国陆军的陆上作战平台主要是以第三代的 M1A1 和 M1A2 为主,并有少量第二代和第四代主战坦克。英、法、德、俄等国的主战坦克仍呈现二、三代并存的局面,但第三代坦克所占比例正在增大,第二代坦克即将全部退役。目前典型的主战坦克有美国的 M1A2、德国的"豹 2A6"、俄罗斯的 T-90 和"阿玛塔"、日本的 90 式和 10 式、英国的"挑战者 2E"主战坦克等。

未来的主战坦克将采用新的技术途径,全面提高火力、机动性、防护力和指挥控制能力,重点是依靠战场态势感知和高精度火力迅速捕捉和摧毁目标;除近距离直瞄攻击外,还具有防空、间瞄精确打击能力;采用新型推进系统,大幅度降低油耗,使坦克能高速持久地实施战斗;采用隐身技术和电子对抗技术,提高战场生存力;采用信息的大量融合,使坦克变得更加"聪明"。它们将以崭新的面貌,驰骋于未来的信息化陆战场。

步兵战车是一种机动性至少与主战坦克相当、火力和防护性能较之装甲输送车大为增强的新型装甲战斗车辆,由于它主要用于协同坦克作战,因此又被称为"坦克伴侣",也可独立遂行战斗任务。步兵战车的出现,增强了步兵的作战能力。

步兵战车通常分履带式和轮式两种类型。典型的步兵战车有美国的 M2A2 步兵战车、俄罗斯的 BMP-3 步兵战车、英国的"武士"步兵战车等。像坦克一样,步兵战车也必须走信息化之路。

装甲指挥车是设有指挥舱并配备多种电台和观察仪器、用于部队作战指挥的轻型装甲车辆。装甲指挥车内安装多部无线电台、接收机,各种观察仪器、多功能车内通话系统、工作台和图板等,通信能力强。随着科学技术的发展,装甲指挥车的电子信息装备的功能将更加齐全、自动化程度更高、抗干扰能力更强、保密性更好。

装甲侦察车是执行战术侦察任务的装甲车辆,它的信息化重在信息获取。装甲侦察车上通常装有导航仪、测角仪、激光测距仪、热像仪和电台等,有的还装有雷达,侦察和自身防护能力均较高。

M2 步兵战车

(二)海上作战平台

海上作战平台主要指在海洋进行战斗活动的舰艇,主要用于海上机动,进行战略核突袭,保护己方或破坏敌方的海上交通线,进行封锁或反封锁,参加登陆或抗登陆作战和打击攻击作战。信息化海上作战平台的技术复杂、知识密集,集中反映一个国家的工业水平和科技最新成就。信息化海上作战平台是指包括水面舰艇和潜艇在内的各种作战舰艇，是现代海军最主要、最基本的装备。

水面舰艇是海军编成中历史最悠久的兵种，而且在很长时间内曾经是海军的唯一兵种。海军在维护海上交通线的安全、反潜、开展水雷战以及遂行日常的巡逻警戒、护渔护航等战斗勤务中，均离不开水面舰艇。在世界各国，水面舰艇无论是在吨位上还是在装备的数量上均占其海军编成中的第一位。信息化水面舰艇包括航空母舰、巡洋舰、驱逐舰、护卫舰、高速攻击艇、水雷战舰艇、两栖舰艇以及军辅船等。

潜艇是一种既能在水面航行，又能潜入水下，并且能够在一定深度范围内进行机动作战的战斗舰艇。由于信息技术等各种高技术在潜艇上的运用，使现代潜艇的战术技术性能和作战能力有了显著的提高。现代潜艇包括弹道导弹核潜艇、攻击型核潜艇和常规潜艇。

航空母舰是海上的浮动机场，它主要使用飞机执行海上作战任务，是海军重要的作战力量。一艘航空母舰通常与十多艘作战舰艇和辅助舰艇组成战斗编队。这个战斗编队还包括航空母舰所搭载的作战和预警飞机、电子战飞机等。在战斗过程中，航母各战位、各部门和各分系统之间，航母与战斗编队中其他舰只和飞机之间，航母与陆军、空军等友军之间，都需要进行信息交流和协同作战。因此，航母本身越来越成为一个高度集成化和信息化的武器平台，航母战斗群也越来越成为一个高度信息化的有机整体。以下介绍最具代表性的美国“尼米兹”级核动力航母信息化概况，尤其是信息化装备的情况。

尼米兹级航母所装载的雷达就有 11 种之多。其中 AN/SPS-48E 型三坐标对空搜索雷达主要用于远程对空搜索、导弹探测和武器控制，工作频段为 2 900～3 100 兆赫，作用距离为 400 千米，可控制武器系统拦截掠海飞行的导弹。AN/SPS49(V)5 型对空搜索雷达主要用于远程对空搜索，工作频段为 850～942 兆赫，作用距离 463 千米。采用先进技术，能有效地抑制人为干扰，在恶劣的干扰环境中能保持良好的探测性能。SPS-67 (V)型对海搜索雷达主要用于中程对海搜索和导航，工作频段为 5 400～5 800 兆赫，作用距离为 370～927 千米。它有三种不同宽度的脉冲，分别用于港口导航和中、远程目标的探测。MK-23TAS 目标跟踪雷达主要用于探测、跟踪和目标指示，工作在 D 频段，作用距离 37 千米。它是 MK23 型目标捕获系统的组成部分，可以同时执行对空搜索和点防御任务。MK95 型火控雷达主要用于搜索、捕获、跟踪和照射，工作在 I/J 频段。AN/SPN-41、AN/SPN-42、AN/SPN-43B、AN/SPN-44 和 AN/SPN-46 型等引导雷达主要用于舰载机的着舰控制。

“尼米兹”级航母的通信系统具有多种体制和功能。其中 4A 号数据链是非加密的单路和双路特高频数据链，用于飞机控制站与飞机之间传递飞行控制命令和目标信息。11 号数据链是一种具有标准格式的自动化数据链，用于岸上基地、潜艇和水面舰艇的作战指挥系统之间实时交换战术数据，常用的工作方式是点名呼叫。航母在遂行作战任务的过程中，往往与巡洋舰、驱逐舰、护卫舰、潜艇和舰载机等信息化平台组成航母战斗群。在进攻方面，能使用常规武器和战术核武器攻击空中、水面、水下和岸上目标。在防御方面，能构成严密的多层防御网，保证舰艇的安全。“尼米兹”级航母上的舰载机是舰队进攻的主要空中平台，而巡航导弹则是航母战斗群的重要进攻武器。虽然航母本身并不装备巡航导弹，但航母战斗群中的其他舰艇装备有这种导弹，使战斗群的攻击能力大为提高。

驱逐舰是典型的现代驱逐舰有美国的“阿利 · 伯克”级、日本的“金刚”级、俄罗斯的“无畏”级导弹驱逐舰等。驱逐舰的发展过程呈现了以下特点，即排水量不断增大，采用复合动力装置，具备多种作战能力，大量装备信息电子设备，普遍装载直升机，以及开始应用隐身技术。

美国的“阿利·伯克”级导弹驱逐舰是世界上第一种装备“宙斯盾”系统并全面采用隐形设计的驱逐舰。武器装备高度智能化，具有对陆、对海、对空和反潜的全面作战能力，代表了美国海军驱逐舰的最高水平，堪称当代驱逐舰的“代表作”。

“阿利·伯克”级驱逐舰

（三）空中作战平台

信息化空中作战平台是空军最主要、最基本的装备，也是海军和陆军的主要兵器之一，可以装载各种导弹、机炮、航弹、制导炸弹和电子战装备。它的机动性能好、突防能力强，能出其不意地发起攻击，给敌人以毁灭性的打击，有效地支援地面和海上的作战行动。信息化空中作战平台的数量和质量将对未来信息化战争的各个方面产生重大的影响。

F-15 战斗机是美国麦克唐纳·道格拉斯公司研制的双发重型超声速制空战斗机，为典型的第三代战斗机，是美国空军的主力战机之一。该机装备有良好的机载电子设备，特别适用于近距格斗和超视距导弹攻击，是目前世界上第一流的制空战斗机。

F-15E 型“双重任务战斗机”是美国空军在 F-15B 基础上研制的，以对地攻击为主要任务的双座战斗轰炸机。机上装备的合成孔径高分辨力雷达、夜间红外低空导航与瞄准系统吊舱和“飞行员头盔式信息显示和目标选定瞄准系统”，保证了飞机在夜间和恶劣气象条件下对战术目标进行低空和高速突防和准确攻击。F-15 战斗机装备有先进的雷达、通信、导航、敌我识别等电子战装备。

F-22 战斗机是美国洛克希德·马丁公司研制的先进战术战斗机，是第四代战斗机的典型代表，也是美国今后的主力机种。该机已于 1997 年 9 月首飞，现已装备部队并形成战斗力。F-22 战斗机成功地将隐身外形设计技术、低超声速波阻技术、大迎角气动力技术和非定常前体涡控技术等融合在一起，在隐身性能和机动性能之间取得了很好的折中。F-22 战斗机装备有雷达系统、通信、导航和识别系统、电子战系统等。AN/APG77 相控阵雷达具有远距离、多目标、全天候能力，可探测低可见度目标，并同时控制多枚导弹攻击。由于采用单片微波集成电路和甚高速集成电路，具有高可靠性，具有在强杂波条件下全方位目标探测能力。F-22 的综合电子战系统采用完全一体化的结构，以保证电子战系统的多种功能。它最大限度地减少应用冗余硬件，并通过选择通用电子模块，提高电子战系统的总体质量、性能、可靠性和总体效能。该系统可以分析威胁、自动采取有源和无源对抗措施，对抗微波和毫米波雷以及激光和红外光电威胁。

F-22 隐形战斗机

二、信息化作战平台的作战应用

(一)陆上作战平台的作战应用

在海湾战争中,100 小时惊心动魄的地面作战,既让人们看到了机械化战争时代大规模集团进攻的缩影,更让人们认识到了空地一体战的巨大威力。由于大批高技术武器装备的使用,海湾战争的地面作战展现出许多崭新的内容。为进行地面决战,多国部队投入了大量的地面作战装备,包括 6 000 辆(美军 3 000 多辆)主战坦克、大量的装甲车辆和火炮,其中很多都是高技术武器装备。美军投入近 3 000 辆 M1A1 坦克(具有良好的三防能力和卓越的战斗性能),成为对抗伊军 T-72 主战坦克和进行直接火力攻击的有力武器。M2 和 M3“布雷德利”步兵/骑兵战车与 M1 主战坦克协同作战,是实施快速地面进攻作战的有效武器。M270 多管火箭炮是唯一能跟上快速机动部队的野战炮兵武器,具有机动性强、杀伤力大、用途广等突出特点,可以非常有效地对多种地面目标进行面杀伤,并能发射陆军战术导弹进行快速远程精确打击。

海湾战争中的战场火力准备包括空中火力准备、海军火力支援和地面火力准备。伊军在一线部署了大量的火炮,且射程较远,往往超过多国部队的火炮射程,因此,多国部队地面火力准备的主要任务是压制和摧毁伊军火炮。一般由无人机搜索和识别伊军炮兵阵地,然后主要由攻击直升机、飞机将其摧毁。地面部队的火炮和多管火箭炮则以火力突击摧毁伊军一线炮兵阵地和防御工事,仅第 7 军的炮兵部队就发射了 1.4 万枚炮弹和 4 900 枚火箭弹。

在伊拉克战争中,最引人关注的一幕恐怕是以美军第 3 机步师为主的地面部队对巴格达实施的史无前例的快速闪击战。在地面作战中,各种先进的作战装备发挥了卓越效能,不仅使地面作战开辟了一个崭新的发展空间,同时也为陆军的发展提供了新的契机。

伊拉克战争中,美军少数部队配备了全新的或改装的数字化武器装备,成建制、成系统形成了信息化作战能力,如第 4 机步师等。部分主战装备进行了信息化改造,提高了火力、防护力和信息感知能力,占有明显的火力优势和信息优势。装甲战斗车辆升级为 M1A2 和 M1A2SEP(数字化)主战坦克、M2A3 步兵战车等。火炮主要有数字化的 M109A6“帕拉丁”自行榴弹炮、105mm M119 牵引式榴弹炮、155mm M198 牵引式榴弹炮、M270 多管火箭炮等。

美军对巴格达的快速闪击战是伊拉克战争中的一大亮点。这是美陆军向网络中心战转型的一次积极尝试，让见惯了美军完全或主要依靠空袭制胜的人们耳目一新。美军第3机步师先头部队7 000人在开战后绕过伊拉克南部各城市，长驱直入、日夜兼程穿越700千米的沙漠地带，目标直指巴格达，在开战第5天就到达了距巴格达约80千米的南部战略重镇卡尔巴拉附近，并与伊军防守部队交战。

伊拉克战争事实表明，依托先进的地面作战装备，美军城市作战理论在实践上同样具有巨大的优势。战争中，美军多次成功地实施装甲突击，开创了城市作战的成功范例。4月5日上午，第3机步师第2旅一个坦克营的20辆M1坦克和10辆M2步兵战车，沿巴格达南部高速公路突入城内执行侦察任务，顺利穿越市中心并击溃了遭遇的伊军。美军估计，大约打死了1 000名伊军，己方只有一名坦克车长阵亡和两名士兵受伤。当天下午，美军另一支坦克部队25辆坦克和12辆步兵战车从萨达姆国际机场出发，沿巴格达西南部深入到距离市中心仅7公里的地方，通过多拉区向北挺进到底格里斯河，然后掉头向西经8号公路返回机场。

美军在纳西里耶、纳杰夫、卡尔巴拉、巴格达等地与伊军发生过许多次交战。存在着技术代差的两支军队在信息化条件下进行传统形式的阵地战，其惨烈程度对于这两支部队而言当然不可同日而语。美军在进军巴格达的一场3小时激战中，拥有信息化武器装备的第3机步师击毙了至少2 000名伊军士兵，而美军仅阵亡1人。信息化地面作战平台的作战效能由此可见一斑。

(二)海上作战平台的作战应用

海湾战争中，由于伊拉克海军十分弱小，海上作战显得微不足道，无法与大规模空中作战、快节奏地面作战相提并论。但多国部队海军仍然投入了大量的高技术武器装备，并在战争中发挥了重要作用，也对海上力量的运用方式产生了重大影响。

多国部队部署了230艘舰艇，美海军投入了6个航母战斗群、400多架舰载机和240多架海军陆战队飞机以及大量的直升机。这些高技术武器装备的作战运用十分广泛，不仅直接用于海上作战，而且在空中作战和地面作战中也发挥了重要作用。

反舰作战的任务是摧毁伊海军全部水面作战舰艇和布雷艇，将伊海军赶回到波斯湾北部，以防其进攻或威胁多国部队。美国、英国、沙特阿拉伯和科威特海军承担了主要作战任务，阿根廷、澳大利亚、加拿大、丹麦、法国、意大利、荷兰、挪威、西班牙等国海军参加或支援了反舰作战。美军A-6E、F/A-18 、F-14和S-3A/B等舰载机、P-3C和英国“猎迷”海上巡逻机、美海军SH-60 B、英国“大山猫”和美陆军OH-58 D等直升机也参加了战斗。

为了把在波斯湾北部的伊海军舰艇与巴士拉、祖拜尔、乌姆盖斯尔的港口设施和海军基地隔离开来，将更多的伊军舰艇封锁在港内。1月18日，美海军“突击者”号航空母舰出动4架A-6攻击机，在10多架战斗机的掩护下，将64枚MK36“破坏者”水雷布设在祖拜尔河口4个分散的地点。1月22日晚，1架P-3C巡逻机发现并跟踪了一艘在进行电子战的伊油轮，美军“中途岛”号航空母舰上的几架A-6攻击机使用“石眼”集束炸弹将其击沉。1月24日到2月初，多国部队海军大量使用A-6攻击机、F/A-18战斗攻击机、“大山猫”直升机和导弹艇等，对伊拉克的导弹艇进行了攻击。到2月2日，伊军能够发射反舰导弹的13艘舰艇全部被摧毁或受伤，失去了战斗力。2月8日，中央总部宣布掌握了波斯湾北部海域的制海权。在整个反舰作战中，多国部队击毁或击伤伊军143艘舰船，伊拉克所有海军基地和港口被严重毁坏，基本上全军覆没，未对多国部队海军发动过任何攻击。

防空作战的主要任务是在波斯湾建立和保持空中优势。伊空军4种战机具备反舰攻击能力：32架可发射2枚“飞鱼”反舰导弹的“幻影”F1战斗机；4架可携带“蚕”式空舰导弹的图-16

轰炸机;25 架可携带 AS-7、AS-9、AS-14 等空舰导弹的苏-24 战机;“超黄蜂”直升机可发射 2 枚“飞鱼”反舰导弹。它们对多国部队水面舰艇构成了空中威胁。为此,中央总部海军成立了防空作战司令部,负责指挥和控制舰艇编队的防空作战。作战兵力包括波斯湾上的 4 艘航空母舰、9 艘“提康德罗加”级巡洋舰、12 艘驱逐舰和护卫舰。尽管伊军在战争中无法主动出击,但多国部队仍起飞 3 805 架次舰载机来执行海上防空作战任务。

反水雷战的主要任务是为实施舰炮火力支援的战舰和可能发动的两栖突击开辟一条通向科威特海岸的通道。伊拉克有 11 种不同型号的水雷,战前在费莱凯岛到科威特边界南端 230 公里长的弧线内布设了 1 167 枚水雷。为了扫除水雷,中央总部海军建立了反水雷大队,共 20 余艘反水雷舰艇、6 架 MH-53E 扫雷直升机和 20 多个爆破排雷小分队,还部署了多种未经试验的扫雷装备,如第一艘“复仇者”级扫雷舰和一批感应式、机械式扫雷装置等。2 月 16 日,反水雷大队开始扫雷,首先在科威特以东 100 公里海域扫出一条长 24 公里、宽 300 米的通道。为配合扫雷,多国部队摧毁了科威特海岸的伊军“蚕”式反舰导弹。多国部队海军遇到的最大威胁就是水雷,而对付水雷的办法并不有效,几乎所有行动都受到影响。在扫雷过程中,美舰“特里波利”号撞上一枚触发锚雷,受到重创;美舰“普林斯顿”号触发一枚感应式沉底雷,舰体遭到破坏。直到海湾战争结束时,扫雷工作也没有完成。

进入波斯湾的两栖部队为中央总部提供了一支机动性很强的作战力量,包括美军第 4 和第 5 陆战远征旅及第 13 陆战远征分队,约 1.7 万人,31 艘两栖舰船和 1 艘修理船,17 艘气垫登陆艇和 13 艘通用登陆艇,115 辆两栖突击车,34 辆坦克,19 架 AV-8B 攻击机和 136 架直升机。多国部队虽未进行两栖突击,但却一直进行两栖作战的威胁和佯动欺骗,牵制了伊军 10 多个师。同时,还实施了一系列作战行动,如攻击乌姆迈拉迪姆岛、佯攻费莱凯岛和谢拜赫港口设施以及第 5 陆战远征旅登陆等,有力地策应和支援了地面作战行动。

在阿富汗战争中,由于美国在阿富汗周边国家没有大型的军事基地和固定设施,印度洋上的核心基地迪戈加西亚距阿富汗战场远达 5 000 公里,美军不得不主要依靠海上作战力量。作为阿富汗战争中实施威慑和作战行动的主战平台,航空母舰和两栖攻击舰等大型海上作战平台在一体化联合作战中充当了重要的前进基地。在整个作战中,航母战斗群第一个到达战场,成为遂行作战行动的主要基地;航母战斗群发起第一波攻击,为空袭编队提供空中掩护,进行巡航导弹突击、电子战和对地攻击;充当特种部队和陆战队的输送平台,两栖戒备大队实施了“超地平线”垂直登陆作战;利用先进的 C4ISR 系统,加强与地面侦察和空军参战兵力的协调,成功地组织实施了陆、海、空、天、电磁的一体化联合作战。

(三)空中作战平台的作战应用

海湾战争中,多国部队凭借大量的高技术空中作战装备和先进的 C4I 系统组织实施了强大的空中进攻作战,改变了过去以地面进攻为主的战争方式。战争历时 42 天,以飞机和导弹为主的空中进攻就占 38 天。地面作战只有 100 小时,还是在大规模(每天 3 000 架次)空中火力支援下进行的地面作战。这不仅从根本上改变了空中作战的整体面貌,而且使空中作战第一次成为战场决胜的关键。

多国部队投入了各种先进的作战飞机,出动 11.2 万架次,在隐身突防、制空于地、空中遮断等方面表现突出。同时,美军还第一次使用了巡航导弹,在实战中检验了远程精确打击的构想。伊拉克则利用弹道导弹进行了远程袭击。

战前,伊拉克拥有相当完备的防空体系,其火力规模仅次于苏联。为了减少空中进攻力量的损失,多国部队采取了很多的战术技术措施,而隐身突防首当其冲。F-117A 隐身战斗轰炸机在空袭中担当了重要角色。由于把隐身技术和精确制导武器合二为一，它能在敌方防空系统做出反应前飞抵、识别并精确攻击目标。因此，只需少量出动便可完成大量任务，即出动1 300架次(约占2%)，投弹2 000多吨，攻击了40%以上的战略目标。

由于隐身突防，F-117A在作战中不需要其他飞机护航，并当先锋打头阵，直接摧毁防空体系，为其他战机开辟通路。F-117A是唯一敢在白天进入巴格达上空自由活动的战机，其投射的精确制导炸弹80%以上击中了目标，而且减少了附带损伤。从击中目标所需要的兵力来看，隐身飞机降低了出动架次，减少了在敌方防空火力威胁下的暴露机会，并减少了对弹药、人力、燃料和支援设施的需求量。例如，对一个机场实施攻击，需要出动8架普通轰炸机，同时需要30架飞机进行空中掩护、电子干扰和空中加油等，编队规模过大且易于暴露，受到攻击的可能性也大；而隐身飞机既不需要压制敌方防空系统，也不需要空中掩护，几乎不需要支援力量，即可独立完成攻击任务。

随着飞机技术性能的显著提高，空中作战的不对称性越来越明显，在质量和作战体系上的差距几乎无法通过数量去弥补。占有高技术空中力量优势的一方，开始追求将敌方战机摧毁在地面上。因此，高技术局部战争的空中作战更加突出制空权。海湾战争中，多国部队组织了消灭伊军航空兵的进攻性作战，主要是消灭藏入地下的飞机，F-117A和F-111等用精确制导炸弹摧毁了300多个飞机掩体。开战第一周过后，美军飞机几乎再也没有遭到伊空军的反击，击落33架战机(包括5架米格-29)和6架直升机，基本上是用空空导弹击落的。而要夺取制空权，还必须消灭敌方防空系统。F-4G、EA-6B、EF-111等电子战飞机和F/A-18、A-6E和A-7E等攻击机协同作战，利用电子干扰、反辐射导弹等压制和摧毁伊军雷达，进行高强度的对地攻击，最终彻底破坏了伊军的综合防空系统。

空中遮断作战是对交通枢纽、运输线、通信枢纽和军品仓库等目标进行的轰炸，削弱了伊拉克为科威特战区部队进行补给和增援的能力。多国部队的作战飞机昼夜不停地轰炸，到空中战役接近尾声时，就炸毁了52座桥梁中的42座。

海湾战争中，美军第一次大量使用了AGM-86C空射巡航导弹和“战斧”巡航导弹，而伊拉克则发射了战术弹道导弹。远射程、高精度的导弹突击成为空中作战的一个重要组成部分。开战第一天，7架B-52G战略轰炸机提前11小时从美国本土起飞，赴战区发射35枚AGM-86C，打击了伊军通信站、发电厂和输电设施。美军舰艇从波斯湾和红海发射288枚“战斧”巡航导弹，其中水面战舰发射276枚、潜艇发射12枚；约80%是昼间发射，20%是夜间发射。巡航导弹使美军可以昼夜全天候打击危险地域内的目标，包括指挥中心、发电厂和战略性基础设施。由于命中精度达15米左右，“战斧”巡航导弹对固定目标的打击效果相当好，可以在天气条件不适于使用制导炸弹的情况下打击多种目标，并能在昼间对巴格达进行攻击，不需要让飞行员去冒险，也不需要派遣大量的保障飞机协同作战，从而增强了空中打击能力。

伊拉克战争像以往历次高技术局部战争一样，美英联军的空中作战装备发挥了关键作用，特别是大量精确制导弹药的使用，极大地提高了空中作战的效率，并从根本上改变了空中作战的面貌。

防区外精确打击是指空中作战平台在敌方防空火力圈外，利用远程空地导弹或制导炸弹等对敌方目标实施攻击。伊拉克战争中，美英联军实施防区外精确打击的目标主要有以下两类。一是固定的点目标和面目标。伊拉克高官住宅、政府大楼、军队指挥中心、雷达站、地空导弹阵地、高炮阵地以及机场等大型目标始终是美英联军持续打击的重点。萨达姆及其两个儿子的官邸从开战之日到战争结束反复遭到美英联军的轰炸，政府大楼基本都被摧毁。战争中，

AGM-86 空射巡航导弹

美军的猛烈轰炸使伊军战场指挥体系陷入瘫痪，分散部署的作战部队都变成了“瞎子”和“聋子”：雷达被摧毁、电台联络不通、指挥命令无法下达。伊军不得不采取类似于阿富汗战争中塔利班部队所采取的原始办法，利用摩托车送信等方法下达作战命令，其时效性和可靠性就可想而知了。二是定点打击单个目标的“斩首”行动。这类似于以色列军队对巴勒斯坦激进组织成员采取的“定点清除”行动，区别在于以军一般以直升机作为发射平台，而美军则以战斗机作为发射平台。其作战流程：作战中心收到“可靠情报”后标示目标位置，然后马上向在空中巡逻的战机发布作战命令和目标信息，战机接到命令后即飞赴目标空域进行精确打击。4 月 7 日下午，萨达姆在曼苏尔区街头会见民众后进入一所房子，美军特种部队跟踪了目标，美军战机半小时后投下几枚激光制导钻地炸弹，将这所房子炸成了一个巨大的弹坑。

战斗空域临空轰炸是伊拉克战争中的重头戏，其基础是美军占有信息优势和制空权。如果没有制空权，敌方防空导弹和高炮会对己方战机形成巨大的威胁，临空轰炸就不可能进行。美军掌握了战场信息优势，伊军的一举一动尽在其掌握之中。尽管伊军没有像海湾战争那样把坦克埋在沙堆下，而是分散部署和进行城市防御，但只要一出动，被发现进而被摧毁的命运就无法避免。4 月 2 日，美军 B-52 轰炸机向巴格达伊军坦克部队投下 6 枚 CBU-105 集束炸弹，每枚装有 10 个 BLU-108“斯基特”灵巧反坦克子弹头，可以同时攻击多个目标，使暴露的伊军坦克部队遭受了灭顶之灾。

低空对地支援轰炸是空中力量配合地面部队作战的支援行动，主要是杀伤敌方作战力量，给地面部队的推进扫清障碍。同时，从空中实施打击也是一种比地面遭遇战高效的作战手段，可以在保全自己的同时达成歼敌目的。在战争的中、后期，空中力量主要执行这类任务。强有力的空中支援，为美英联军地面部队实施“精确闪击战”提供了可靠的保证。

三、信息化作战平台的发展趋势

(一)陆上信息化作战平台的发展趋势

21 世纪，陆战武器装备的发展重点是提高信息力、火力、生存能力和战场机动能力，实现标准化、通用化和系列化。近年来，世界各国调整了陆上作战平台的发展进度，加快对现有装备的改进和提高，其主要发展趋势是：

1. 在研制新一代陆上作战平台时全面应用先进信息技术

近年来，美、英、法等发达国家都在先期概念演示验证的基础上开始研究下一代主战武器系统，将资金从传统平台的研制转移到发展信息化装备平台上。新的主战系统将发展成为以网络为中心的“系统之系统”，即由侦察车辆、指挥控制平台、独立的火力压制系统、地面战斗与人员输送车辆以及用于支援作战的无人机等功能平台构成的大系统，集侦察、监视、目标搜索、火力打击、保障等功能于一体。

2. 进一步提高机动性能

提高机动性能的重点是提高陆上作战平台的越野机动性、加速性和转向性。这些性能与平台的动力传动装置、操纵与悬挂系统的性能水平、单位功率、履带接地压力以及负重轮行程和发动机的加速性等有关。在动力装置方面，除继续改进增压、中冷柴油发动机外，燃气轮机的采用将逐步增多，功率有可能增至1 500kW。还将进一步研究陶瓷绝热发动机，其与同功率的柴油机相比，体积与重量将减少40%，节约燃料30%。在传动装置方面，设计先进的综合推进系统，采用电子操纵，增大功率密度(单位体积功率)，达到结构紧凑、传递功率大、操作维修方便等目的。

3. 进一步提高生存能力

较强的生存能力是保持战斗力必不可少的条件。由于现代探测技术的长足进步和精确制导技术的飞速发展，来自空中的威胁越来越大，对陆上作战平台的战场生存构成了严重威胁。因此，未来陆上作战平台将通过多种途径，全面系统地提高平台的防护性能：一是采用隐身技术来提高防护能力；二是大量采用复合装甲提高车体的防护能力；三是总体结构设计将有新的突破。

4. 发展系列化、通用化作战平台

系列化是根据某类产品或装备的使用需求和发展规律，按一定序列排列其主要性能参数和结构形式，有计划地指导产品的发展，以满足广泛需求的一种标准化方法。通用化是将现有的或正在研制的具有互换性特征的通用单元用于新研制武器系统的一种标准化方法。未来将把导弹和火炮综合在同一辆装甲车上，便构成弹炮一体化武器系统，使坦克具有直射、间射和对空作战能力，作战平台装上不同的武器就可以使之成为主战坦克、步兵战车或防空系统。

(二)海上信息化作战平台的发展趋势

随着高新科技的发展和海上作战的需要，水面舰艇将向着大吨位、远续航力和提高综合作战能力的方向发展，使之在现代海战中充分发挥“基本兵种”的作用。根据目前掌握的资料分析，水面舰艇的发展将主要集中于以下几个方面：

1. 研制新型导弹发射装置，提高水面舰艇的作战能力

各种类型的舰载导弹，是水面舰艇的主要攻防武器。导弹的携带数量是构成水面舰艇作战能力的主要因素。水面舰艇以往采用的臂式发射架、箱式发射架等较为笨重，需占用较大空间，战斗使用也不够简便，限制了舰艇携带导弹的数量。随着导弹垂直发射技术的研制成功，新型导弹发射装置将采用井式结构，可使每艘舰所携带的各型舰载导弹达到近百枚或上百枚，从而极大地提高了大中型舰只的海上作战能力。

2. 采用新型动力装置，提高水面舰艇的机动能力

动力装置是水面舰艇的“心脏”，其性能决定了水面舰艇的机动能力。与航空兵相比较，水面舰艇的机动能力差是一个十分明显的弱点。采用新型动力装置，提高水面舰艇的机动能力，

是水面舰艇发展的一个重要方向。

目前,水面舰艇采用的动力装置有核动力装置、蒸汽轮机动力装置、内燃机(主要是柴油机)动力装置和燃气轮机动力装置。其中,燃气轮机动力装置是一种新型动力装置,越来越多地在各型水面舰艇上采用。燃气轮机具有体积小、重量轻、单机功率大、启动迅速、加速性能好、便于维修、易于自动操纵等优点,但其耗油量高、经济性差,适合于战斗舰艇使用。为了弥补燃气轮机耗油量大的缺陷,各型水面舰艇往往是把燃气轮机和其他发动机组成联合动力装置,通常采用的联合方式是柴燃联合装置和全燃联合装置。

3. 采用隐形技术,提高水面舰艇的隐蔽性

机动能力低,隐蔽性差,易被发现和遭到攻击,是水面舰艇主要的弱点。提高水面舰艇的隐蔽性,实质上就是提高水面舰艇的生存能力。随着隐形技术的发展和在水面舰艇的广泛应用,这个弱点可望得到解决。当前,水面舰艇所采用的隐形技术主要是两个方面:一是尽可能地减少雷达波的反射面积。在船体设计上,主甲板以上的各种武器、装备、器材尽可能地隐藏在舷侧舱壁的背后。二是采用降噪技术。将舰艇的主机与舰壳相隔离,舰壳的振动大为减轻,明显地降低了噪声。反潜舰艇降低噪声,一方面减小了对方潜艇以声呐被动方式侦听的可能,又为本舰声呐工作提供良好的工作环境,提高了声呐侦测距离和发现概率。

4. 研制新船型

船型是一种船舶区别于其他不同类型船舶的特征综合。开展对船型的研究,探索适合建造各种水面舰艇的新船型,对水面舰艇的发展具有深远的战略意义。研究适合建造水面舰艇的船型,其目的和要求:提高水面舰艇的机动能力;提高水面舰艇的隐蔽性;提供更大的空间,以装载更多的武器装备。目前正在探索、研究的新船型有多种。其中,引起关注的主要有半潜型舰和深 V 型三体舰。

随着高技术的广泛运用,潜艇将向着进一步提高潜艇的水下机动能力、水下搜索目标能力、水下攻防作战能力、水下隐身能力、反潜自导鱼雷的防御能力以及提高综合控制水平等方向发展。

(三)空中信息化作战平台的发展趋势

1. 更加注重多用途作战能力

今后战斗机发展都要求多用途化,在设计研制时就提出明确需求。因此,战斗机在无需改型的情况下,自身就兼有很强的对地攻击能力。若进行专门的改进,则对地攻击能力更强。这种“一机多用”或“一机多型”将成为战斗机发展的标准模式。同时,战斗机与攻击机的界限也将越来越模糊。2002 年 9 月 17 日,美空军参谋长宣布,将 F-22 战斗机重新定名为 F/A-22,这不仅是对 F-22 进行的重新定位,也反映了美空军在未来战斗机发展概念上的转变,即不再强调纯空中优势能力,而是必须兼有对地面打击和电子战的多用途作战能力。

未来运输机通过功能模块的变更与替换,或经过适当改装,变成多用途的飞机,如能成为救护伤病员并可进行手术治疗的空中医院;成为歼击机、强击机、歼击轰炸机补充燃料的空中加油机,以及充当轰炸机的替补;成为隐蔽性较好的侦察机、空中预警机、携载和发射无人机的母机等。

2. 更加强调隐身性能

现役的战斗机 F-22、F-35 等都具备了良好的隐身性能。目前,美国、俄罗斯正在研制的新一代作战飞机都十分强调隐身性能。美国军方考虑研制的军用运输机具有隐形特点,能向战区运送部队和军事装备以及大规模毁灭性武器。新一代直升机将采用现代化的传感器和先进

的复合材料技术以及各种吸波材料涂层，使其雷达反射截面、红外特征值减小，提高其隐身性能。

3. 不断改进现役空中作战平台

战略轰炸机技术复杂，研制、采购和使用维护费用极为昂贵，一般中小国家无力涉足。美国现已装备有世界上最先进的轰炸机，目前尚无研制新一代轰炸机的具体计划，俄罗斯现装备的轰炸机，虽然数量略超过美国的装备数，但性能与技术水平远不及美国轰炸机先进，苦于经济困境，至少在相当一段时间内俄罗斯无力顾及发展新型轰炸机。因此，美、俄现役轰炸机至少还将服役三四十年之久。

4. 无人作战平台向实用化方向迈进

无人机的造价低、隐蔽性能好、生存能力强，而且不受人的生理条件限制，在现代战争中有广泛的用途。采用高技术研制新型的无人机将是空中作战平台今后发展的一个重要方面。正研制自主式无人机和遥控机器人无人机除继续执行战场监视、侦察、电子对抗、通信中继、战场运输、气象监测和模拟假目标等任务外，还可执行空战和对地攻击任务，其作用将越来越大。

复习思考题：

1. 什么是信息化作战平台？
2. 简述信息化作战平台的发展趋势。

第三节　综合电子信息系统

信息技术的发展，使战争形态发生了巨大的变化。人类战争在经过徒手作战、冷兵器战争、热兵器战争、机械化战争几个阶段之后，正在进入信息化战争阶段。随着信息时代战争形态和战争环境的变化，信息化建设成为军队现代化建设的主要发展方向。特别是自海湾战争以来，信息化程度越来越高的战争陆续搬上了人类历史的舞台，以“信息化”为核心的新军事变革浪潮席卷全球，夺取信息优势成为各国军队竞相追求的目标。运用信息技术，融合多种信息资源，建设满足信息化战争需要的军事信息系统，已成为军队信息化建设的重要内容。军事信息系统不仅是实施信息作战的必要基础，而且是夺取信息优势的重要手段。军事信息系统水平的高低，已经成为衡量一个国家军事实力和军队整体作战能力的重要标志。

一、综合电子信息系统概述

军事信息系统是应用在相关军事领域为军事目标服务的信息系统，是一类具有特殊用途的信息系统。随着信息技术的发展和信息化战争形态的变化，军事信息系统的应用范围越来越广，几乎涵盖了与军事作战相关的所有领域。从小到一个武器系统中的军事信息系统，大到具有预警探测、情报侦察、导航定位、指挥控制、军事通信、综合保障的综合电子信息系统；从平时的军队信息管理系统，到战时的自动化指挥信息系统；从各个军事作战单元的信息系统，到各个军兵种的综合信息系统；从局部作战单元的信息系统，到国家的战略信息系统等等，无论战时还是平时都发挥着极其重要的作用。

(一)情报侦察系统

情报是作战指挥的基本需要，是指挥员了解敌我情况变化、判断作战态势、做出正确决策的基础。情报侦察系统是一种典型的军事信息系统，主要由各级情报侦察系统组成，可以为作战过程提供必要的战场态势感知手段，是夺取信息优势的重要保障。

情报侦察与预警探测都是战场上重要的信息获取手段，但是在作战任务和使用目的方面又有所不同。预警探测是采用一系列传感、遥控探测手段，发现、定位和识别空、天、海、地目标，发出警报信号，为抵抗、打击敌方目标提供相应情报和反应时间保证。情报侦察是指军事上为了弄清有关作战情况而使用秘密手段进行的活动，侦察有与执行任务有关的时限性要求。情报侦察的基本做法是，采用各种手段建立情报网，获取情报的方法有观察、刺探、密取、窃听等。因此，在军事信息系统中将这两种系统分为预警探测系统和情报侦察监视系统。在信息化战争中，情报侦察系统是获取信息优势的前提和基础，其使命是搜集敌方的兵力部署，武器配备及其类型、数量和技术性能等情报，还需搜集地形、地貌、气象等资料，经过分析、处理形成综合情报，为军事行动和作战指挥提供决策依据。

(二)预警探测系统

预警探测系统是一种用于信息获取的军事信息系统，也是指挥系统的重要组成部分。预警探测系统和情报侦察系统同是指挥系统的信息传感系统，但预警探测系统着重于对目标的实时探测，其探测信息用于实时指挥和控制。预警探测系统中属于各军兵种共用的部分可作为军事信息基础设施的组成部分。在现代战争中，为了有效运用各种信息获取资源，预警探测系统需要一套完整统一规划、使各军兵种能共享及时获取的完整精确和可信的军事情报。

所谓“预警”(Warning)，就是采用一系列传感、遥控探测手段，发现、定位和识别目标，发出警报信号，为打击敌方目标提供相应情报和反应时间保证。预警探测系统是指挥系统中最重要的实时信息源，直接影响到探测、判断、决策、行动和整个军事行动的全过程。不论是和平时期还是战争时期，预警探测系统都需要保持常备不懈，全天候监视，在尽可能远的警戒距离内对目标精确定位，测定有关参数，并识别目标的性质，为国家决策和军事指挥系统提供尽可能长的准备时间，以有效应对敌方的突然袭击。

预警探测系统的任务是探测、监视敌方各种目标的活动规律和动态情况，掌握敌方目标的分布态势，及时、准确地探测到任何威胁目标，迅速判断出目标的特性、种类等重要参数，并做出威胁度判断。系统探测信息是决策的重要依据，直接影响着决策的正确与否。预警探测系统要将敌方的战略行动置于自己的监视之内，使最高当局的决策人对战争做出正确的判断，进行正确的战略抉择。

未来战争中，目标的类型极其繁杂。从目标的位置上看，有高空、中空、低空、超低空、地面、海面以及水下等目标；从目标的速度上看，有静止、低速、高速和超高速等目标；从目标的特性上看，有无线电信号、光学、红外、声音、振动和压力等目标。此外，目标袭击的方式通常是多批次(每批少量)、多方向、多层次的。因此，预警探测系统必须利用多种手段，按纵深层次配置各种不同性能的预警探测传感器。主要的探测方式包括雷达、无线电信号探测、光学探测、红外探测、声波探测以及其他探测方式(基本原理与侦察系统基本一致)。

预警探测系统根据系统作用、探测目标种类、探测装备位置不同可以分为多种类型。按系统作用，预警探测系统可分为战略预警系统和战区内战役战术预警系统两大类，战略预警系统的主要对象是防御战略弹道导弹、战略巡航导弹和战略轰炸机；战区内战役战术预警系统的对象是探测大气层内的空中、水面和水下、陆上纵深和隐蔽设施等战役战术目标。按探测目标种类，预警探测系统可分为防大、防空、反导弹、反舰(潜)和陆战等不同的预警探测系统。按传感器平台位置，预警探测系统可分为天基、空基、陆基和海基预警探测系统。

(三)军事通信系统

军事通信系统是现代作战中不可缺少的重要军事信息系统,是综合信息系统的"神经网络",也是国家和军队的重要基础信息设施,承担着信息传送的任务,对夺取信息优势、打赢信息化战争发挥着至关重要的作用。随着信息技术渗透到各武器系统并广泛地运用于战场的各个领域,军事通信在现代战争中的地位与作用越来越突出,已经成为敌对双方争夺的焦点。现代高技术条件下的战争是体系对体系的对抗,是武器装备体系总体作战能力的较量。武器系统之间、武器系统内各子系统之间以及单个装备之间,必须相互紧密配合才能形成一个有机的整体发挥作用。现代化的军事通信系统是形成这种整体合力的"聚合剂"和提高整体作战效能的"倍增器"。因此,可以说没有军事通信系统,就没有战争的胜利。

军事通信是军事信息系统信息传输的主要手段,使用过程中,军事通信可根据通信手段、通信任务、通信保障范围的不同分为不同的类型。根据运用通信手段的不同,军事通信可分为无线电通信、有线通信、光通信、运动通信和简易信号通信;根据通信任务的不同,军事通信可分为指挥通信、协同通信、报知通信和后方通信;根据通信保障范围的不同,军事通信可分为战略通信、战役通信和战术通信。

此外,还有一种特殊的军事通信组织形态,称为通信枢纽。通信枢纽是汇接、调度通信线路和传递、交换信息的中心。根据保障任务的不同,通信枢纽可分为指挥所通信枢纽、干线通信枢纽和辅助通信枢纽;根据设备安装与设置方式的不同,通信枢纽又可分为固定通信枢纽和野战通信枢纽。

数据链是紧密结合战术应用,在数据处理技术和无线数据通信技术基础上发展起来的一项综合技术,综合了传输组网技术、时空统一技术、导航技术和数据融合处理技术,形成一体化的装备体系。数据链主要是保证战场上各个作战单元之间迅速实时地交换信息,共享各作战单元掌握的所有情报,实时监视战场态势,提高相互协同能力和整体作战效果,是信息化战争中的一种重要的通信方式。

(四)指挥控制系统

指挥控制系统又称为指挥控制中心或作战指挥中心,是军队各级各类指挥所(包括单一指挥所和建制系列的指挥所)内的信息系统,属于典型的军事信息系统。指挥控制系统在作战过程中帮助指挥人员实施指挥所的各项作战业务,辅助指挥人员对部队和武器实施指挥控制,使指挥员能够及时、全面、准确地掌握战场态势,制定科学正确的作战方案,快速准确地向部队下达作战命令,对于战场的控制起着至关重要的作用。

指挥控制系统的组成结构取决于军队的指挥体系、作战编成与作战指挥职能。单一指挥所的指挥控制系统的组成结构主要由其作战指挥职能决定,而建制系列的指挥控制系统组成结构则主要取决于该建制系列的指挥关系和作战编成。

指挥控制系统按军队指挥关系,自上而下形成一个整体。高中级(国家、战区、战役或战术军团)指挥控制系统的指挥控制对象是下一级的指挥机关或直属部队的指挥控制系统。战术级(师以下)指挥控制系统一般与部队及其武器结合紧密,基本上是一个小型的包含指挥、控制、通信和情报功能的指挥自动化系统。

对于单一指挥所或指挥中心,其指挥控制系统通常由信息接收与处理分系统、作战指挥分系统、作战保障分系统、技术支持分系统、系统管理分系统等组成,这些系统又由计算机、通信网络、信息终端、接口设备和显示设备等硬件设施以及各种指挥控制程序为核心的应用软件等组成。在设置"中心"的指挥所内,其他"中心"系统的组成与指挥中心大体相近。

信息接收与处理分系统是以信息自动化处理为主、人员干预为辅的人机系统，为使用人员最终分析、判断、认定提供人机交互手段。分系统的主要任务是接收来自上级、下级、友邻指挥所系统的信息以及直属各种探测设备(包括电磁、红外、光、振动以及核辐射等探测设备)采集的各种信息，进行综合/融合处理、威胁判断后，形成战场态势报告，一方面提供给指挥控制分系统的指挥人员决策和作战指挥，另一方面用于上下级通报和分发。

作战指挥分系统是指挥控制系统的核心，是指挥人员进行作战指挥的重要部位。通过作战指挥分系统指挥人员的判断力、知识、智慧、忠诚和创造能力，将借助于先进的信息技术装备得以充分发挥。

作战指挥分系统的主要任务包括：根据信息接收与处理分系统提供的战场综合态势和敌情判断结论，制定作战方案(预案)，提出作战决心建议；将若干决心建议通过计算机模拟推演、优劣比较，供指挥人员选择最佳方案；根据指挥人员确定的决心方案，进行作战计算、拟制作战计划和作战命令，经指挥人员确认后下达到各执行单位；在计划实施过程中，系统需要紧密跟踪战场敌我双方态势的变化，适时提出计划调整建议和补充打击方案等，直至本次军事行动结束。

在战役战术级以上指挥控制系统中通常还应该包括直接为作战指挥服务的通信、气象、装备、后勤等部位/席位，共同构成作战保障分系统。各保障部位/席位的主要任务是规划与掌握相关保障资源、拟定保障方案、实施保障指挥、组织战场保障。

技术支持分系统包括系统硬件平台和系统软件平台两大部分，此外还包括如供电、空调、防电磁干扰、防电磁泄漏等战场环境防护设施等。

系统管理分系统通常包括安全保密、定位授时、系统监控、系统安装与测试、系统运行调度控制、系统运行环境参数设置、信息发布与流向控制、系统动态配置管理等。

二、综合电子信息系统的作战应用

(一)侦察与预警的应用

在现代作战中，及时准确地发现目标是精确打击目标的基础和前提。科索沃战争中，美军首次实战使用了综合信息系统，作战行动基本上“一边倒”：美军可以看见任何对手，而别人却看不见它；它可以准确地摧毁目标，而自己不会受到威胁；它可以随时随地对南联盟军队实施打击，而对方则无法还手，像一场极不对称的拳击赛。航天系统负责对目标进行普查和全方位、全天时的跟踪监视；航空系统负责对目标进行详查和精确跟踪，无人机和人力手段负责对准备打击的目标进行特征分析和周边环境调查。这一切，都是相互关联、动态实时的。军用航天侦察系统包括照相侦察卫星、电子侦察卫星、海洋监视卫星和导弹预警卫星等。一些民用的地球资源卫星和航天飞机等也担负着一定的军事侦察任务。航天侦察已经成为美军最主要的情报获取手段，提供了70%以上的战略情报。照相侦察卫星包括光学成像和雷达成像两种。照相侦察卫星的数量最多、技术最成熟，约占卫星总数的40%和军用卫星的60%以上。美国空军和中央情报局已经发射了六代230多颗卫星。第六代KH-11B光学照相侦察卫星载有先进的红外和电子遥感设备，地面目标分辨力高达10厘米。美国“长曲棍球”雷达成像卫星采用合成孔径雷达技术，可全天候、全天时、实时化侦察，并能对目标进行透视和揭露伪装，地面分辨力1米，如果轨道下降到160公里，则分辨力可达10厘米。预警机的主要探测设备是雷达，侧重于空中警戒和指挥引导，也可用于空中交通管制，是现代空中作战必不可少的关键装备。它能远距离发现空中、地面和水面的各种目标，提供足够的预警时间，机动性能好，搜索区域大，生存能力好。作战模拟表明：一架预警机的警戒范围相当于30部地面警戒雷达，其工作效率相当于2～3个雷达团；使用预警机可节省60%的空中兵力，使空战指挥效能提高7.5～30倍，拦截和击落敌机的数量可增加35%～150%。北约和美军E-3预警机能在9 000米高度探测和跟踪半径370千米范围内的600个目标。北约的作战飞机、直升机和无人机普遍装备了红外行扫描仪，用来侦察战场上的地面目标，所获图像可实时传输到地面站，也可通过扫描转换器与录像机相连将图像记录在胶片、相纸或磁带上。如F-16战斗机就具备夜间导航、地形跟踪、前视红外探测、目标自动跟踪等夜战能力，可在较平坦地形上进行最低高度30米的掠地超低空飞行。

E-3 预警机

阿富汗战争中，为了获取作战所需的情报，美军动用了一切可以动用的手段，在战区建立了一体化的综合情报侦察系统，包括太空的侦察卫星、空中的有人和无人侦察机、地面的特种部队人力侦察等。同时，美军把各种情报侦察系统与作战飞机、直升机等有机地融合起来，提供了高质量、各种形式的战场情报，大大提高了从传感器到攻击平台的作战效率，较好地满足了作战的需要。美军在2001年9月12日至15日调整了侦察卫星的轨道，10月5日又应急发射一颗KH-11B光学侦察卫星。为配合侦察卫星组网，美军还紧急发射了一颗"跟踪与数据中继卫星"。美军建立了由3颗KH-11B光学侦察卫星、2颗"曲棍球"雷达成像侦察卫星和5颗"大酒瓶"电子侦察卫星组成的侦察卫星网络，对阿富汗全境的覆盖能力增大到一天两次。另外，美军还充分利用了民用观察卫星的图像情报，独家买断空间成像公司的"伊科诺斯"-2地球资源卫星的1米分辨力照片，利用美国宇航局"地球观察"-1观测卫星的超光谱图片和航天飞机的雷达地形测绘系统，为掌握阿富汗全境的实时化情报和高精度数据提供了条件。

(二)指挥控制的应用

海湾战争期间，美军中央总部及各下属司令部在沙特阿拉伯首都利雅得等地开设了前进指挥所，多国部队总指挥施瓦茨科普夫与各级指挥官讨论重大问题或研究作战方案，基本上是以开会或面谈方式进行，各级指挥机构间也是采取电话、电报、软盘传递等方式进行信息沟通。美军各军种虽然都有自己的指挥控制系统，但根本无法互联、互通，结果影响到战争指挥。

20世纪90年代初，美军各军种相继推出了各自的指挥控制系统计划：陆军是"陆军作战指挥系统"，海军是"哥白尼"计划，空军是"地平线"计划，参联会则搞了联合作战指挥使用的"勇士"C4I系统。这些系统从筹划到建成只用了几年时间，基本上是边建设、边使用、边改进。

按照常规做法，美军一般不会向外国出售最先进的武器装备，但对C4I系统却不然，美军把这项成果同时提供给北约成员国，并在联合演习中使用和改进。

从1998年开始，美国不仅加强了各军种C4I系统一体化建设，而且要求北约跟着一起干。北约作战指挥体制每年都得变，变化幅度还很大，主要目的是彻底打破军种各自为政的传统指挥体制，向一体化指挥靠近。科索沃战争中采用的指挥体制，是在1998年8月～12月调整并经受过美英“沙漠之狐”行动实战检验的指挥体制基础上改进的，而且第一次大规模实战运用了全球一体化C4ISR系统。

阿富汗战争中，美军进一步在实战中检验了一体化C4ISR系统的建设成果，并对“全球信息栅格”和“网络中心战”等进行了初步的实战检验。美国防部在战争总结中特别指出，军事技术的发展已经使过去行动迟缓和门户分隔的军种有机地结合到了一起，阿富汗战争实际上是“网络中心战”的雏形，各作战单位互联互通、协调行动，其作战节奏和作战样式都有别于传统的战争形态，从而揭开了陆、海、空、天、电磁一体化战争时代的序幕。

阿富汗战争初期，美军仍沿用烟囱式的传统指挥控制程序，层层上报情报和下达指令，从发现目标到发动攻击需要层层审批，反应时间过长，往往贻误战机。如2001年10月7日发起攻击后，美军“捕食者”无人机曾发现了正在撤退的奥马尔车队，但层层上报后却没有了下文。为了将信息优势转化为作战优势，美军中央总部启用了新的空中作战指挥中心，配备了最先进的新型指挥系统——“协同空战中心第10单元”。其采用最新的信息处理技术，成功地缩短了战场信息处理的时间。过去，要用人工对来自不同计算机系统的信号情报和图像情报等进行相关处理后才能确定目标的位置，这项工作需要一大群专业军官花一两个小时去完成；而新系统能够自动给出目标的精确坐标，完全实现了信息处理的自动化。

此外，美军还广泛采用了“全球广播系统”和“全球指挥控制系统”。“全球广播系统”可以把大量的数据按要求传送给任何一个指挥控制结点，传送的信息格式包括互联网协议业务、视频和图像信息以及大数据量文件。中央总部各级指挥机构都配备了这种新型数字通信系统，并作为美军从本土向前线的最基层作战单位分配战场信息的主要渠道。“全球指挥控制系统”可以保证中央总部各级指挥机构之间实现“无缝隙”网络链接，以同时获得战场上的话音、数据、图像、视频等情报，并直接传送E-mail和战场态势图等作战信息。

（三）导航定位的应用

从海湾战争、波黑战争、“沙漠之狐”行动直到科索沃战争，美军都大规模地应用GPS技术，主要是为车、船、飞机等机动作战平台和野战机动部队提供导航定位信息，为精确制导武器进行制导，为特种部队和救援人员指引方向。

在导航定位方面，GPS与惯性制导相结合是飞机普遍采用的一种导航方式。这种导航方式可由GPS提供精确的位置和速度信息，而惯性制导不易受到干扰，可在无GPS信号时提供导航信号并使系统迅速更新。海湾战争中，GPS只有16颗卫星在轨，海湾地区每天可用时间约20小时。据美国防部称，借助GPS，F-16战斗机、B-52轰炸机、RC-135侦察机和特种作战飞机可以全天候准确无误地执行任务；坦克编队可以在没有任何地形特征的沙漠中进行精确的机动；扫雷部队可以安全通过雷区并准确确定布雷位置；运输车可以在沙漠中发现作战人员和提供补给；特种作战直升机与攻击直升机能够协同作战；加油机与需要加油的作战飞机能够更快地相互找到对方。到科索沃战争，GPS的服务水平更高。

在精确制导方面，美军在科索沃战争中使用的巡航导弹、战术导弹和制导炸弹大多采用了GPS制导。海湾战争中，“战斧”巡航导弹采用惯性制导加地形匹配和数字影像相关匹配制导，圆概率误差达到10米左右。科索沃战争中，中段加装了GPS，在1 600公里射程上圆概率误差可达3～6米。除精度明显提高外，还大大简化了发射前的准备，任务规划时间由过去的22小时缩短到2小时。制导炸弹采用GPS和惯性制导后，与传统的激光制导方式相比，最大的优势就是不再受恶劣天气的影响，同时也减少了战机凌空照射目标的危险性。

此外，GPS还可用于作战部队定位和紧急救援。GPS接收机已经做到小型化、手持式，因而携带方便；它还可与其他手持式通信设备组合在一起，是野战部队和机动作战部队不可缺少的装备。科索沃战争中，被击落的F-117飞行员配备了装有GPS的救生装置，飞行员一落地即进行定位，并发出带有位置信息的紧急呼救信号；美军立即组织营救，EA-6B电子战飞机一边干扰敌方通信和雷达，一边搜索无线电定位呼救信号，同时引导飞机和直升机接近目标区，7小时之后便成功救出了飞行员。

三、综合电子信息系统的发展趋势

随着计算机的智能化，通信、传感和其他信息技术的飞速发展，军事信息系统的发展方向可以概括为：由烟囱状的集中式结构向分布式结构转变，加强系统横向互通，建立智能化横向路由链路，以提高系统的可靠性、抗毁性和生存能力；向综合化、智能化方向发展，提高系统的自动化程度和空地一体化程度，更好地发挥系统的整体效能；向用于外层空间的战略防御系统和适用于信息化作战的移动式系统方向发展，而后者的发展将快于前者；由单一军用系统向平战、军民两用系统方向发展，以扩展系统的增值服务，满足平时部队管理的需要；与国家信息网络系统建设同步进行，或借用国家干线作为军事信息系统传输平台干线，以提高系统建设与使用效益；向标准化、规范化方向发展，尽可能多地采用民用部件。

（一）情报侦察系统的发展趋势

未来信息化战争的突发性、立体性、复杂性和快速性，对情报侦察系统的时效性、准确性、可靠性和连续性提出了更高的要求。随着遥感技术、信息技术、成像技术、激光技术、微电子技术、计算机技术、网络技术、人工智能技术等的不断发展，情报侦察系统将得到不断的改进和完善。

1. 侦察装备网络化

不同军种之间，以及海、陆、空、天各侦察监视平台之间的互联、互通、互操作，最终形成一个遍及全球、无缝连接的侦察监视网是侦察监视系统的一个发展方向。网络化的情报侦察系统将使作战人员在任何地点、任何时间都能够全面、准确地掌握实时的战场态势。

侦察监视装备网络化的目标是发展和完善跨军兵种可互联、互通、互操作的多传感器信息网，以及海、陆、空、天一体化侦察监视多传感器信息网，提供一种可全球部署的目标侦察、监视、跟踪与捕获能力，支持各军兵种或联合部队的协同作战。从未来的发展看，多传感器信息网的体系结构主要由天基多传感器信息网、空基多传感器信息网、陆基多传感器信息网、海基多传感器信息网以及大地一体化多传感器信息网组成。

2. “侦察——打击”一体化

“侦察——打击”一体化就是实现侦察监视网、指挥控制网与火力射击网的无缝连接。传感器探测的目标信息可迅速通过网络传输到武器系统，由武器系统的指控系统接收目标信息后迅速指挥和控制武器系统作战的过程。利用先进的通信和计算机网络将疏散配置的不同力量连接成一个高效的协调统一体，通过对传感器、指挥控制系统、武器平台和作战人员的联网，在正确的时间为进攻性武器装备提供正确的信息，使作战人员获得最快速的火力打击和机动能力支持。这种一体化结构使侦察监视能力与新的杀伤能力紧密结合起来，从而产生新的作战能力，无论何时何地，都可以对任何类型的目标实施侦测、打击或杀伤，全面提升作战部队在信息空间和传统的物理作战空间内比过去、比对手有更强的相应能力、生存能力、机动能力和打击能力。

3. 侦察监视实时化

侦察监视实时化是指在未来战争中，侦察监视传感器能够在有限的时间内，及时、准确地探测和识别突然出现、机动性强、灵活性高、稍纵即逝的目标，并能够及时将这种目标的位置、状态信息提供给指挥决策系统和武器打击系统，确保武器系统在这一短暂时限内完成目标定位、瞄准和精确打击。

侦察监视实时化对侦察监视设备的灵敏度、探测距离、精确度、可靠性、全天时、全天候等工作特性都提出了很高的要求。为了提高侦察监视系统情报获取的时效性，必须增强各种侦察监视传感器探测、识别目标的能力，加速大量原始数据有效相关和融合的速度，这样才能快速形成有用的情报。以计算机、网络、智能化等技术为核心的自动化多源信息融合、处理、分发等可有效提高信息搜集、分析、处理、判断、传输的时效性，为指挥员提供实时、准确的情报数据，它是未来侦察监视系统的一个重要发展方向。

4. 情报侦察系统智能化

情报侦察系统智能化是能够对侦察监视传感器获得的大量不确定性情报进行智能化、自动化、快速准确的处理，形成实时、准确、高置信水平的可利用情报。它是确保侦察监视系统能够发挥信息优势、有效实施作战效能的重要条件。数据融合、人工智能及分布式人工智能等先进技术的发展将推进智能化情报分析和处理水平的提升，将促进综合情报侦察系统向智能化发展。

5. 侦察平台无人化

无人侦察监视平台是未来信息化战场的一种重要信息获取手段。无人平台特有的优点，如能在人们无法进入的地区执行任务，不存在人员伤亡和被俘的可能性，也没有人的耐久力限制等方面的问题，因此在收集情报方面比有人侦察监视平台更具优势；有的还有隐身能力，能在敌方无法探测的情况下搜集情报信息。从目前各国军备发展项目来看，除军用侦察监视卫星这种无人化军事装备在继续深入发展之外，空中的无人侦察机、水中的无人潜航器和陆地的侦察机器人等也方兴未艾。可以预见，在未来战争中，高效费比的无人侦察监视平台无疑将得到最广泛的应用。

（二）预警探测系统的发展趋势

1. 发展机载与星载大空域监视、多功能相控阵雷达预警探测系统

根据军事需求，只有多功能的相控阵雷达才能集搜索、跟踪、武器控制于一体，也只有与升空平台结合，才有监视全空域的能力，对来袭的超低空目标提供必要的预警距离、反应时间和引导拦截的能力。

2. 发展对抗隐身目标挑战的预警探测系统

美国把隐身技术称为一张技术王牌，它的成功引起了世界各国军事界和科技界的密切关注，认为它是对雷达最严重的挑战。这使得传统的单基地、窄频带信号、常规体制的微波雷达的探测距离缩短到约为原来的 1/5，使得大部分防空的预警探测系统失效。因此，雷达技术必须进行革命性飞跃，才能克服隐身飞机的威胁。

3. 发展无源探测的预警探测系统

无源探测有很多优点，可以被动地对目标进行探测，隐蔽性强，目前已得到广泛应用。今

后趋势是把有源探测网与无源探测网结合和互补,用以提高预警探测系统的探测功能和适应威胁环境的能力。

4. 发展功能综合化的预警探测系统

具有多种功能,能全面掌握空情,能在大系统中实现综合处置,具有成像功能的预警探测系统将是未来的主要发展方向。在作战过程中,与预警探测系统关系密切的还有通信、导航、电子对抗与指挥控制中心等信息系统。各功能部分一体化方案,是提高整个系统效率、可靠性、快速反应能力、生存能力等的关键。雷达可与可见光、激光、红外、毫米波、电子战支援设备组成多传感器、高质量的一体化预警探测系统。雷达和电子对抗装备的一体化,可以有效地提高雷达在现代战争中的生存能力。

(三)军事通信系统的发展趋势

随着C4ISR、C4KISR和GIG等军事信息系统的应用和发展,以及“信息战争”、“网络中心战”和“基于信息系统的体系对抗”等新的作战理论的出现,对军事通信系统和数据链提出了新的军事需求。要求多种军事通信系统和数据链构建的通信网络能够感知通信的环境变化,并能够适应环境的变化,选择最有效的信号形式、传输方式和网系结构,通过自组织的方式实时、高效地传输军事信息;要求通信网络能够充分体现以网络为中心的作战理念,实现作战各要素信息的有效传输和共享,在网络体系结构简单化的基础上,实现战略和战术应用空间内网络体系的一体化;要求整个网络可以有效地支持作战要素的全部移动,支持作战部队的整体前进和后撤;要求在有效支持指挥人员与作战人员之间的通信和自动化指挥的基础上,进一步支持武器系统的实时自动控制和精确打击,为信息系统与各种武器平台交联提供支撑。为了适应未来军事战争的这些军事需求,军事通信系统和数据链逐渐向“自组织”、“网络化”、“全移动”、“全支撑”等方向发展。

(四)指挥控制系统的发展趋势

为适应信息化战争的需要,应付可能的局部战争和突发事件,建设先进的指挥控制系统,并将高新技术充分应用于指挥控制系统,是未来指挥控制系统的必然发展趋势。目前,指挥控制系统主要是以网络中心战为主线,向一体化、网络化、智能化方向发展。

(1)指挥控制系统一体化。主要是指战略、战役和战术信息系统一体化,以战役、战术为主;全军指挥自动化系统一体化,建设信息栅格服务;指控系统与武器平台一体化,实现从传感器到射手的快速推毁或打击。

(2)指挥控制系统网络化。充分利用信息栅格技术、计算机网络技术和数据库技术的最新成果,建设按需信息分发、按需信息服务、强化信息安全和支持即插即用的全球信息栅格,支持一体化指控系统的建设和应用,实现由以武器平台为中心向以网络为中心的转变。逐步把所有的武器装备系统、部队和指挥机关整合进入全球信息栅格,使所有的作战单元都集成为一个具有一体化互通能力的网络化有机整体,整合成为一个覆盖全球物理空间的巨型系统,从而建成一体化联合作战指挥控制系统。

(3)指挥控制系统智能化。错综复杂的电子对抗和信息对抗环境,迫使军事电子信息装备朝着智能化方向发展。随着新型高性能计算机、专家系统、人工智能技术、智能结构技术、智能材料技术等的出现和广泛应用,指挥控制系统智能化将成为现实。指挥控制系统智能化主要表现在:态势感知快速、透明,增强了对战场态势的感知能力;指挥决策智能化,提高决策的正确性及指挥控制的准确性和灵活性,提高了作战效能;作战协同网络化,实现作战活动自我同步,提高兵力协同和武器装备协同作战能力。

复习思考题：

1. 什么是情报侦察系统？
2. 什么是预警探测系统？
3. 什么是军事通信系统？
4. 什么是指挥控制系统？

第四节 信息化杀伤武器

一、典型信息化杀伤武器

(一)精确制导武器

精确制导武器是采用高精度制导系统，直接命中概率很高的导弹、制导炮弹和制导炸弹等武器的统称。这类武器以其超群的打击精度，使各国武器库中诸多传统武器黯然失色。精确制导武器已成为信息化战争中起主导作用的武器装备。

所谓命中并不是说弹头命中目标时一毫米都不能差，而是指误差非常小，即目标与弹着点的距离小于弹头的有效杀伤半径。其次，所谓的精确也并不是指百发百中的效果，而是指命中概率在50%以上。也就是说，命中概率达到50%的武器就可以称为精确制导武器。在实际工作中，通常采用“圆公算偏差”这一概念来具体衡量某一具体武器的精度。所谓“圆公算偏差”，是指圆公算偏差是以目标为圆心，弹着概率为50%的圆域半径，单位为米，简称CEP。所谓命中精度很高(精确)，一般是指武器的圆公算偏差要小于武器弹头的杀伤半径。制导是指根据随时测定的弹体与目标的相对位置和相对运动规律(各自的速度、加速度等)，形成导弹的控制信号，控制导弹的运动轨道，使之命中目标的过程。

精确制导武器通常可以分为导弹和精确制导弹药。在各种精确制导武器中，导弹占了绝大多数，但是目前各种其他类型的精确制导弹药发展也非常迅速。

导弹是依靠自身动力装置推进，由制导系统导引、控制其飞行路线，并导向目标的武器。从结构上来看，导弹一般由以下几个部分组成：一是战斗部及引信。导弹的战斗部一般称为弹头，其作用是通过战斗部装药的爆炸威力来杀伤敌有生力量或摧毁目标。由于作战目的和攻击目标性质的不同，战斗部的种类和结构也是各种各样的。通常可分为常规战斗部、核战斗部和特种战斗部三大类。引信的作用是控制战斗部在最合适的时间和条件下起爆，可分为触发引信和非触发引信。二是动力装置。动力装置也就是导弹的发动机，其作用是使导弹飞行至目标。导弹的发动机按其工作原理分为火箭发动机和空气喷气发动机两大类。火箭发动机的特点是自带燃料和氧化剂，工作时不需要空气中的氧气助燃。它既可在大气层内工作，又可在大气层外工作。火箭发动机可以在短时间内产生巨大推力，可将导弹在很短时间内加速到很高的速度。火箭发动机的缺点在于受到携带燃料的限制，工作时间通常非常有限。根据使用燃料物理状态的不同，火箭发动机又分为固体推进火箭发动机和液体推进火箭发动机。空气喷气发动机工作时需要空气中的氧气作为氧化剂，因此只能在大气层内工作。根据空气增压方式的不同，空气喷气发动机又分为涡轮喷气发动机和冲压式喷气发动机。三是制导系统。制导系统通常由引导系统和控制系统组成。引导系统的功能是测量导弹飞行的偏差并且形成消除偏差的控制指令；控制系统的功能是根据引导系统形成的控制指令调整控制导弹的飞行姿态，使之与目标遭遇。四是弹体。弹体把战斗部、动力装置、制导系统和各种翼面连接在一起，构成一个结构紧凑、具有良好的空气动力外形的整体。弹体通常要求采用重量轻、强度大、耐高温的材料来制造。导弹的控制舵面是弹体的重要组成部分，其功能是产生操作力，以修正导弹的飞行偏差，使导弹按预定弹道飞行，舵面可分为空气动力舵和燃气舵两类。

导弹和其他制导弹药主要的区别在于，导弹是由动力系统来提供功力，而制导弹药没有动力，主要利用搭载平台所提供的初始动力进行惯性飞行。制导系统等其他部分的原理则与导弹基本相同。由于省去了动力系统，所以成本大大降低，但是射程受到了很大限制。

精确制导武器既然要能够追踪目标，那就得首先知道自己与目标之间的相对位置关系。因此，测量目标和自己之间的位置关系就成了导弹制导系统的首要工作。完成这项工作的是各种测量装置，比如陀螺仪、速度表、高度计、雷达、热像仪等，这些设备既可以在弹上，也可以在弹外。要使导弹不断接近目标，就得控制导弹的飞行速度和飞行方向。这就得靠弹上的控制装置来完成，比如用舵机控制弹翼、燃气舵，或用姿态发动机改变飞行方向等。控制装置需要制导指令来执行相应的动作。导弹上的计算装置根据测量装置测得的数据，再结合选定的导引规律加以计算，就可以获得制导指令。现代导弹上的计算装置主要是电子计算机。因此，导弹的制导系统一般由测量装置、计算装置、控制装置三部分组成。显然，控制装置必须在导弹上，而测量装置、计算装置就未必了。根据后两者，特别是计算装置的安装位置、工作方式不同，导弹制导系统主要分为：自主式制导、遥控式制导、自动寻的式制导和复合制导四大类。

(二)新概念武器

军事历史表明，一种新式武器装备首次用于作战，往往会由于技术上的突然性而带来战术上的突然性，取得很好的作战效果。军事科技的发展正在使新概念武器日趋成熟。新概念武器是指在工作原理、结构、功能和杀伤破坏机制上与传统武器截然不同的新型武器，如激光武器、电磁炮等；或工作原理、结构等与传统武器相类似，但杀伤破坏机制不同，如动能武器、反装备类化学武器等；或工作原理、结构与传统武器不同，但杀伤破坏机制相同，如战斗机器人等。

1. 定向能武器

定向能武器是利用各种束能产生的强大杀伤力的武器。它是利用激光束、粒子束、微波束、等离子束、声波束的能量，产生高温、电离、辐射、声波等综合效应，采取束的形式，而不是面的形式向一定方向发射，用以摧毁或损伤目标的武器系统。

(1)激光武器

激光是许多科幻电影中的理想武器。一束神奇的光线射去，敌人要么当场毙命，要么立即丧失战斗力；来袭武器不是凌空爆炸、化为灰烬，就是完全失灵、变为废铁。时至今日，这种幻想正在逐渐变成现实。这种理想作战效果的追求，加上高新技术的发展，推动了激光武器的发展。

激光武器的“弹药”是激光，主要利用激光束的能量攻击目标，直接杀伤破坏目标或使之丧失效能。它既可以令人致盲或致死，也可以干扰或摧毁武器系统。激光占据了世界光源亮度之最，其亮度比“人造小太阳”——氙气灯——要高100亿倍，只有氢弹爆炸瞬间的闪光才能勉强与激光相比。

激光何以达到这么高的亮度呢？这是因为激光的产生原理与众不同，发光角小，发光时间高度集中。试验表明，激光可以在空间把光线的能量进行高度集中，如把发光角减小10倍，光的亮度可以增加100倍；可以把1秒钟内所产生的能量集中在1微秒的瞬间发射出去，发光功率增大到惊人的程度。如果将激光聚焦在钢刀上，立即就会出现白炽闪光，几毫秒内即能击穿刀片;将激光聚焦在碳块上,不用1秒钟就能将其加热至8 000℃。

激光武器的杀伤破坏机理与激光的功率密度、输出波形、波长等自身因素以及目标的材料性质有关。激光会产生三种不同的杀伤破坏效应:烧蚀效应、激波效应、辐射效应。

激光武器

与传统武器相比,激光武器具有三大优点:一是快速、灵活和精确。用火炮攻击运动目标时必须由火控系统预先计算出提前量,而激光以30万千米/秒的光速传播,发射瞬间即可命中目标;发射激光束几乎没有后坐力,易于迅速变换射向,在短时间内拦截多个目标;激光命中精度高,可将狭窄的激光准确聚焦在目标上,甚至命中目标薄弱部位。二是作战效费比高。一枚"爱国者"地空导弹约80万美元,一枚"毒刺"防空导弹2万美元,而氟化氘激光器发射一次只要一两千美元,二氧化碳激光器仅需数百美元。三是无污染,抗电磁干扰能力强。激光武器不产生放射性污染,也不会受到电磁干扰。但激光武器也有不足:一是作用距离有限,照射在目标上的激光功率密度随着射程增大而下降．毁伤力减弱。二是受环境影响大,在稠密大气层中使用时,大气会耗散激光束的能量,大雾、大雪、大雨等恶劣天气及战场烟尘、烟雾等对激光影响更大,不能全天候作战。三是激光武器是精密光学系统,跟踪和瞄准的时间短,精度要求高。四是高能激光武器需要大功率能源供应,武器系统体积比较庞大,在战场上的生存能力尚有待实战考验。

(2)微波武器

微波武器的探索始于对电磁脉冲的研究。早在20世纪40年代末,科学家在研究核武器爆炸效应的时候,发现核电磁脉冲会对电子设备造成巨大破坏。电磁脉冲是指在持续时间很短暂的强电磁波,大约只持续1微秒,瞬时功率高达几兆瓦,容易对电子器件和设备造成严重的干扰破坏。随着高功率微波技术的发展,利用非核爆炸方法产生的高功率微波的峰值功率量级已超过10吉瓦。在此基础上,微波武器正在逐步走向成熟,并将成为信息化战争中的一种重要攻击手段。

微波武器主要利用高功率微波(峰值功率超过100兆瓦,频率为1～300吉赫兹)直接杀伤破坏目标或使目标丧失效能。它的"弹药"是微波的能量,分成微波束武器和微波炸弹两类。微波武器杀伤破坏目标的三大绝招是靠高功率微波在目标上产生电效应、热效应和生物效应。其中,对电子系统的杀伤主要是电效应和热效应。

电效应是指高功率微波照射到目标后,会在目标的金属结构表面或导线上形成感应电流或电压,对电子元器件产生多种干扰或破坏效应,如造成电路中器件的工作状态反转、工作性能下降、半导体结击穿等。

热效应是指高功率微波对目标加热导致温度升高而引起的效应，如烧毁电路器件和半导体结，以及使半导体结出现热二次击穿等。

微波武器在信息化战争中大有用武之地，它的主要攻击对象是电子系统，如雷达、预警机、电子战飞机、通信系统、导弹等。

微波武器的热效应还有独特用途，即成为攻击隐身飞机的独门暗器。美军 F-117A 隐身战斗机在海湾战争中出尽风头，堪称独来独往的“夜行侠”。隐身飞机之所以隐身，关键在于降低了被光学、雷达、红外探测设备发现的概率，除采用独特的隐身外形设计外，主要靠吸波材料和隐身涂层来吸收雷达波。对于隐身飞机来说，雷达发射的电磁波信号很弱，吸收一点可以安然无恙，但遇到微波武器就会大难临头，微波武器比雷达信号的能量强度高几个数量级，有可能在瞬间加热，导致机毁人亡。微波武器一旦投入战场使用，有可能成为隐身飞机的“克星”。

微波武器也可以直接杀伤人员或生物体。高功率微波照射到人体表面后会产生反射、散射、穿透和吸收，形成生物效应，产生非热效应和热效应两种伤害。非热效应是指当较弱的微波能量照射到生物体后，可造成心理和生理功能的损伤，如使人神经紊乱、记忆力衰退、烦躁不安、行为失控、血压升高、心动过速或过缓、心悸胸闷、内分泌失调、免疫力下降甚至双目失明等。热效应是指高功率的微波能量进入人体内，导致体温迅速升高，如同微波炉快速加热食品一样。试验表明，当受到功率密度为 10～50 毫瓦/平方厘米的微波辐射时，人将发生痉挛或失去知觉；100 毫瓦/平方厘米时，会导致心肺功能衰竭；0.5 瓦/平方厘米时，会导致人体皮肤烧伤；20 瓦/平方厘米时，2 秒钟即可造成三度烧伤；80 瓦/平方厘米时，1 秒钟即可将人烧死。

微波武器是高功率(峰值功率 100 兆瓦以上)微波武器的简称，又称射频武器，它是利用定向发射的高功率微波束毁坏敌方电子设备和杀伤敌方作战人员的一种定向能武器。这种武器的辐射频率一般在 1～30 吉赫兹，功率在 1 吉瓦以上，其特征是将高功率微波源产生的微波经高增益定向天线向空间发射出去，形成高功率、能量集中且具有方向性的微波射束，使之成为一种杀伤破坏性武器。它通过毁坏敌方的电子元件、干扰敌方的电子设备来瓦解敌方武器的作战能力，破坏敌方的通信、指挥与控制系统，并能造成人员的伤亡。

微波武器概念

2. 动能武器

高速运动物体之间发生的碰撞往往会产生致命性的破坏。物体的质量和速度越大,其动能越大,破坏力也越强。所谓动能武器,就是能发射出超高速运动的弹头或弹丸,利用弹头的巨大动能,通过直接碰撞方式摧毁目标。它不像常规弹头或核弹头那样靠爆炸能量去杀伤破坏目标,而是靠自身巨大的动能,在与目标短暂而剧烈的碰撞中杀伤目标。

动能武器的概念主要产生于弹道导弹防御的需求。如果使用动能武器拦截从太空来袭的洲际弹道导弹,由于目标本身在以很高的速度(7～8 千米/秒)运动,实施拦截的动能弹头只要有一定速度,就能使两者碰撞时达到极高的相对速度。根据拦截洲际弹道导弹的实际需要,为保证达到一定的作战距离,拦截弹头的最小速度为 3～4 千米/秒,较理想的速度是 10 千米/秒。因此,只要使拦截弹头具有极高的速度,并采用精确制导技术,就可以命中并摧毁上万千米射程的洲际弹道导弹。

(1)电磁炮

电磁炮是一种利用电磁力沿导轨发射炮弹的武器。电磁炮通常由电源、加速器、开关及能量调节器等组成。

电源主要提供发射电磁炮弹所需要的大量能源,来源于燃料驱动发电机和储能器。先由储能器从发电机获取能量,并把它储存起来,一旦需要发射,能在瞬间为加速器提供巨大的电流脉冲能量。因此,储能器是电磁炮的动力源泉。所采用的储能器有蓄电池组、磁通压缩装置、单极发电机和补偿型脉冲交流发电机等。其中,单极发电机可能是短期内最有发展前途的能源。

加速器是把电磁能量转换成炮弹动能,使炮弹达到高速的装置。它有多种结构类型,其中主要有两种:一种是使用低压直流单极发电机供电的轨道炮加速器;另一种叫同轴同步线圈加速器,亦称“大型驱动机”。

开关犹如火炮的炮闩,是接通电源和加速器的装置,能在几毫秒之内把兆安级电流引进加速器中。常用的一种由两根铜轨和一个可在其中滑动的滑块组合而成。

能量调节器是用于调节输入加速器的脉冲电流的装置,又称中间级储能感应线圈。作用是对输入加速器的电流整流,使之适合发射要求的电感量。

此外,电磁炮还包括瞄准装置,目标探测,跟踪、识别系统等等。

电磁炮与普通火炮或其他常规动能武器相比,具有很多独特的优势。一是射速快、动能大、射击精度高、射程远。电磁炮的发射速度突破了常规火炮发射速度的极限,弹头具有的动能可达同质量炮弹的几十倍甚至上百倍,一旦瞄准目标,命中概率大,摧毁的可能性高。由于电磁炮是靠其动能毁伤目标的,一些采用抗激光、粒子束防护的“装甲”和一般加固措施的导弹,虽能突破定向能武器的防御,但也难逃脱电磁炮的摧毁。二是射击隐蔽性好。电磁炮射击时,既无炮口焰、雾,也无震耳欲聋的炮声,不产生有害气体。无论白天还是夜晚射击都很隐蔽,对方难以发现。三是射程可调。我们知道,常规火炮的射程及射击范围是通过改变发射角和发射不同弹药来调整的,操纵复杂,变化范围有限。而电磁炮只需调节控制输入加速器的能量即可达到调整目的,简便易行,精确度高。但尺有所短、寸有所长,电磁炮也存在着炮管使用寿命短、轨道部件易遭损坏、体积庞大等不足。

电磁炮以其独特的优势在军事上具有十分广泛的应用及不可估量的发展前景,主要表现在:一是用于反卫星和反导弹;二是用于战术防空;三是用于反装甲;四是用于增大常规火炮射程。此外,随着电磁发射技术的发展,今后的电磁炮不仅能用来发射炮弹,还可用来发射无人

电磁炮

飞机、载人飞机，发射导弹、卫星甚至航天器等。

(2)动能拦截弹

动能拦截弹是一种靠弹头的动能，击毁敌方弹道导弹弹头的工具。早期的弹道导弹拦截主要采取以核对核的方式。美国从60年代开始研究核能反卫星动能拦截弹。70年代转向发展非核杀伤的战斗部，1977年开始研制非核杀伤的反卫星拦截导弹。

动能拦截器

3. 环境武器

环境武器就是通过破坏环境生存平衡起到打击和杀伤目标的武器。环境与人的关系非常密切，如果破坏敌方人员所生活的环境，就可以起到杀伤敌人的作用，比如可以人工制造地震、海啸，或者改变某个地区的温度，制造山崩、雪崩、滑坡、山洪等灾害。

(1)地震型环境武器

自然界中的地震是一种毁灭性极强的自然现象。自然界自然发生的地震每年就有成千上万次,其破坏程度各不相同。但有时候,靠人为因素也能诱发地震。人造地震武器是利用核爆炸来制造人工地震,起到杀伤作用。1968 年,美国在阿留申群岛进行了一次百万吨级的地下核试验。该地域正处于太平洋地震带中,核试验之后该地域曾不断地发生了数以万计的地震。

(2)气象型环境武器

气象型环境武器是指运用现代科技手段,人为地制造在震、海啸、暴雨、山洪、雪崩、热高温、气雾等自然灾害,改造战场环境,以实现军事目的的一系列武器的总称。

(3)臭氧型环境武器

臭氧型环境武器是指利用物理、化学方法,在敌方上空臭氧层中投放能吸收臭氧的化学物品,使高空臭氧层局部遭到破坏,从而使阳光中的紫外线可以畅通无阻地透过这些区域上空的空气层,对地面人员、生物起到大规模杀伤作用的武器。

(三)核生化武器

1. 核武器

核武器是核技术在军事上的应用,既是特定的历史背景的产物,更是近代科学技术高度发展的必然结果。

(1)核裂变与原子弹

最早出现的核武器是原子弹,它利用铀或钚的某些同位素的重核链式裂变反应所释放出的能量,达到杀伤破坏的目的。原子弹主要是以比结合能较小的重核铀-235 或钚-239 为核炸药。所谓比结合能,即击碎原子核的一个核子所必须耗费的能量,常用来衡量原子核的强度。铀-235 或钚-239 的比结合能较小,说明它们不太牢固,较易发生核裂变反应。当用中子轰击重原子核铀-235 或钚-239 时,中子便被吸收,因而给原子核一个激发能。于是,重核铀-235 或钚-239 分裂成两个中等质量数的核(称裂变碎片),同时放出 2~3 个中子和约 180 兆电子伏的能量。放出的中子,有的被耗损在非裂变的核反应中或漏失到裂变系统之外,有的继续引起重核裂变。只要每一个核裂变后能引起下一代裂变的中子数平均多于 1 个,裂变就能形成自持的链式裂变反应,个子总数将随时间呈指数增长,并释放出能量。1 千克的铀-235 或钚-239 若完全裂变,总计可释放约 2 万吨梯恩梯当量的核能。

要使原子弹中裂变装料能够实现自持的链式反应,必须满足一个条件,这就是裂变装料的数量必须达到临界质量。所谓临界质量,是指满足于一定条件的核装药量,一旦达到这样的量,每一代中子都能产生足以使链式反应持继进行下去的新一代中子,其大小取决于核炸药中裂变同位素的含量、一次核裂变产生的平均中子数、外部压力作用下的物质密度、装料的几何形状以及中子反射层的有无等。铀-235 裸球的临界质量约为 50 千克,钚-239 裸球的临界质量为 16 千克。如要改变核装料的临界质量,则可采取增加反射层、提高核装料的密度等办法来实现。

原子弹作为利用核裂变释放的能量来产生杀伤破坏作用的巨型炸弹,主要由引爆系统、炸药层、反射层、核装料和中子源等部件构成。引爆系统用来起爆炸药;炸药是推动或压缩反射层和核装料的能源;反射层由铍或铀-238 构成;核装料目前主要是高浓度(90%)铀-235 或高纯度钚-239。

当核装置接到起爆指令后。引爆系统的雷管首先起爆炸药,炸药的爆轰产物推动并压缩反射层和核装料,使之达到超临界状态。与此同时,中子源提供点火中子,核装料内便发生裂变链式反应,并释放出巨大的能量,使整个弹体和周围介质都变成了高温高压的等离子体气团。其中心温度可达几千万摄氏度,压力达几百亿大气压。原子弹爆炸产生的高温高压,以及核反应产生的中子、Φ射线和裂变碎片等，最终形成冲击波、光辐射、早期核辐射、放射性沾染和电磁脉冲等杀伤破坏因素。

原子弹爆炸

(2)核聚变与氢弹

所谓核聚变，是指带电原子核在高温下发生聚合的反应。带电原子核的聚合反应是通过各种不同的轻核的结合来实现的，它必须在足够的动能作用下才能克服静电斥力而彼此靠近，聚变反应也才有可能发生。原来物质的原子核一旦在高温下结合在一起，便会形成具有很大结合能的新的原子核，此时就有大量能量被释放出来。由于原子核之间的静电斥力同它们所带电荷的乘积成正比，所以核的质子数越少，聚合所需的能量就越低。

氢弹就是把核装料(通常为氢的同位素氘、氚等)加热至一定的高温而使之发生聚变反应从而释放出巨大能量的核武器，亦称聚变弹或热核弹。氢弹的基本原理与原子弹相同，但其威力比原子弹大得多。一般说来，原子弹通常为几百至几万吨梯恩梯当量，而氢弹的威力可大至几千万吨。同时，氢弹还可以通过设计增强或减弱某些杀伤破坏因素，从而使其战技性能比原子弹更为优越。因此，从核武器的发展史来看，热核聚变反应制成的氢弹属于第二代核武器。

2. 化学武器

现代化学武器的产生可以追溯到20世纪早期，在18世纪末到19世纪初现代无机化学的发展，19世纪末20世纪初在全世界兴起的有机化学的研究，均对以化学制品作为军事武器产生了根本的影响。随着科学技术的发展，化学武器的种类不断丰富、投送距离越来越远、作战效率越来越高，先后出现了毒剂钢瓶、化学炮弹、化学航弹、化学地雷、化学手榴弹、毒烟筒、毒剂布撒器、航空布撒器、化学导弹等化学武器。

化学武器的主要杀伤力来自其中的化学毒剂。化学毒剂简称毒剂，是指军事行动中以化学物质的毒害作用杀伤人员、牲畜的有毒化学品。在有的图书与文献中，化学毒剂有时也称为化学战剂。化学毒剂可由炮弹或导弹发射，也可由航空炸弹或喷洒器布撒。化学毒剂能够以各种不同形态分散，包括固态、液态、气态、蒸汽和气溶胶。化学毒剂进入人体的途径主要取决于化学毒剂的形态。气态、蒸汽或气溶胶化学毒剂可经呼吸道吸入，也能经眼睛进入人体，而液体化学毒剂通常是经皮肤进入人体。化学毒剂一旦进入人体就立即与身体中正常的化学物质发生相互作用，例如神经性毒剂攻击中枢和外周神经系统，阻碍正常神经传导功能。因此，暴露于化学毒剂通常导致失能，并且在某些情况下导致死亡。

化学武器的最终效果取决于毒剂的传播、挥发度、扩散区域，吸入剂量或吸附剂量和传播的实际剂量、中毒症状和降解性能。挥发度是指在相对较低的温度下毒剂变成蒸汽的能力，因此高挥发度化学毒剂比低挥发度化学毒剂将具有更大的吸入危害。顾名思义，低挥发度化学毒剂在环境中的持久性越长，其导致的接触危害持续越久。

可根据毒剂作用方式、致死性或毒剂的持久性（指毒剂在环境中保持活性的能力）来区分毒剂种类。按照毒剂在战场使用与研究时间的大致顺序，经典化学毒剂大致可以包括致死性的窒息性毒剂，糜烂性毒剂、血液中毒性毒剂和神经性毒剂；以及非致死性的失能剂和刺激剂。此种毒剂分类是根据毒剂作用方式来分类的（即通过渗入途径和在人体的作用方式）。有时候也可根据其使用意图来分类。此外，还有天然毒素也曾用作化学毒剂进行过深入研究，部分得到武器化。

窒息性毒剂包括光气、双光气等。是致死性化学毒剂，其作用靶标是呼吸道和肺，暴露于窒息性毒剂中会导致人员死亡。一旦吸入后，毒剂就引起呼吸道感染和黏膜肿胀。肿胀的部位会分泌出大量的体液，导致剧烈咳嗽，这是身体试图清除呼吸道内的分泌物。尽管咳嗽不止，肺部仍充满了体液，造成受害者“窒息”。也就是说，受害者将被自己的体液溺死。窒息性毒剂的效果可能立即显现，也可能延迟发作，这取决于暴露浓度的大小。此外，当剂量足够高时，会致人死亡。

糜烂性毒剂，也称起泡剂，其主要作用是致伤而非致死，但是在某些场合下的严重暴露也能够导致死亡。糜烂性毒剂主要有三类，即芥子气类、砷化合物和荨麻剂，都属相对持久性毒剂，可以以无色蒸汽和液滴形态使用。糜烂性毒剂能迅速被全身多个部位吸附，包括眼睛、黏膜、肺、皮肤和造血器官。糜烂性毒剂引起炎症、水泡和常见的组织损伤。此外，烧伤严重程度直接与毒剂浓度和与皮肤接触的持续时间有关。但是，某些糜烂性毒剂的作用症状可能会延迟 1～24 小时，在产生疼痛和出现中毒症状之前可能已发生了细胞损伤。另外，为了产生持久性危害而污染地面、船只、飞机、车辆或装备，还可使用增稠起泡剂。

血液中毒性毒剂，包括氢氰酸、氯化氰。它们都具有高挥发性并且能够通过呼吸道进入人体。血液中毒性毒剂干扰细胞中的氧代谢，妨碍氧的正常利用，导致呼吸衰竭。例如，氢氰酸阻碍细胞色素氧化酶反应，导致呼吸频率加快，从而使得吸入更大剂量的毒剂。暴露于血液中毒性毒剂的中毒症状与剂量有关，低剂量暴露会引起头痛和不安，较高剂量暴露会引起寒战、恶心和呕吐，严重暴露损伤血细胞，导致贫血，最终造成死亡。

神经性毒剂是一类含有有机磷化合物化学官能团、具有特殊毒性的化学战剂。神经性毒剂通常稳定，易于分散并且具有高毒性。经典的神经性毒剂主要分为“G”类和“V”类两大类。“G”类神经性毒剂包括塔崩、沙林、梭曼、环基沙林。沙林、梭曼、环基沙林是含氟有机磷化合物，塔崩是含氰有机磷化合物。此外，神经性毒剂还包括 GV 类和诺维乔克类毒剂。GV 类神经性毒剂是氨基氟磷酸酯，它们是第四代化学战剂。

失能剂类毒剂主要是引起思维、情感和运动机能障碍，使人员暂时丧失战斗能力。美军装备的主要是毕兹。除非接受的暴露剂量非常高，否则这类毒剂不会严重危害生命。正如它的名称所表明的那样，设计使用这类制剂的作用是使个体失能，降低他们的身体行动能力和效率。同时所设计的这类制剂能产生生理或心理影响，在暴露之后，其作用可能持续几小时或者几天。

刺激剂是能够产生瞬间效应的化学品，当不再暴露于其中之后，会在短时间内（从几分钟到几小时不等）得到恢复（瞬间效应马上消失）。这类毒剂对眼睛和上呼吸道有强烈的刺激作用。刺激剂有时也称为控暴剂，是制止骚乱或在某些军事行动中使用的有效手段，可防止不必要的人员伤亡。

从动物、植物、微生物也可以产生有毒化学物质，通常称之为毒素。毒素按其化学组成，可分为蛋白质毒素和非蛋白质毒素。细菌产生的外毒素为蛋白质毒素，内毒素为脂多糖。真菌毒素的主要组成是碳水化合物。细菌产生的蛋白质毒素对人的毒性最强。

3. 生物武器

早在人类从显微镜下认识到微生物之前，他们便已经开始使用这些致病微生物，作为自相残杀的工具。几百年前欧洲人入侵美洲时，故意向美洲土著人赠送了天花病人用过的毛毯。由于美洲之前并无天花病毒，土著人完全对此没有免疫力，结果在恐怖的生物武器袭击下，美洲土著人大批死亡，许多部落完全灭绝，有力地加快了欧洲人对美洲的种族灭绝。

20 世纪随着生物学和医学的进一步发展，生物武器也得到了各大国的重视。第一次世界大战期间，德国就曾用间谍撒播马鼻疽杆菌及炭疽杆菌，感染协约国军队的骡马，从而削弱敌军的后勤能力。第二次世界大战期间，英国特工用手枪刺杀纳粹头目海德里希，子弹头上就掺入了肉毒素，导致这个杀人魔王感染身亡。英国还曾打算在德国投放大量混有炭疽杆菌的饲料饼，使德国本土疫病流行，后来因盟军进展顺利而取消该计划。日军的 731 部队更是罪恶累累，10 年间用我国同胞进行活体试验，遭杀害者达 3 000 人。日军第二次世界大战期间在我国浙江、湖南、河南等地空撒布伤寒杆菌、鼠疫杆菌和霍乱弧菌，致使霍乱流行，死者数以万计。汪精卫手下的特务头子李士群也是因为得罪了日本人，饮食中被掺了霍乱弧菌而死亡。在朝鲜战争中，美军向朝鲜平民区和志愿军阵地投放了大量带有鼠疫、霍乱等传染微生物的昆虫、树叶等。

相对于常规武器和核武器、化学武器等，生物武器最大的特点是有传染性，这也是它最令人恐怖的一点。常规武器威力再大，打完了也就结束了。核武器固然有放射性，但这些放射性和留存量会自然减少，随着时间的推移，影响会渐渐消失。而生物武器中包含的微生物，本身是会繁殖的，这意味着在一定的条件下“生物战剂”可能自行增多，影响越来越大的范围，感染越来越多的人。

除此之外，生物武器的携带和投放相对简单。既不需要使用如核武器那样相对庞大和精密的机械，也不需要像化学试剂的存储、运输那样麻烦。极端情况下，一个间谍散布的一些日常随处可见的物品，便可能携带着致命的病原体入侵敌方的军营和城区，使人防不胜防。而且，一些生物气溶胶可以随风飘散到较远地区，一次使用杀伤范围可能达到上千平方公里。

生物武器的研发门槛也比核武器和其他高精尖常规武器要低得多，而对于人员的杀伤和地区的破坏力则是相当巨大的，因而生物武器也被称为“穷国的原子弹”。和平时期，生物武器秘密研发和生产，不易被察觉。一旦爆发则可能带来重大伤害，而且杀伤不分军民，不分老幼，因此往往成为恐怖组织进行袭击的重要工具。据统计，1960～2000 年间，全球共发生生物恐怖事件 121 起。例如在 1984 年 9 月，美国发生鼠伤寒沙门氏菌污染的食物中毒事件，引起 751 人感染疾病。同年 11 月，美海军发生肉毒毒素中毒的事件，据称共造成了 50 人死亡。

新概念生物武器不属于传统的生物战剂，它使用的是一些特殊生物活性物质（如生物酶等）或是一些运用生物技术培养出来的特种微生物，用以攻击敌方设备、武器、平台，或对人员产生软杀伤的生物战剂。新概念生物武器在生物战剂的使用、工作原理、功能和杀伤破坏机制以及作战目的上都与传统的生物武器有所区别。

新概念生物武器的出现，一方面是现代科学技术发展的结果，另一方面是世界上一些技术强国和一些特殊国家为了避开《禁止细菌（生物）及毒素武器的发展、生产以及销毁这类武器的公约》而又不愿意放弃生物武器的研制的结果。这些国家既致力于对传统生物战剂生产制造的技术改进，又致力于有别于传统生物战剂的新型生物战剂的生产制造技术的研究。目前，新概念生物武器主要有反装备和反人员两大类型。

反装备生物武器不以杀伤敌方人员为目的，而主要是为了破坏敌方的武器装备，包括新式细菌弹和新型生物战剂。新式细菌弹或者是装有经过专门选择和培养的细菌战剂，它不伤人、不传染，也不会使人致病致死，因此不属于禁止使用生物武器公约范畴之内的细菌，但它可以侵入飞机、坦克和一切车辆及舰船等运载工具的燃料箱，使燃料变质、失效甚至破坏发动机；或者是利用遗传工程技术培养的专门以啃吃塑料为生的细菌或虫类，从而使敌军装备上的所有部件都成为细菌或虫类的攻击对象；或者是装备以炸药、弹药、推进剂为食物的微生物，这种微生物能使敌方弹药或发射机制失灵以减少敌方火力。新型生物战剂主要是指生物酶、生物表面活性剂、导电生物聚合物或纤维，它们或者能使设备上的塑料、橡胶迅速降解，或者能使油料迅速凝聚，或者能起干扰敌方通信、计算机的作用。

近年来，随着科技发展，生物武器家族中的一代新成员——基因武器又横空出世。基因武器是指利用基因工程技术，改变微生物的遗传密码，从而研制出的新类型的生物武器。遗传工程和基因重组技术能使人们生产出种类更多的致病力更强的病毒和毒性更大的毒素。例如，1995 年，美国利用基因工程技术开发了衍生天花病毒，可使人们过去所接种的牛痘全部失效，重新感染天花病毒。用基因工程合成的霍乱毒素，其产量比原来增加了 100 多倍。目前，人们除了利用基因武器内含的大量杀伤力外，还利用它的特殊的非死亡作用，其代表就是白痴基因武器。据英国《泰晤士报》1998 年 9 月披露，为了报复伊拉克的导弹袭击，以色列军方正在加紧研制一种专门攻击阿拉伯人而对犹太人没有危害的基因武器——“人种炸弹”。“人种炸弹”的研制计划由以色列的尼斯提兹尤纳生物研究院负责，该研究院是以色列研制生化武器的秘密中心。虽然目前基因病毒尚未研制出来，但据《简氏防务周刊》报道，以色列科学家利用南非“染色体武器”的某些研究成果，已经发现了阿拉伯人特别是伊拉克人的基因构成。

基因武器的一种思路，是通过改变微生物的基因，使得对方的疫苗库失效。疫苗库是对抗生物武器的重要手段，一旦进攻方将生物战剂的基因改变，便可能弱化甚至消除原有疫苗库的防疫力，从而削弱对方的防御能力。即使防守方再次更新疫苗库，进攻方也可以重新设定基因，从而将围绕生物战剂的基因攻防无休止拖下去，而这样吃亏的永远是防守方。

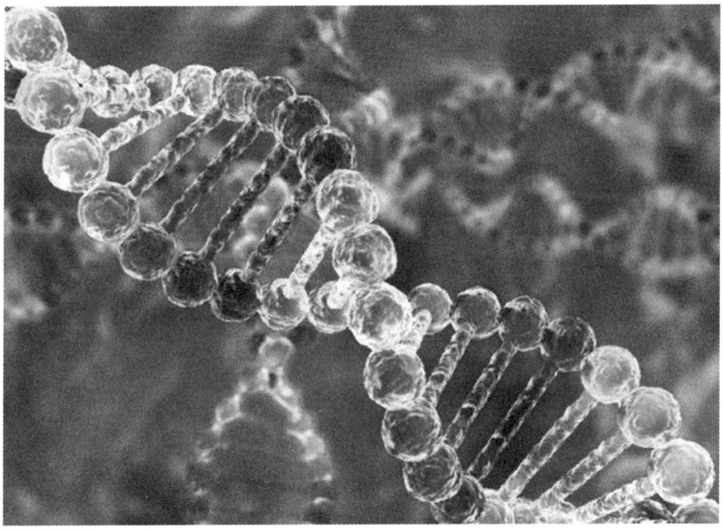

基因示意图

此外，基因工程还可以通过移植基因片段来强化原有生物战剂的某些方面能力。例如，可以通过移植强繁殖能力的片段，加强生物战剂的繁殖扩散能力，原本一小时繁殖 20 倍，新的一小时繁殖 1 000 倍。可以通过移植强致病能力的片段，加强生物战剂对人体的杀伤能力，原本致死率 20%，新的致死率 95%。还可以通过移植强抗药性的基因片段，加强生物战剂的抗药性。

二、信息化杀伤武器的作战应用

（一）精确制导武器的应用

精确制导武器是采用高精度制导系统直接命中概率很高的导弹、制导炮弹和制导炸弹等武器的统称。通常采用非核弹头用于打击坦克、装甲车、飞机、舰艇、雷达、军事信息系统、桥梁和武器库等目标。

这类武器以其超群的精准打击的优势，使那些传统武器黯然失色。精确制导武器已成为当今和未来战场上起主导作用的重要攻防武器，既是衡量一个国家军事技术发展水平的重要尺度，又是一个国家国防现代化程度的重要标志。因此，各国特别是一些军事大国为了保持军事优势，正在不遗余力地抢占这个制高点。

精确制导武器虽然技术较一般武器复杂，制造成本高，但由于具有较高的直接命中概率，因而其作战效能好、经济效益高。同无制导的武器相比，精确制导武器在完成同一作战任务时，其弹药消耗量小，所需作战费用远远低于常规弹药，完成作战任务的时效性也很强。在 1973 年 10 月的第四次中东战争中，以色列发射 58 枚美制电视制导空地导弹，击毁了埃及 52 辆苏制坦克；而埃及使用了有线制导反坦克导弹，3 分钟内击毁了以军 85 辆坦克。在 1982 年英阿马岛战争中，阿根廷空军仅用一枚价值 25 万美元的“飞鱼”导弹，就击沉了英国海军一艘造价近 2 亿美元的“谢菲尔德”号驱逐舰。此战阿军不仅取得了军事上的胜利，而且在经济上的效益也十分可观。1986 年 4 月，美国空军从英国基地出动机群绕过欧洲数个国家偷袭非洲国家——利比亚，倾泻了大批激光制导炸弹，摧毁了利比亚的多个目标。有趣的是，美国的飞机已经空袭完毕返航时，利军才组织火力还击，且正当利比亚炮火打得异常热闹的时候，美国白宫发言人已在记者招待会上宣告空袭成功，空袭时间仅为 30 分钟，一场战斗就结束了。在 1999 年的科索沃战争中，北约对南联盟的空袭行动所使用的武器中 98%是精确制导武器，并且显示出优异的作战效能。

因此，西方专家普遍认为精确制导武器是一种能够代替战术核武器且对战争胜负具有决定性意义的新型武器。它为不首先使用核武器或不使用核武器打一场具有核战争威力的战争提供了新的作战手段。

（二）核武器的应用

1945 年 7 月 24 日，美国总统杜鲁门命令美国战略空军司令卡尔·斯波茨将军选择能够显示原子弹破坏力的目标，并于 8 月 3 日前做好投掷原子弹的一切准备工作。7 月 25 日，美国当局下达了作战指令：8 月 3 日以后，只要气象条件允许目视轰炸，第 509 大队即可开始对日本投掷第一枚原子弹。

8 月 2 日，美第 20 航空队司令特文宁中将下达作战指令，命令 7 架 B-29 型轰炸机组成突击队，执行“13 号特别轰炸任务”，对日本实施首次原子弹突袭。其中载有原子弹的轰炸机，由大队长蒂贝茨上校亲自驾驶。

8 月 6 日凌晨，3 架气象侦察机提前 1 小时从提尼安岛起飞，分别飞抵广岛、小仓、长崎上空。蒂贝茨上校驾驶“埃诺拉·盖伊”号，于凌晨2时45分起飞。15分钟后，军械师帕桑斯为代号“小男孩”的原子弹完成了最后的装配工作。6时5分，飞机在硫磺岛加油后飞向广岛。

7时9分，广岛地区日军第2军司令部发出警报，美军侦察机迅速离去，7时30分警报解除。此时，蒂贝茨上校接到前方气象侦察机发回的电讯，广岛上空的云量为“2”，“目标清楚”，完全适合目视轰炸预定的主要目标。他当机立断，实施计划第一方案:轰炸广岛。蒂贝茨驾机于8时12分飞抵离目标约24千米预定投弹识别点，未遇炮火袭击，也没有敌机起飞拦截。8时15分05秒，“小男孩”从9 900米的高空被投下，在广岛相生桥偏东北240米上空爆炸，爆高为608米。

飞机投弹后急转弯150? 并加大速度脱离投弹位置。原子弹投下后43秒爆炸，广岛上空出现一个耀眼的火球，巨大的蘑菇云冲天而起，整个城市被淹没在火海之中。

返航时，帕桑斯向提尼安基地的“曼哈顿工程”副指挥官法雷尔准将发了一份密电:“目视一清二楚，突袭圆满成功，投弹后机上情况正常，现正在向基地返航。”

8月7日凌晨，即原子弹突袭16小时后，杜鲁门总统发表声明，警告日本政府，“这是原子弹”，并敦促日本政府无条件投降，否则将遭到“来自空中的毁灭”。

美国对广岛使用原子弹后，给日本统治阶层带来的影响并不像美国预期的那样强烈，日本仍将结束战争的希望寄托在苏联，日本政府指示驻苏大使佐藤与苏联外交部长莫洛托夫会谈，希望苏联出面斡旋，争取比较体面的投降方式。由于日本国内严密的新闻封锁，日本民众对于原子弹不太了解，所以造成的恐慌没有预计的强烈与广泛。

1945年8月8日，苏联对日宣战，向日本关东军发起全面进攻，日本败局已定。美国为抵消苏联出兵的影响，达到单独占领日本的目的，确立战后其在太平洋地区的战略优势，决定对日本实施第二次核袭击。

8月9日清晨3时48分，执行轰炸任务的飞机编队出发。“博克斯卡”轰炸机装载着代号为“胖子”的第二枚原子弹。机长为查尔斯·斯威尼上尉。由于这次飞行风速增大，为节省燃料，飞机没有途经硫磺岛而是直飞日本海岸。

由于受邻近城市轰炸产生的浓烟遮盖，飞机抵达小仓上空后，在空中环绕飞行了三周，投弹手无法用肉眼找到瞄准点。斯威尼上尉遂决定袭击第二目标——长崎。

10时55分，轰炸机飞临长崎上空，发现在1 000～2 400米高度上云量为8/10。几分钟后，飞机从西北方向进入投弹识别点。30秒钟的投弹信号响后，弹舱门将被打开。在20秒钟时，投弹手透过云层缝隙，看到下面不是第一轰炸目标——三菱重工业公司长崎造船厂，而是第二轰炸目标——三菱重工业公司长崎兵器制造厂，便立即改用目视轰炸，将“胖子”投出舱外。斯威尼上尉立即驾机飞离现场。“胖子”于当地时间11时02分在离地500米的空中爆炸，顿时出现一个明亮的火球。

原子弹爆炸后，斯威尼上尉向提尼安基地发出报告:“袭击长崎效果良好。”返航途中，由于与提尼安基地失去通讯联系，加之飞机燃料不足，斯威尼上尉驾机在冲绳美军机场紧急着陆。

此次核袭击，在离爆心半径1 000米范围之内，人畜几乎立即死亡;在离爆心半径1 000～2 000米范围之内，一些人畜立即死于巨大的爆炸和高温，另有许多人受重伤，房屋及其他建筑全部被毁，树木被连根拔起并因高温变为干枯。在离爆心半径2 000～4 000米范围之内，许多人被高温灼伤，受到不同程度的伤害。核袭击使长崎68%的工厂毁坏，11平方千米地区内的房屋全部被摧毁，约2.37万人死亡，约4.3万人受伤，死伤人数占全市当时实际人口的29%。

原子弹轰炸后，在不同时期所做的伤亡总数的统计有很大出入，日本当局的统计与美国调查小组的统计就有不同。实际上，战后三四十年间，死于原子弹爆炸后遗症的受难者人数要远高于当时统计的数字。

（三）化学武器的应用

化学武器用于战争中已有久远的历史，可追溯至第一次神圣战争期间，安塞拉近郊同盟在对基拉的围城战中用菟葵之毒将城市水源污染。而最早记录使用毒气的战争，可以追溯到公元前 429 年的伯罗奔尼撒战争。斯巴达军利用硫磺和松枝混合燃烧来制造毒气对雅典城内的守军进行攻击。

在近代，美国南北战争时期曾有人提建议使用毒气，但此做法过于残酷，并没有被接纳。第一次世界大战中，法军在战争中率先使用催泪瓦斯。而第一次大规模使用化学武器是 1915 年 4 月 22 日，德国用氯气攻击法国、加拿大和阿尔及利亚联军。之后两军相继使用了气体毒剂相互攻击，其中以芥子气、光气、氯气为主。为了防止人员中毒，出现了浸药口罩，使用毒效显著下降。据德军记载，到 1916 年底，气体毒剂杀伤率由开始的 50%～60%降到 10%～20%。根据官方公布数字，第一次世界大战中因化学武器战剂而造成的非致命性伤亡约 1 176 500 人，而至少有 85 000 人死亡。

第二次世界大战期间，德国储备了大量毒剂，还装备了新型神经性毒剂，曾用以杀伤数百万战俘。但在战场上未敢大规模使用。其原因是希特勒过分相信他的闪击战。战争后期，为挽救失败而企图使用化学武器时，主动权已完全丧失，苏、美等国已具有大规模的化学攻击力量和完善的防护装备，遏制了法西斯的化学战。

尽管《凡尔赛条约》第 171 条及国联于 1938 年 5 月 14 日的一项决议要求日军停止使用化学武器，日本军队仍然在第二次世界大战中大量使用了毒气。化学武器的使用均需日本天皇亲自下达指令，如武汉会战中天皇曾多次允许使用毒气。1937～1945 年，日本帝国主义在侵华战争中，先后在我国 13 个省 78 个地区使用毒剂 1 600 多次。由于当时的防护条件差，受到较大的损失。1941 年 8 月，日寇围攻我晋察冀抗日根据地时，用毒剂杀害我抗日军民 5 000 多人。同年，日军为了夺取被中国军队收复的宜昌，大量使用芥子气，使 1 600 人中毒，死亡 600 人，迫使守军撤出战斗。此外，日寇还曾在我太原、宜昌、济南、南京、汉口、广州等地建立了毒剂或化学武器工厂。据战后清查，仅分散在东北三省尚未使用的日军各种毒剂弹就有 270 余万发，还有大量毒剂钢瓶。

1950～1953 年，美军在侵朝战争中曾多次使用化学武器。规模较大的一次是 1951 年 5 月 6 日，美军 B-29 轰炸机对朝鲜南蒲市投掷了光气炸弹，中毒者达 1 379 人，死亡 480 人。1952 年 2 月至 1953 年 6 月，美军使用毒剂百余次，品种达 17 种之多，如芥子气、路易氏气、光气、氢氰酸及刺激性毒剂等，均造成了一定的伤亡。

越南战争期间，美国在“牧工行动”中用飞机散布落叶剂，以强烈毒性让树木枯萎，企图让越共失去丛林的掩护。越战后，越南有数以千计的落叶剂受害者，症状包含呼吸道与皮肤的病变，以及胎儿畸形，而受害的越南民众到目前为止正在寻求美国的赔偿。

两伊战争期间，伊拉克至少对伊朗发动过 200 余次化学武器袭击，其中既包括塔崩、沙林等神经毒气，也有以芥子气为主的糜烂性毒剂。这些化学武器造成大约 10 万名伊朗人中毒，其中约 1 万人在没有接受任何治疗以前就已经死亡。

此外，对于很多恐怖组织来说，化学武器是很理想的选择，因为费用便宜且容易取得及易于运输。在原料供应充足的情况下，一个熟练的化学家可轻易地合成大多数的化学毒剂。较为被大众所知悉的毒气恐怖活动是发生在1995年于日本爆发的东京地铁毒气事件。

由于认识到化学武器对人类的极大危害和反人道，早在1925年6月17日，133个缔约国在日内瓦签订《禁止在战争中使用窒息性、毒性或其他气体和细菌作战方法的议定书》，并成为国际法的一部分，于1928年2月8日正式生效。该条约认为，化学武器和生物武器受到“文明社会的普遍谴责”。1993年1月13日，130个国家签订《禁止化学武器公约》，并于1997年4月29日生效，是第一个全面禁止且彻底销毁一整类大规模杀伤性武器并具有严格核查机制的国际军控条约，对维护世界和平、国际安全具有重要意义。

(四)生物武器的应用

生物武器的运用可以追溯到古代战争。公元前600年，亚述人用黑麦麦角菌来污染敌人的水源；古雅典政治家和战略家梭伦在围城时用臭菘给敌人的水源下毒；1763年3月，正在俄亥俄和宾夕法尼亚地区进攻印第安部落的英国人亨利·博克特上校使用计谋，把从医院拿来的天花病人用过的毯子和手帕，送给两位敌对的印第安部落首领。几个月后，天花在俄亥俄地区的印第安部落中流行起来。1859年法国在阿尔及利亚作战时，15 000人中有12 000人因患霍乱而丧失战斗力。

在第二次世界大战期间，侵华日军就广泛研究和使用生物武器，组建了专门的细菌作战部队，即731部队。1940年7月，日军在浙江宁波用飞机投撒了70公斤伤寒杆菌、50公斤霍乱弧菌和5公斤带鼠疫的跳蚤。1942年夏，又在浙赣铁路沿线投放了霍乱、鼠疫、伤寒等病菌，污染水源和食物，造成疫病流行，致使我国大量无辜平民死亡。

在条件允许的情况下，生物武器的杀伤力是相当大的，1979年苏联位于斯维洛夫斯克市西南郊的一处生物武器生产基地发生爆炸，致使大量炭疽杆菌气溶胶逸出到空气中，造成该市肺炭疽流行，直接死亡1 000余人，并且该地区疫病流行长达10年之久。这仅仅是一次泄漏事件造成的严重后果。

许多病菌在作为武器使用以后，可以长期存活在土壤和水中，遗患无穷。第二次世界大战期间，英国在格鲁伊纳岛试验了一颗炭疽杆菌炸弹，直至1990年英国官方才宣布该岛脱离危险。

生物武器制造和使用比起化学武器更为方便，只要少量的菌种在特别的容器中培养就行。即使实验室规模的生产也可造出足够军事使用的生物武器。再有生物武器不需要保存，只要少量菌种冷藏起来即可，战时，可在短时间内培育出大量生物武器。

自20世纪70年代以后，分子化学的突破性进展使以基因重组技术为代表的遗传工程应运而生。人们把遗传工程又称为基因工程。基因是细胞中起遗传作用的物质，生物性状就靠基因代代相传。

当基因工程刚刚问世，就同任何高新技术一样首先很快被应用于军事领域，一些军事大国竞相投入大量经费和人力研究基因武器。研究基因武器，无疑是人类自己打开了地狱之门，因为我们无法预料通过这种方式将会产生多么可怕的基因魔鬼。可以说，在这个领域的每一个设想都有可能成为现实，而每一个现实都会使人类步入灭绝的深渊。

三、信息化杀伤武器的发展趋势

(一)精确制导武器的发展趋势

第一，加快信息化建设，进一步提高精确制导武器装备体系作战效能。围绕提高对地打击精度、增强态势感知能力和协同作战能力等目标，应用电子信息技术、一体化综合设计技术等，进一步提高现役主战装备信息化水平。发展新技术以实现传感器与平台和精确制导武器的实时通信，提供实施“网络中心战”所需的网络化能力。加速弹载数据链开发，使得武器与平台、作战指挥中心之间直接交换数据，大幅提高现役主战武器的信息化作战能力和体系作战能力。此外，外军围绕基于效果的作战、并行作战、打击时间敏感目标、“减少战争迷雾”等作战需求，加强精确制导武器与其他有人、无人航空航天系统的无缝连接和集成，逐步实现大范围的战略、战术目标的探测、定位、识别、跟踪和打击能力的集成；预先的战场空间态势感知能力、敌方动向预测能力和先发制人打击能力的集成；保护己方运用信息的防护能力和阻止敌方有效使用 C4ISR 系统的进攻能力的集成。

第二，大力发展具备远程打击和机动作战能力的精确制导武器。为避免设置海外基地带来的政治、经济以及作战风险等一系列问题，西方发达国家强调进一步提高其远程作战能力，降低前沿防空的压力和作战风险。为此，一方面，加速实施机载平台的现代化计划和新的作战平台的研发；另一方面，发展“兵力运用与从本土发射”计划，旨在发展从空间或通过空间可对全球范围内的战略目标实施快速常规打击的武器，从而摆脱对前沿基地部署的依赖以及拥有对敌对国家和恐怖主义组织做出快速响应的能力。

第三，发展隐身化、智能化、高起音速化精确制导式器。一是依靠隐身提高武器装备的生存能力，向全面隐身化方向发展，积极发展隐身巡航导弹、隐身精确制导武器等武器；二是提高精确制导武器装备的自主作战能力，强调智能化作战和自主作战，以最大限度降低作战成本和风险；三是大力发展高超音速技术，把高超音速飞行器作为未来发展建设重点。

第四，大力发展具备网络协同作战能力、电子对抗能力及区域控制能力的巡飞武器。巡飞武器能够在战区上空长时间待机，通过网络实现协同作战，并依托新技术实现非致命杀伤、电子对抗、区域控制等特殊作战效能，将在未来进攻作战中发挥不可替代的作用。

(二)生物武器的发展趋势

第一，生物武器技术迅猛发展，将成为世界新军事革命的制高点之一。20 世纪 70 年代以来生物学技术的突飞猛进，为生物武器研究提供了可靠技术支撑，如利用连续、高密度培养等生物技术，解决了大规模发酵、浓缩和储存微生物问题，微包囊、气溶胶分散等技术，使得生物武器实战使用性能大大提高，分子生物学特别是基因工程的出现，使生物武器技术进入到可利用基因调控改造生物战剂性能的时代，因此，随着生物武器在未来作战中地位的不断提高，军用生物技术必将成为各国争夺的又一个制高点。

第二，生物武器战场使用价值不断提高，将成为未来非对称作战的重要战略手段。一是它生产简单、成本低。专家指出一个小型生物制药厂就可以生产生物战剂，而在使用成本上，为杀伤某一地区居民而进行一次大规模的战斗，每平方千米的成本若使用常规武器需 2 000 美元，核武器为 800 美元，而生物武器只需 1 美元。二是使用方法隐蔽多样、难防难治。生物武器使用的一个突出特点就是时机和手段的隐蔽性，在现阶段各国侦察探测技术不完善、医学防护手段少的情况下，生物武器很难被及时发现并进行有效治疗。三是杀伤能力强、威慑作用大。据专家估算，用 5 000 万美元建造的一个基因武器库，其杀伤效能远远超过 50 亿美元建造的核武器库，因此生物武器能对敌方起到巨大的心理震慑作用。正是因为具备这些特殊效能，生物武器被称为“穷国的原子弹”，它必将成为未来弱国对抗军事强国的重要非对称作战手段。

第三，为有效应对生物武器威胁，各国不断加大对生物武器防护技术装备研究的投入。由于生物武器使用隐蔽，危害后果严重，各国十分重视其防护措施的研究，美国将“生物武器的防护技术”列为国防关键技术，还将其作为国家战略发展内容，与国防建设统筹规划，同步研发、同步建设。2001年“9·11”事件后，美国为进一步提高反生物恐怖袭击防护能力，更是投巨资用于装备和技术的研究，其中仅用于对付炭疽杆菌感染一项的先期投入就近15亿美元。

第四，生物武器现实威胁增大，各国军队不断强化生物武器的防护能力。未来战争军队面临生物武器的现实和潜在威胁在增大的观点，已为绝大多数国家所认同，因此各国高度重视军队对生物武器的防护，如美国将“对生物武器的防护能力”列为未来十大军事能力之一，美陆、海、空军及海军陆战队都严格规定了部队核生化训练标准，同时强调通过演习保持战备水平，如海军要求所属部队每3个月进行一次演习，国家训练中心、联合战备训练中心、战备演习训练中心等常年担负部队核生化防护轮训任务，军种学校也把核生化背景情况列入演习或野外作业中。

（三）核武器的发展趋势

在战略弹道导弹方面，发达国家现役战略弹道导弹仍以改进型为主，综合作战能力不断提高，例如美国“民兵”-3、“三叉戟”-2/D5、AGM-129B“先进巡航导弹”等，俄罗斯“白杨”-M系列、“蓝天”系列、“布拉瓦”导弹、KH101系列等；法国M51导弹等。同时美、俄等发达国家的助推——滑翔等新型战略弹道导弹将具备初始作战能力，性能逐步提升，如通过在滑翔段增加辅助动力提高突防能力等，另外随着可重复使用高超声速技术的成熟，战略弹道导弹将具备在轨攻击能力。印度等发展中国家的战略弹道导弹射程向远程乃至洲际方向发展，例如印度“烈火-5”、“烈火-6”等相关型号，并逐步掌握分导式多弹头等先进技术。

在战术弹道导弹方面，美、俄等发达国家仍保持较单一的陆基战术弹道导弹型号，陆基运载平台仍是其主要作战平台，但通过采用多种新型导弹技术进行融合发展，信息化作战能力、突防能力、毁伤能力等将得到大幅提升，并将与对陆攻击巡航导弹相配合，继续维持最重要的陆上战场支援力量地位。印度等国将继续发展射程衔接、核常兼备的战术弹道导弹系列，提升其陆基机动精确打击和突防能力，不断缩小与先进国家的差距。

在巡航导弹方面，射程650千米以下的中近程巡航导弹将主要以超声速飞行，更新换代步伐加快；中远程巡航导弹仍以亚声速为主，突防能力、精确打击能力进一步提高，但仍以海基和空基为主要运载平台。同时，高超声速巡航导弹将具备初始作战能力，如美国HSSW“高速打击武器”，俄罗斯和印度“布拉莫斯-2”等，并逐步与亚声速、超声速巡航导弹构成严密的打击体系，成为常规精确打击的主要力量。

发展核定向能战斗部。一是继续发展第四代核定向能战斗部。这种核战斗部的一个特点是通过设计调整其性能，按照不同的作战需求，增强或削弱其某些毁伤因素，例如突出电磁杀伤效应的电磁脉冲弹等；另一个特点是不产生剩余核辐射，可当作“常规武器”使用，如粒子束武器等。二是提高安全可靠性和可使用性。主要目的是使其满足服役要求，防止非授权使用和人为失误而造成核爆，例如美国、俄罗斯都在对其核战斗部进行延寿改进，美国“民兵-3”、俄罗斯SS-18洲际弹道导弹及其战斗部将分别延期服役至2030年和2026年以后，甚至更长。另外，先进国家将开发小当量核战斗部，以降低核武器使用门槛。三是提高生存突防和精确打击能力。目前导弹防御系统的发展对核导弹及其战斗部构成越来越大的威胁。为此，国外将进一步提高核战斗部的生存与突防能力，相关措施多种多样，包括增加复杂诱饵、采用机动飞行弹道等。同时，为了提高对点目标的精确打击能力，国外导弹核战斗部将采取全程制导方式，特别是增加末制导。

复习思考题：

1. 什么是精确制导武器？
2. 什么是新概念武器？
3. 什么是核武器？
4. 什么是生物武器？

参考文献

[1]匡璧民. 军事理论教程[M]. 北京:军事谊文出版社,2007.

[2]吴温暖. 军事理论与技能训练教程[M]. 北京:高等教育出版社,2010.

[3]黄祥泉. 军事理论与军事技能教程[M]. 北京:航空工业出版社,2008.

[4]中华人民共和国国务院新闻办公室. 2010 年中国的国防,2011.

[5]吴国辉. 科技铸剑[M]. 北京:长征出版社,2015.

[6]彭呈苍. 生物化战争[M]. 北京:中国言实出版社,2016.

[7]毛元佑. 国民必知:当代军事和国防知识读本[M]. 北京:中国书籍出版社,2015.

[8]李莉. 现代战争方程式:科技进步与百年战争演变[M]. 北京:人民出版社,2015.

[9]金永吉,王道伟. 军事科技[M]. 北京:蓝天出版社,2011.

[10]李有祥. 军事高技术与信息化战争[M]. 南京:东南大学出版社,2010.

[11]王辉. 信息化战争基础知识思考与解读[M]. 北京:军事科学出版社,2009.

[12]汪维余. 信息化战争哲理[M]. 北京:国防大学出版社,2011.

[13]刘分良. 信息化战争研究[M]. 北京:解放军出版社,2008.

[14]蔡仁照. 信息化战争论[M]. 北京:国防大学出版社,2007.

[15]阎学通. 中国与亚太安全[M]. 天津:天津人民出版社,2001.

[16]李小华. 中国安全观分析:1982—2002[M]. 上海:上海人民出版社,2008.

[17]潘忠岐. 从“随势”到“谋势”:中国的国际取向与战略选择[M]. 上海:复旦大学出版社,2012.

[18]夏立平. 中国国家安全与地缘政治[M]. 北京:中国社会科学出版社,2013.

[19]张文木. 全球视野中的中国国家安全战略(中卷)[M]. 济南:山东人民出版社,2014.

[20]李慎明. 世界格局与我国安全战略[M]. 北京:社会科学文献出版社,2014.

[21]孟祥青. 释韬举略:孟祥青教授论安全[M]. 北京:中国友谊出版公司,2015.

[22][美]迈克尔·皮尔斯伯里. 美国学者解读中国安全[M]. 北京:新华出版社,2001.

[23][美]彼得·卡赞斯坦. 国家安全的文化:世界整治中的规范与认同[M]. 北京:北京大学出版社,2009.

[24]美国国家情报委员会. 全球趋势 2030——变换的世界[M]. 北京:时事出版社,2013.

[25][英]珍妮·克莱格. 中国的全球战略——走向一个多极世界[M]. 北京:新华出版社,2010.

[26][挪]兰德斯. 2052:未来四十年的中国与世界[M]. 北京:译林出版社,2013.

中国人民解放军进行曲

LPDC—JCR34

公　木词
郑律成曲
岭南印象 制谱

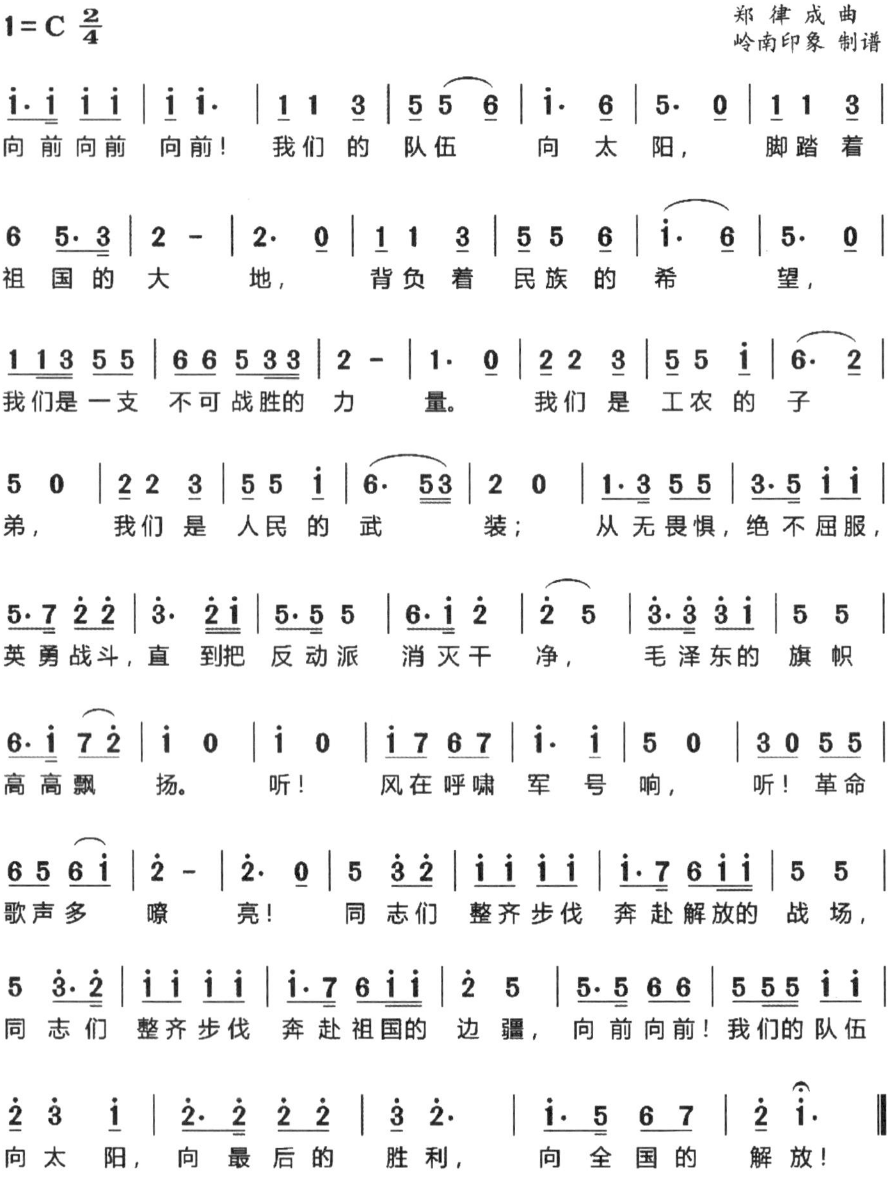
1=C 2/4
向前向前 向前！我们的队伍 向太阳，脚踏着
祖国的大 地，背负着民族的希 望，
我们是一支 不可战胜的 力 量。我们是工农的子
弟，我们是人民的武 装；从无畏惧，绝不屈服，
英勇战斗，直 到把 反动派 消灭干 净，毛泽东的 旗帜
高高飘 扬。听！风在呼啸军号响，听！革命
歌声多 嘹 亮！同志们 整齐步伐 奔赴解放的 战 场，
同志们 整齐步伐 奔赴祖国的 边 疆，向前向前！我们的队伍
向太 阳，向最后的 胜利，向全国的 解放！